梦 山 书 系

“梦山”位于福州城西，与西湖书院、林则徐读书处“桂斋”连襟相依，梦山沉稳、西湖灵动、桂斋儒雅。梦山集山水之气韵，得人文之雅操。福建教育出版社正坐落于西湖之畔、梦山之下，集五十余年梓行之内蕴，以“立足教育、服务社会、开智启蒙、惠泽生命”为宗旨，将教育类读物出版作为肩上重任之一，教育类读物自具一格，理论读物品韵秀出，教师专业成长读物春风化雨。

“梦”是理想、是希望，所谓“梦想成真”；“山”是丰碑，是名山事业。“积土成山，风雨兴焉”，我们希望通过点点滴滴的辛勤积累，能矗起教育的高山；希望有志于教育的专家、学者能鼓荡起教育改革的风雨。

“梦山书系”力图集教育研究之菁华，成就教育的名山事业之梦。

有效教学丛书

有效教学的理论和模式

丛书主编◎余文森　编著◎余文森　洪　明　张　蓉

海峡出版发行集团 THE STRAITS PUBLISHING & DISTRIBUTING GROUP | 福建教育出版社

有效教学丛书编委会

序

余文森

教学的有效性是所有教育教学改革的共同追求，哪一项教学改革不是为了使教学更有效，不是为了使学生发展得更好？本次课程改革也不例外，其首要目标就是提高教学的有效性。

就总体而言，新课程实施几年来，课堂教学改革在朝着素质教育的方向扎实推进，并取得了阶段性的成效和实质性的进展，这是有目共睹的。但是，由于各种原因，课堂教学改革也出现了形式化、低效化的现象。可以说，当前课程改革在课堂教学方面所遭遇到的最大的挑战和所受到的最强烈的批评就是低效和无效问题。

因此，怎样实施有效教学、如何提高课堂教学质量就成为当前教学理论和教学实践的热点问题。正是基于这一背景，我们启动了新课程背景下有效教学的课题研究，并在这一基础上组织编写了这套有效教学丛书。

丛书分为通识和学科两部分，通识部分有四本，第一本是《有效备课·上课·听课·评课》，这是从教学工作和教学流程角度来谈有效教学的。第二本是《有效教学的案例与故事》，这是用案例和故事来解读有效教学的。第三本是《有效教学的理论和模式》，此书的“外国篇”梳理归纳了国外教育家关于有效教学的理论；“中国篇（上)”讨论了改革开放以来我国的几种有效教学模式；“中国篇（下)”分析了近年来产生较大影响的几个有效教学案例。第四本是《有效教学的基本策略》，此书系统阐述和分析有效教学的各种策略。学科部分将围绕各学科的核心主题来探讨有效教学。

2011 年 2 月

目 录 CONTENTS

中国篇（下）——有效教学的典型案例

前　言

教学是与教育相伴随的人类活动。随着社会的进步发展和对教育要求的不断提高，有效教学也日益成为人们关注的问题。有效教学的概念虽然是近些年来才在我国教育领域逐步流行起来，但从有效教学的理论层面看，它是一个与教学理论相伴生的隐性命题，因为，任何一种教学理论在学理追求上总是为有效教学辩护的，很难想象有哪一种教学理论将无效教学作为理论诉求。从这一角度看，任何教学理论都是有关有效教学的理论。

当然，一种教学理论是否有效或者有效的程度，是要通过教学实践予以检验的。只是在检验理论的过程中，我们还需要判断理论实施的条件和边界问题，因为验证的结果与这些因素密切相关。在这个意义上，理论的有效性与其实施结果往往也不能简单地画上等号，在实际的教学改革中，理论与实践的关系是十分复杂的。本书的编写也力图反映并剖析这种复杂性。

本书的内容由外国篇和中国篇两大部分构成。外国篇主要涉及国外有关有效教学的理论诠释问题，属理论研究。该篇从有效教学的角度，梳理了外国著名教育家的教学论思想。这些教育家，有的是历史人物，有的是当代著名学者，国内的读者大都十分熟悉。但从有效教学的角度透视这些教育家的教学理论，考察他们间的相互关系，也算是一项较有新意的工作。了解这些教育家的有关有效教学的思想，对我们在实际教学中更好地理解教学情境、提高教学效率是十分有益的。

中国篇（上）讨论了改革开放以来，我国基础教育领域有效教学的六种不同的模式。这里所谓的模式，并非在严格的意义上区分六种改革的指导思想、理论基础和推进方式，只是尊重教学改革在历史和现实中的真实展现方式，对它们进行描述、分析和建构。本篇采用的“双基教学”、“目标教学与掌握学习”、“情感教学”、“主体性教学”、“生命性教学”、“新课程教学”等模式称呼，均是采用来自教育领域的约定俗成的称谓，它们在逻辑体系上并不一定周延，但它们却反映了历史和现实的真实表述，体现一种与一定时代和社会认识相对应的教学取向。在编写方式上，本篇力图将理论阐述与实践分析结合起来。

中国篇（下）主要选择了杜郎口、洋思和东庐三所中学作为案例，对有效教学进行了案例分析，侧重于实践的研究。之所以选择这三所学校，主要是因为它们在大规模提高教学效率方面都取得了不菲的成效，在全国范围内都产生了重要的影响，而有关这些案例的争议也十分热烈。本篇在较为系统地回顾这三所学校教学改革状况的基础上，分析了其取得成功的原因和条件。指出，这三所学校在将我国注重基础知识教育的传统和发挥学生学习自主性的现代理念的结合上是成功的，既具有本土特色，又符合现代教育理念，是我国有效教学领域改革值得关注的典型案例。但对它们的学习和借鉴，必须探究其蕴含的教育原则原理，表层的模仿是无助于自身的改革的，更无法达到有效教学的境地。

本书由福建师范大学余文森教授提供基本思路，并进行章节设计。外国篇第一至七章由福建师范大学洪明教授编写，外国篇第八、九两章由福建省教育科学研究所张蓉撰写。中国篇（上）由余文森教授编写。中国篇（下）第一至三章由张蓉编写；第四章由余文森、洪明共同编写。

外国篇——
有效教学的理论诠释

有效教学是从教学实践中产生的命题，西方国家在20世纪上半期的教育科学化运动以及20世纪60年代的能力本位的教师教育改革中都曾热烈地讨论过，至今仍是教学改革的热门话题。在英语国家，仅直接以“有效教学”为标题的论著就达250多部。“有效教学”成为我国教学领域研究的热点问题实际上是从21世纪初才开始的。在20世纪整个80年代，我国有关“有效教学”研究的论文只有两篇，且全都是译文；20世纪90年代，每年的论文数也不超过10篇。但从2001年的14篇开始，出现了逐年倍增的局面。2006年当年开始超过100篇，2009年当年已达450篇，至今总数近1500篇。

之所以说“有效教学”是实践命题，是因为在教学实践中存在大量的低效或无效的现象，为解决这些问题，“有效教学”概念自然进入了人们的视野。在教学实践领域，有效是为克服低效或无效而被提出的，有效在教学实践中是有自己的反命题的——低效或无效。但从教学理论角度看，则不存在反命题。没有任何一个教育家或学者群体在主观上愿意去倡导一种低效或无效的教学理论，所有的教学理论都是为使教学臻于理想状态而阐发的，都期望自己的教学论述有助于教学实践效益的增进。这意味着“有效教学”的命题虽然是在20世纪的教学实践中产生的，但对“有效教学”所涉及的那些基本问题的理论探讨比这一概念的产生更早。历史上的经典教学思想，虽然不一定会使用“有效教学”这一概念，但都会在广义上或多或少地讨论到教学的有效性问题。

据此，本书对历史和当代若干较有影响的教学论思想进行了回溯，并在有效教学视野上梳理它们的发展脉络，在名称上也把它们称为有效教学思想。当然，历史上的这些有效教学思想与当代对有效教学的研究是有区别的。当代研究是把来自实践的命题重新纳入理论框架进行专门的研究，反映了理论研究的自觉和专门化，而历史上的有效教学思想则不具有这样的自觉性和专门性，它们有关有效教学的观点是散见在有关教学理论的一般论述中的。正因如此，本书在追溯历史和当代若干较有影响的教学论思想时，采用了综合叙述的方式，即较为完整地展示其教学论思想，同时从中挖掘其有关有效教学的论述部分。

第一章　夸美纽斯的有效教学思想

夸美纽斯是近代教育学的奠基者。他撰写的《大教学论》全面论述了教育的目的、作用，以及学制、教学法、体育、德育、宗教教育、学校管理等一系列问题，是西方教育史上第一部体系完整的教育学著作。从有效教学思想的角度看，夸美纽斯也称得上是教育史上最早系统思考有效教学问题的教育家。他在《大教学论》的卷首即明确指出，写这本书的主要目的在于“用一种简易而又可靠的方法”，阐明“把一切事物教给一切人类的全部艺术”，“使得教员因此少教，但是学生可以多学”。这种“少教多学”的思想实际上就是一种典型的教学效率观。如何才能少教多学？这是夸美纽斯《大教学论》通篇论述的内容。夸美纽斯在《大教学论》中的全部著述都是围绕着如何“少教多学”展开的。从这个意义上说，夸美纽斯的《大教学论》也就是一本有效教学论的论著。下面选取几个重要的部分阐述夸美纽斯的有效教学观。

一、论教学内容——以有用为原则

夸美纽斯虽然生活在宗教势力极为强盛的时代，但他对教育应当给予学生什么是十分明确的，那就是要给予学生当前和日后都是有用的知识。他指出：“学校应组织得使学生除了有价值的事项外，不学别的。”要求“凡是你所教的东西应该作为真正存在的和有一定用处的事物，学生应当看得出，他们所学的不是乌托邦，也不是属于柏拉图理想的什么东西，而是真正在我们周围的，彻底认识了就会给生活带来真正益处的东西”。[①]夸美纽斯明确指出，对于每门科目，都要考虑它的实用性，不学无用的东西。对于那些“知道了的人没有用处，不知道的人也不感觉到缺乏的科目”和那些“时过境迁”的科目要坚决摈弃。除学校在科目设置上要考虑对学生的发展是否有用外，夸美纽斯还强调，教学过程也应当注意学生对知识的运用，同时引导学生形成善于进行知识的融会贯通和灵活运用的心向，使学生“习惯于把自己的认识和智慧运用到工作上去”，把学生培养成“在活动中有经验，善于利用知识、善于行动的人”。[②]

二、论教学组织形式——班级授课

班级授课制在夸美纽斯的教学论思想中无疑占有很高的地位。尽管夸美纽斯并不是第一个提出班级授课制的教育家，但在理论上对班级授课制进行系统论证，夸美纽斯仍然是教育史上的先行者。

在夸美纽斯生活的时代，即 17 世纪前后，个别教学依然是西欧各国普遍采用的教学制度。这种教学制度具有自己的优势，即针对性强，对学习者个体而言，教学效率往往较高。但面对教学对象急剧扩大的时代，个别教学制度在规模维度上是低效的。夸美纽斯意识到在普及教育即将到来的背景下，必须放弃这一旧的制度，采用新的能够大幅度提高教学效率的方法——班级授课制。

夸美纽斯主张“一个教师同时教很多的学生”，甚至提出“同时教几百个学生”，并建议采用大班与小组结合的形式进行教学，要求把全班学生分成若干个小组，每组十人，各组都由一名学生负责管理，协助教师监督和检查小组成员的功课。夸美纽斯对班级授课制的优越性作了分析，认为班级授课制可减轻教师的工作负担，也有利于学生学习。对教师来说，“一个教师可以教导一百个学生，所费的劳力是和教几个学生一样小的”，“工作可以减轻”，且授课教师看到课堂中的学生愈多，工作兴趣便愈大，教学热情也就越高；从学生方面看，在班级授课制中，“没有一个学生会

① 〔捷克〕夸美纽斯：《大教学论》，傅任敢译，人民教育出版社，1957 年版，第 53 页。

② 〔捷克〕夸美纽斯：《大教学论》，傅任敢译，人民教育出版社，1957 年版，第 30 页。

被忽视”，“学生们会比以前更加注意学习”；“对于一个学生所说的话便会对于全体学生同等地有利”；学生间“可以互相激励，互相帮助”；学生中“不同的表达方式可以增进和加强学生对于教材的熟悉程度”，等等。

在论述班级授课制优越性的基础上，夸美纽斯提出了实施班级教学制的要求。(1) 学校应有一定的教学目标。对学生每年、每月、每日应达到的目标都要作详细的规定，使教学能够按照计划进行。(2) 每个班级应有固定的课本。班级里所有学生都用同样的课本，它应属于同一的版本，“应当页页相同，行行相同。”(3) 一切科目都用同一的方法去教导。即所有的科学、艺术与语文都应用一个“自然的方法”，也就是说“教师应该根据他的学生的能力和他们在他所教的实际科学、艺术上所获得的进展”来施教。(4) 全班学生同时做同样的功课。(5) 每种科目应该与相关的事项一道教授。(6) 教学时应经常保持学生的注意。

夸美纽斯对班级授课制的论证虽然有许多较为幼稚的成分，如把班级规模理解为越大越好，认为在班级授课制中“没有一个学生会被忽视”等，这些显然都是缺乏依据的不成熟的观点。但夸美纽斯对班级授课制的论证在当时那个时代是具有开拓意义的。以班级授课制来保证教学对象大为增加背景下的教学效率，这不仅在夸美纽斯所生活的时代具有先进性，即使在今天，班级授课也仍然是世界各国学校教育的主要教学形式，是在学习者规模维度上提高教学效率的有效手段。夸美纽斯作为这一教学制度的理论奠基人，在有效教学组织形式问题的论述上奠定了自己的历史地位。

三、论教学过程——以感觉论为基础

感觉论是夸美纽斯教学过程理论的基础。夸美纽斯认为旧学校“教导青年的方法通常是非常严酷的”，它“不是让学生用他们自己的眼睛、手去认识事物，而是用别人的眼睛去看，用别人的鼻子去嗅，用别人的耳朵去听”。这样的学校不但谈不上教学艺术的任何气息，实际上它已“变成了学生的才智的屠宰场”，使学生“把生气勃勃的青春岁月浪费在一些繁琐无益的事情上面”，导致学生“悲惨地丧失了一生一世的最甜美的青春”。[1] 要改变上述现象，就必须解放儿童的感官，将教学过程建立在感觉论哲学的基础上。建立在感觉论基础上的教学过程的基本程序是：由对事物的直观到对事物的理解，再由对事物的理解到关于所理解事物的知识的记忆，最后是用语言或书面表达的练习把所记忆的知识表达出来。即人们熟知的感觉——理解——记忆——练习的过程。

夸美纽斯将感觉作为教学过程的起点，并以此为依托展开全部教学过程，这种观点在夸美纽斯生活的那个时代是极具革命性意义的。因为中世纪以来，在宗教势力的统治下，欧洲学校没有给感官的认识作用以应有的地位，借助神启、强调笃信和注重演绎是支撑当时教学展开的逻辑前提。夸美纽斯接受了培根等人的感觉论哲学，并在此基础上建构了自己的教学过程理论；相对于宗教神学观来说，夸美纽斯的教学过程观是崭新的。而且，感觉论也在很大程度上揭示了学习者尤其是儿童的认知特点，适合儿童学习过程的心理机制。历史证明，相对于宗教神学强迫记忆和背诵而言，以儿童的感官感知为起点的教学不仅是有效的，而且也是高效的。在有效教学思想的发展史上，以感觉论为教学过程基础的思想，其历史作用不容低估。它在实践中的应用，将无数儿童从呆读死记的痛苦学习过程中解放了出来。当然，夸美纽斯以感觉论为基础的教学过程论也存在着过于扩大感知作用的问题，其结果就是极易导致学生对知识理解的表层化，这是有待后人去解决、纠正的，下一节将要讨论的赫尔巴特就做了这个工作。

四、论教学原则——以适应自然为根基

教学过程的展开除了要以感官为基础外，还必须遵守一些“规则”，才能使教学过程的运行达到最佳的效果。夸美纽斯明确指出，这些“规则”必须从“自然”中借来。“教育遵循自然”便是夸美纽斯制定教学原则的总原则。夸美纽斯以遵循自然为主线，详尽地论述了包括“便易性”、“彻底性”、“简明性与迅速性”等 29 条具体的教学原则。我国教育界通常将夸美纽斯的教学原则概括为直观性原则、自觉性和积极性原则、系统性与循序渐进性原则、巩固性原则、量力性和因材施教原则五项。

---

① 〔捷克〕夸美纽斯：《大教学论》，傅任敢译，人民教育出版社，1957 年版，第 104 页。

1. **直观性原则。**在夸美纽斯的教学原则中，直观性原则居于首位。他要求教师的教学工作应在可能的范围内尽量通过感官去进行，“学校应当一切都利用学生自己的感觉，让他们亲自去看、去听、去触摸”，① 为此，他主张实物教学，要求在教学中使用挂图、模型等直观教具，“让一切学校布满图像”、“让一切教科书充满图像”。②

夸美纽斯直观性原则的理论基础也是其感觉论哲学。他提出的论证理由是：第一，知识的开端永远是从感官开始的。第二，科学的真实性与准确性，更多的是依赖感官而不是其他事物的证明。第三，感官是记忆的最可信托的仆役。所以，假如这种感官的知觉方法能被普遍采用的话，它就可以使知识一经获得，便可永远保持。

夸美纽斯最早给直观性原则赋予理论的性质，并且大大地充实和具体化了它的内容。直观性原则在基础教育尤其是初等教育中的意义是难以估量的。它将儿童从以往抽象枯燥的学习中彻底地解放了出来。正因如此，皮亚杰认为，应当用金条将这一原则镶嵌在现代学校的大门上。当然，由于所处时代和当时哲学发展水平的限制，夸美纽斯对直观性原则也有过于夸大的嫌疑，高估了直观教学的作用，对抽象思维和语言文字在教学中的作用和意义认识不足。

2. **自觉性和积极性原则。**夸美纽斯认为学习的首要条件是学生的自觉，是学生对学习的热情和喜爱，只有把学生的学习热情和欲望激发起来，教学才能有效地进行。要激发学生的学习热情和求知欲，夸美纽斯认为，除了应当让儿童学习有用的东西外，教师首先要对所教事物予以清晰、彻底的解释，让学生理解这些知识，且要十分熟练，就像懂得自己的五个指头一样。其次，应该从事物的缘由和来龙去脉的角度去教导学生，因为“知识不是别的，只是我们精通了一件事物的原因，和对它的熟悉而已”。第三，努力使教学让学生感到有趣。最好的方法就是使学习与活动结合起来，让学生在各种趣味性的活动中进行学习。夸美纽斯建议教师可以给学生一些工具，让他们玩农作或玩政治游戏，或者当大兵、当建筑

---

① 〔捷克〕夸美纽斯：《大教学论》傅任敢译，人民教育出版社，1957 年版，第 152 页。

② 〔苏〕克拉斯诺夫斯基著，杨岂深等译：《夸美纽斯的生平和教育学说》，人民教育出版社，1957 年版，第 303 页。

家，还可以去模仿各种各样的手艺等等。

3. **系统性与循序渐进性原则。**夸美纽斯是泛智论者，主张让学生学习广泛而全面的知识，但他反对让学生学习的知识过于庞杂，提出学校向学生提供的知识不能杂乱无章，而应当具有系统性。“一门功课的排列，应组成一个百科全书式的整体，其中一切部分全该来自一个共同的来源，各在各自正当的地位”。对如何才能系统地组合学习内容，夸美纽斯提出了“关于事物的知识应该放在关于它们的组合的知识之前；例证应比规则先出现”之类的基本原理。夸美纽斯还提出了循序渐进的教学原则。他指出，自然并不性急，儿童的心智犹如仄口的瓶子，急切盲目地倒水进去与对准瓶口细心滴注进去效果是完全不一样的。教学内容的组织也要讲究一定的秩序和规则——由易到难，由近及远，务必使后教的内容以先教的内容为基础等的规则。

4. **巩固性原则。**巩固性教学原则要求学生牢固地掌握所学习的知识。夸美纽斯指出，教学不仅要使学生理解和掌握知识，而且还应当使学生牢固地持有知识。他为实行这一原则拟定了一些规则：首先应让学生把学习的基础打好，使先学的知识成为后学知识的基础。其次，让学生记住已领悟的知识，这不仅需要让学生知其然，而且还要知其所以然。即让学生明白所教事物的“理由的支持”；“良好的理由支持”能够像钉子、钩子和夹子一样，把所学事物牢牢地固定在学生的记忆里。第三，让学生进行反复的练习。练习是巩固性教学所必不可缺的因素。“所教的科目，若不常有适当的反复与练习，教育便不能够达到彻底的境地。”

5. **量力性和因材施教的原则。**教学应根据学生的年龄及其能力来进行。夸美纽斯指出，一切应学的科目都应加以排列，使其适合学生的年龄，凡是超过了学生的理解的东西，就不要给他们去学习。在教学中应考虑学生的接受能力，不能使学生的学习负担过重。为此，他建议：(1) 减少班级授课的时间，一般每天不要超过 4 小时，学生自修的时间也不要超过 4 小时。(2) 尽量减少学生需要记忆的学习内容，让学生只记最重要的事项，对于其余的，领会大意就行了。(3) 教学的安排都应适合学生的能力，且应随着儿童年龄的增长而有所调整。

夸美纽斯的教学论思想是教育史上的一座里程碑，具有划时代的意义。正像夸美纽斯本人所说的那样：“我们这本书（《大教学论》）尽管不完善，尽管距离我们所期望的目标还很远，但是考察的本身就可以证明，较之以往，它已达到了一个较高的阶段，达到了一个前所未有的较近于目标的阶段。”具体说来，“我们的希望是教学的艺术能如此完善以致新旧两种方法的区别之大，就像旧法用笔抄书与新法用印刷机印书的区别一样。这就是说，印刷虽则困难、费钱、复杂，但是较之往常，它能使书籍的产生更快、更准确、更有艺术效果；同样，我的新方法初看去，它的困难显得有点可怕，但是较之往常的没有方法，它却能够造就更多的学生，给他们一种更好的教育，并使他们在受教时得到更多的快乐。”应该承认，这种说法是符合实际情况的。

夸美纽斯的教学论思想为近代以来有效教学的实施开辟了方向，他的以感觉论为基础的教学过程论和以直观性为代表的教学原则改变了中世纪以来呆读死记的学习景观，学习变得直观、容易而更受学生欢迎了，教学效率也因此而大大提高了。夸美纽斯提出的班级授课制理论更有助于在学习者规模意义上提高教学效率，适应了近代以来普及义务教育背景下学校发展的趋势。诚如夸美纽斯自己所说，自己的教学思想与以往旧的教学思想迥然不同，就犹如印刷版书本与手抄版书本的不同一样，夸美纽斯教学论思想所隐含的有效教学思想也具有划时代的意义。当然，作为数百年前的教育学奠基人，夸美纽斯有关有效教学的论述还是较为基本和粗浅的，在很多方面还需要后人去补充完善。

第二章 赫尔巴特的有效教学思想

赫尔巴特是继夸美纽斯之后的又一位在教育学理论建构方面做出了杰出贡献的教育家。如果说夸美纽斯奠定了教育学大厦的根基的话，赫尔巴特则在将这所大厦向科学化方向打造的道路上付出了艰辛努力。与夸美纽斯提出的要“把一切知识教给一切人”的口号相比，赫尔巴特的教学理论似乎没有那种由于时代变革而产生的理想色彩，而是更倾向于从理论的角度为教育学确立科学的基础、目标与方法体系。作为德国哲学时代的教育家，赫尔巴特在教学理论的学理阐释和理论基础构建上都显得更为严谨和体系化。与夸美纽斯寻找“把一切知识教给一切人”的教学艺术不同，赫尔巴特从自己的心理学理论和教育目的观出发，论述了教育应当怎样确定教学内容，应当如何将各有关教学内容系统、有效地传授给学生，并在这一过程中实现教育的目标。虽然赫尔巴特没有提出“有效教学”的概念，但可以认为，赫尔巴特有关教学问题的全部论述都是要有效地实现他自己拟定的教育目标的。

一、论教育目的与教学内容

赫尔巴特认为教育目的具有两个层次。其一是最高的目的，即伦理的目的。赫尔巴特认为对教育最高目的的界定必须以伦理学为依据，伦理学是设定教育目的的基础。这个目的就是要培养具有普世性质的道德理念和行为的人，“教育的唯一的工作与全部工作可以总结在这一概念之中——道德”，这种道德是由五种永恒不变的观念，即内在自由的观念、完善的观念、善意的观念、法权的观念和正义的观念组成的。这是任何一个人，只要他将来要成为未来社会公民，都必须要达到的。这个目的的实现是需要通过各门具体的科目的学习来达成的。也就是说，所有学科的教学都必须设定道德教育方面的目标，以便使学生成为普世意义上的社会公民。这也正是赫尔巴特著名的“教育性教学”所要表达的内容。

其二是可能的目的，所谓可能的目的，是指一个人可以根据自由选择而给自己提出的目的，或者说与职业选择有关的目的。为达到这一目的，教育就必须发展人的多样的、各方面的感受性，培养人的多方面的兴趣。

赫尔巴特认为，兴趣是一种内心的主动趋势，是一种与漠不关心相对立的心理状态，赫尔巴特把兴趣理解为“多面体”：是多方面的，又是统一的。对人的发展来说，赫尔巴特认为应注重人的“多方面的匀称的兴趣”的形成，因为，这有利于人的各方面能力的和谐发展。同时，赫尔巴特也要求一个人须爱一切的活动而专精于其中的一种。

赫尔巴特把兴趣分为六种：(1) 经验的兴趣，它们涉及的是关于自然的多方面的知识，观察和认识事物到底“是什么”；(2) 思辨的兴趣，即探究自然的兴趣，喜爱思考事物“为什么是这样”；(3) 审美的兴趣，即由经验、思辨而来的对事物产生美丑善恶的评价；(4) 同情的兴趣，它涉及的是关于人类交际的知识；(5) 社会的兴趣，这是同情兴趣的扩大，由个人之间的同情扩大为对社会、本民族和全人类的同情；(6) 宗教的兴趣，即研究人类、社会对于“最高存在”的关系，表现为虔信上帝、服从教会。

依据多方面兴趣的理论，赫尔巴特提出了自己的课程体系。根据经验兴趣，应设有自然（博物）、物理、化学和地理等学科；根据思辨的兴趣，应设置数学、逻辑和文法等学科；根据审美兴趣，应设有文学、绘画等学科；根据同情兴趣，应设外国语（古典语和现代语）、本国语等；根据社会兴趣，应设历史、政治和法律等学科；根据宗教兴趣，应设神学。

可见，赫尔巴特拟定的课程体系也是十分庞大的。如此多的科目，如何学习才能保持学科教学的逻辑结构和知识的系统性？赫尔巴特提出了课程组织的两大原则：一是集中原则。所谓集中原则是指选择一门科目作为学习的中心，使所有其他科目都作为理解它的手段。赫尔巴特认为，历史和数学应当是学科的中心。二是相关原则，所谓相关原则是指学校不同科目的安排和教学应当互相影响，如以研究发现美国新大陆为中心科目，那么有关的历史、地理、绘画、自然、文学和数学等方面均须适当地配合，成为完整的教材。因为有关教材的配合，能使学习更易体会。集中和相关这两项原则对于以后德国和美国的赫尔巴特学派的课程思想产生了决定性影响；甚至从杜威的活动课程理论和克伯屈的设计教学中也可以看到影响的痕迹。

在学什么的问题上，赫尔巴特与夸美纽斯一样都主张学习内容广泛的课程。两人在教学内容方面所持的观点都比之文艺复兴时期西方主流的课程体系前进了一步。因为在文艺复兴乃至其后的很长一段时期，西方学校盛行的仍旧是古典主义的课程，希腊文、拉丁文和古典课程是学校课程的主体。夸美纽斯与赫尔巴特都在这一问题上有所突破。不同的是赫尔巴特对应当学什么的论证更具学理性。赫尔巴特在论证学校应当开设怎样的课程时，是从自己的教育目的和心理学出发的。赫尔巴特坚信伦理学是最高教育目的的基础，心理学是教育途径和手段的基础。具体来说，赫尔巴特是以多方面兴趣的理论来展开对课程体系的论述。这就使得赫尔巴特对课程体系的分类与论证显得更为系统化，也更有说服力。

二、论教学原则

赫尔巴特主张的教学方法有两大基本原则。首先是引起学生兴趣的原则，赫尔巴特认为教学必须先引起学生兴趣。正如前文已述，兴趣在赫尔巴特看来也是一种观念的运动，兴趣是人的一种内心的愿望，只有与儿童经验相联系的内容，才能引起儿童浓厚的兴趣。因为，兴趣本身就存在于经验之中。由于兴趣是一种使思想的对象保留在意识中，或使之返回意识的内心力量，或者说它是一种激起心理活动的手段，[①] 因此，只有能够激起兴趣的教学内容，才能使儿童保持意识的警觉状态，从而更好地接受教材。赫尔巴特明确指出："要掌握知识，并且得到更多的知识，就必须具有兴趣。"而"厌倦是教学的最大罪恶"。赫尔巴特还论述了激发兴趣的两项心理学法则，认为学习者的兴趣是随以下两项法则而增加的：第一法则是频度法则，即一个观念愈常进入意识中，其虽已移入非意识领域，但仍愈易回到意识中，愈有更大力量控制心灵；第二法则是联想法则，即如果许多观念联合起来形成统觉团的组合力量，这力量可以决定何种观念可以

---

① Encyclopedia of Education VOL. 3, N. Y, 1918, P240，转引自：张斌贤："赫尔巴特教学理论评述"，http://resource.sne.snnu.edu.cn/wgjys/fzzy/Documents/A1007002TA0417.htm

进入意识中。因此兴趣是心灵中的一种积极的力量，决定何种观念和经验会引起注意。

如果学生缺乏自然的兴趣，教师应引导其产生自愿的兴趣。引导产生自愿的兴趣，不是用强制或人为的方法，如用分数、奖励或竞争等的方式，而是用联想的方式。譬如学生对算术和测量没有兴趣，教师要想办法让其了解算术和测量是其已具有兴趣的科学、设计、建筑或其他方面知识学习的基础，引起其产生自愿学习算术和测量的兴趣。因为所有知识都有交互关系，能形成观念圈。赫尔巴特就主张将诸如罗马皇帝、月球中的山和天堂的天使这样一些脱离儿童经验的学习材料从教学中排除出去。[①] 教师必须找出一条路，从已经知道的来引导，使不知道的与之发生关联，而产生自愿的兴趣。所以教师不但要引导学生从有关旧观念基础趋向特定新观念的兴趣，而且最好要建立组合已有观念的思想圈，这足以控制学生一生中的兴趣。

其次是注重知识学习的类化作用的原则。类化作用即以旧经验为吸收新知识的基础。一种新观念的体会必须用旧有的其他观念来解释，譬如“海湾”这个词，是靠我们已有“水”、“颜色”和“声音”的旧观念来体会其含义。医生对于人类健康和疾病有研究的经验或知识，因此对病人发生的类似病况可以正确地加以诊断，而一般人便不懂诊断病情，因为缺乏专门知识。这些旧观念可能是许多观念的组合，成为统觉团，其影响力更大。所以教师不但要利用学生的旧观念以吸收新教材，同时应该使新旧观念类化的结果，经过推理过程，获得有系统的原则或统觉团，这足以影响未来的学习，甚至品德的形成。上述兴趣原则也可说是统觉团的功能，有吸收特定新观念的注意力。

值得指出的是，虽然赫尔巴特也很推崇夸美纽斯、裴斯泰洛齐等人的直观教学原则，认为直观教学也是一种极为重要的教学方法，尤其是“在儿童和少年时代的教育职业中，直观是最重要的”，“除了通过直观的教学，没有一种教学是适合儿童的”。但赫尔巴特并没有仅限于此，他同时也主张：“没有心智的训练，感官就一事无成”，“直观的正确性……存在

---

① Eckoff，N. Y.. Herbart's ABC of Sensen Perception，N. Y，1914，P41～42，转引自：张斌贤：“赫尔巴特教学理论评述”，http：//resource. sne. snnu. edu. cn/wgjys/fzzy/Documents/A1007002T A04 17. htm

于综合地联系关于一物形式的一切因素中”。为此，他坚决反对把一切知识简化为直观，并将之作为教学的最高原则的观点。

赫尔巴特对直观教学原则的修正是在肯定它的作用，尤其是肯定它在低幼儿童教学中的作用的前提下进行的，是用理性主义哲学对经验主义哲学进行纠正的结果，有其一定的合理性。这在一定程度上是对夸美纽斯过分注重直观教学从而忽略了抽象概念和原理学习的纠正。至此，我们可以看到，有效教学的思想理念开始出现了分野，在夸美纽斯注重感官和活动教学的基础上，赫尔巴特开辟了如何进行概念和原理性知识有效学习的新路径，且是从其观念心理学出发进行论证的。

三、论教学方法

赫尔巴特有关教学方法的论述也是以其观念心理学中的统觉理论为基础的。在赫尔巴特看来，统觉过程主要是通过以下三个环节完成的：感官的刺激、观念的分析与联合、统觉团的形成。相应地，赫尔巴特也将教学方法分为三类：单纯提示的教学、分析教学、综合教学。

赫尔巴特认为单纯提示的教学是一切教学的基础和前提。单纯提示的教学是直接建立在学生经验之上的，是对经验的模仿和复制，同时又进一步扩大了经验。他指出：“这一阶段的教学可以运用各种图画作为帮助；这些图画越是没有为儿童不加思索地观看过或者作为无意义的娱乐而误用过，越对教学有帮助。”[①] 单纯提示的教学实际上也就是直观性教学，在这一教学过程中，学生能否接受提示，首先取决于学生旧有观念与新事物的相关性及学生的感受能力。因而，教师须事先充分了解学生心灵中原有些什么观念，然后才能决定应该提示哪些新观念。赫尔巴特指出，单纯提示的教学虽然具有直接的生动性，但它是有局限性的，教学不能止于这种生动性。在学生的学习过程中，无论是同时出现的事物，还是连续出现的事物；抑或是它们间的关系和结构都是有待于分析，以便被抽象化而合并形成各种新概念，这都需要分析教学的介入。

分析教学是在单纯提示的教学的基础上进行的。它是统觉过程的第二个环节，是为形成观念的复合而对不同的观念进行辨别和区分，以便发现

---

① 张斌贤：“赫尔巴特教学理论评述”，http：//resource. sne. snnu. edu. cn/wgjys/fzzy/Documents/A1007002 TA0 41 7. htm

观念间的相似、相同和不同之处。通过分析教学，学生对当前刺激的反应更加清晰，从而为观念的联合做好准备。但分析教学也有局限性，主要在于在分析教学过程中，学生只接受“事实上呈现的材料”，很难获得普遍的知识，不能建立完整的知识结构。

综合教学是在分析教学的基础上进行的。赫尔巴特认为，统觉过程的第三个环节是新旧观念的联合，以形成“统觉团”。综合教学正是为此而展开的。通过综合教学，由单纯提示所提供的清晰表象和分析教学产生的对表象的区分，就形成了观念的联合，也就是获得了新的知识与概念。综合教学需要充分调动学生的自我的心灵活动，其中主要的是记忆和想象。赫尔巴特指出综合教学应该及早开始，而且它的终点是永无止境的。

有关上述三种教学方法的关系，赫尔巴特认为，前者为后者开路，后者是前者的发展。它们间是递进和交叉的关系，在教学过程中必须统一运用，而不能将它们彼此分割开来。经常惯用一种方法而排斥其他方法是没有必要的。

赫尔巴特将历史上和现实中人们常常孤立使用的各种教学方法整合了起来，使之成为一个方法体系，并体现了由低级到高级、循序渐进的动态的教学进程。同时，也克服了单纯运用直观教学很容易产生的学习过程无法理性升华的不足。

不过，在赫尔巴特的理论中，分析教学与综合教学是前后相继进行的。二者之间的界限和顺序是很明确的，这未免过于机械；尤其是在当他在论述不同年龄阶段所采用的教学方法时，甚至把二者割裂开来，这不能不说是一个很大的缺陷。此外，赫尔巴特把复杂的教学活动过于简单化了，仅从心理学层面阐释教学问题，忽略了教学过程中各种复杂的关系。这也决定了它注定是需要后人对其进行修正的。

四、论教学过程——教学四阶段论

如果说夸美纽斯是以感觉论为基础阐释教学过程的，那么，赫尔巴特则是从其观念心理学的“统觉”论来论证教学过程的。赫尔巴特从观念心理学出发，认为教学过程涉及学习者心理活动的“专心”和“审思”两个基本环节。所谓“专心”，是指集中于任何主题或对象而排斥其他的思想活动。在教学中，要求深入钻研教材，力求清晰地认识个别事物，专心致志地学习。所谓“审思”是指追忆与调和意识内容的审思活动，即深入理解与思考，把“专心”中认识的个别事物集中起来，使之互相联合成统一的东西。赫尔巴特认为“专心”和“审思”这两个环节的关系是：第一，“专心”主要指深入学习教材，“审思”则是对所学内容的深入思考；第二，“专心”的过程不能同时发生于不同的对象，它们需要一个接着一个地进行在“审思”活动中才能把各种专心活动联合起来；第三，“专心”活动应在“审思”活动之前，但二者地位同样重要；第四，“专心”活动和“审思”活动都各有其静止状态和运动状态。由此，赫尔巴特把教学过程分为明了、联想、系统和方法四个阶段。

1. **明了阶段。**从观念心理学角度看，这一阶段是观念在静止状态下的“专心”活动，须把“注意”集中到新观念上。就教学过程的学生而言，这个阶段的主要任务是明了所学知识，对学习的内容逐个地进行静态的深入学习。对教师来说，就是要让学生把所学的内容加以分解，逐个地提出，使学生能够清楚地、纯粹地看到所学知识的各个方面。在教学方法上，主要表现为由教师讲述新教材，教师的讲解和学生的复述都应简洁易懂，教学时应运用直观原则。第一阶段是为了让学生感知新材料，要求教师尽可能简练、清楚、明白地叙述、讲解或演示等。在学生获得大量彼此已初步联系的个别观念后，教学可进入第二阶段。

2. **联想阶段。**这是观念在运动状态中的“专心”活动。在这个阶段中，由于一个专心活动进展到另一种专心活动中去，不同的观念联合起来了。教学中要建立新旧观念的联系，即新的教材和学生原有的知识发生联系，在新旧观念的联系中继续深入学习新教材。赫尔巴特认为这一阶段学生的心理表现为“期待”。在教学法方面，这一阶段要促成学生的联想，最好的方法是不受拘束的谈话。教师应采用分析教学法，力求使学生形成新观念与先前相关观念的联系。

3. **系统阶段。**这是观念在静止状态的“审思”活动。在这一阶段中，学生理解众多事物的关系，把个别事物理解为众多事物关系中的一部分，并予以适当的地位。在此阶段，学生在教师的指导下，学生从对新旧观念联系的理解，上升到普遍性概念的领域，在新旧观念结合的基础上，获得结论、规则、定义和规律的知识。在心理方面，表现为“探究”。教师应严谨、周密地综合所教材料，概括出应有结论。教学方法则是综合性的。

4. **方法阶段。**这是观念运动状态的“审思”活动。赫尔巴特认为，在这一阶段，要求通过实际的练习，使学生已经获得的知识付诸运用，变得更为熟练和牢固。学生应当融会贯通所学的知识，能在各种条件下，按照实际的需要，把所有知识重新组合起来，去解决实际问题。在心理方面，表现为“行动”。在教学方法上，学生通过习题、独立作业和按照教师的指示改正作业中的错误，来运用所学的知识。

概括而言，以上四个阶段可做如下表述：明了就是向学生明确地讲述新的教材；联想就是通过教师和学生的谈话，使学生把新旧观念联合起来；系统就是学生在新旧观念联系的基础上，去寻找结论、定义和规律；方法就是把已学得的知识应用于实际，培养学生逻辑思维、创造性思维的技能。

应当说明的是，赫尔巴特对教学过程四个阶段的划分，是对学校教学工作的整个过程而言的，并不是针对每一堂课的具体教学环节。赫尔巴特也没有把教学的四个阶段机械地分开。相反，他认为教学过程中，较大的构成部分是由较小的构成部分组成的，正如较小的是由最小的组成一样。在每一个最小的构成部分中均可辨别出四个教学阶段，而且这些阶段是迅速地一个接着一个的。换言之，“专心”和“审思”是交叉进行，不是机械相连的。

赫尔巴特对教学过程的论述是基于其观念心理学立场做出的。这种心理学与当代的认知心理学在解释人的学习机制方面具有很多的相似之处。与夸美纽斯重视感觉论的教学过程相比，赫尔巴特的教学阶段更重视以对人完整的心理活动的解释为基础，观念成为了一种解释人的所有心理现象的概念，也正是在这一概念下，人的认知、情感、意志等活动都得到了合理的解释。这种理论解释上的合理性和完美性，远不是夸美纽斯的感觉论所能企及的，毕竟，感觉只是人的全部认知活动中的一小部分而已，认知层次中更高层次的活动以及其与学习相关的其他心理活动在夸美纽斯那里论述得较为薄弱，甚至没有论及，而在赫尔巴特的教学过程论述中，教学过程各个要素及各个层面的说明和解释都是十分充分的。

应当说，比之夸美纽斯的教学过程论，赫尔巴特对教学过程的解释具有更大的包容力；如果说夸美纽斯的教学过程较为适合低幼学生的学习，赫尔巴特的教学过程论则不仅适合低幼学生的教学，也适合高年级学生的教学。因为，赫尔巴特用观念和统觉等心理学概念解释教学过程中的心理机制，这些概念既可以指抽象概念的复杂运动，也可以指感觉印象的运动。实际上，它包含了从感觉经验开始，经过分析和综合，最后达到概念的教学方法的思维进程。这种理论涵盖力也正是一种较为严密和相对成熟的理论在早期理论面前表现出的优势所在。赫尔巴特的教学过程论较为适合学科知识的系统传授，适用于书本知识的新授课教学。从教学有效性角度看，按照赫尔巴特四段教学论以及其他各种与之相关的变通形式开展教学工作，对保障学生的知识的系统学习应当是有效的（当然要排除实践中的滥用）。不过，在系统知识掌握之外的目标实现上，如能力的发展、情感的陶冶等，赫尔巴特的教学过程阶段论就未必十分适合。它还不是学校全部教学活动的理想的、唯一的教学阶段模式，甚至就书本知识的传授来说，它也只是揭示了教学过程中部分的或局部的规律性的联系，也不是唯一的过程模式。

随着时代的发展，教学情境所包含的因素，如教师理念、学生个性、教学内容、教学目标、教学手段等，无一不越来越多样化或复杂化，这也必然要求与之相适应的具体教学过程模式的多样化、复杂化。正因如此，在赫尔巴特的教学四阶段理论之后，许许多多新的理论才能不断涌现。

第三章 杜威的有效教学思想

与夸美纽斯和赫尔巴特相比，杜威的教学论思想是另成一体的，它延续了法国 18 世纪著名教育思想家卢梭开创的新的教育方向，将儿童置于了教育活动的中心地位。如果说，夸美纽斯和赫尔巴特讨论的有效教学问题主要还是学科教学范围的话，那么，杜威探讨这一问题时已经超越了这一范围。杜威谈论的有效教学已经打破了学科教学的分界，学科知识的学习不再是有效教学讨论的重点。在杜威那里，有效教学的问题实际上转化为有效地实现儿童的经验不断积累和更新发展的问题。从这个意义上看，杜威的有效教学思想与夸美纽斯和赫尔巴特有着很大的不同。它们分别代表了儿童中心与学科中心两种不同的教育取向。它们在有效教学思想上的差异实际上体现的就是这两者不同教育思想取向的差异。

一、论教育目的

"有效"这一概念反映了手段与目的之间的关系，不同的目的往往是需要不同的手段去达成的。由于杜威的教育理论是以批判以赫尔巴特为代表的传统教育理论的姿态出现的，因此，对杜威有效教学思想的考察更应当了解杜威有关教育目的和教育内容的思想。自然地，就有两个层次的问题需要我们考虑，一是，在杜威的理论系统中，杜威所提的教学手段对达成教育目的来说是否有效？它在教学实践层面的实际效果如何？二是，就我们目前所认可的教育目标系统来说，杜威所提的有效教学的策略和手段具有怎样的价值？

考察杜威的教育目的也使我们立即陷入了困顿之中，因为，杜威对教育目的的表述是最为晦涩不清的。在我国教育学术界，对杜威所提的教育目的是什么，甚至杜威到底认为教育是有目的还是无目的，都存有不小的争议。杜威对教育目的的论述至少包括了以下几个层次的内容：第一，教育无目的，准确地说是，教育过程之外无目的；第二，教育过程之内，如果说教育有目的的话，那么，这个目的就是生长本身，教育的目的就是为了儿童更好地成长（这实际上是将教育的过程等同了教育目的，是在过程的意义上来谈论教育目的）；第三，教育应当注重教育的内在目的，外部的包括家长、社会等的教育目标不应当成为压迫儿童的抽象、终极意义上的教育目标，而应当能够转化为有助于促进儿童发展的环境因素（杜威反对教育上的抽象和终极的目的，这实际上是将教育的手段与教育目的联系了起来，是在手段的意义上来谈论教育目的）；第四，教育是要培养身心和谐发展的民主社会的公民。这个教育目的并不是杜威在著述中明确表达的，但从其字里行间的论述中，我们似乎可以作出这样的推断。从个体看，他是希望儿童在出自自身意愿的社会化活动中实现整体的、全面的发展；从社会角度看，他就是要培养美国所谓的民主社会的公民——一种具有实干精神、动手能力和秉持民主理念的公民。

二、论教学内容

杜威从实用主义经验论出发，指出，经验和知识是统一的，不是二元的。经验的产生有赖于感觉器官接受外界刺激，然后，作为有机体的人对之作出反应。而作出反应时既要利用旧有的经验，又须作出新的假定，从而获得新事物和意义，即知识和经验。活动、思维和知识是联为一体的，因此，应当依据生活经验考虑课程、选择教材。

杜威反对以学科为中心的课程体系。他认为，学校传授的学科知识是对人类长期积累的文化遗产经过逻辑加工而成的，是教师预制的向儿童讲授的分门别类的原则或理论。这些知识超越了儿童的经验，儿童对它们是不感兴趣的。学校把这样的知识直接传授给儿童，会让儿童感觉“上一堂课等于受一次苦役”。

同时，儿童的生活是一个整体和总体，学校分门别类的学科设置会把儿童的经验世界分割得支离破碎，难以形成儿童对世界的统一认识，也无法真正培养学生适应和改造社会的实际能力。因此，他强调：“学校科目相互联系的真正中心，不是科学，不是文学，不是历史，不是地理，而是儿童本身的社会活动。”他认为应当在儿童当前的直接经验中寻找一些东西，让经验本身成为儿童的课程。应当以活动课程取代学科课程，在课堂上要为儿童准备充分的活动场所，备有适合儿童活动所需要的多种材料和工具，让儿童在活动中学习。

杜威要求学校开设木工场、铁工场、烹调场、缝纫场、实验室、商店、菜园，让儿童在其中进行各种形式的活动作业及服务性活动，如经管物品、修理门窗、粉刷墙壁、安装水管等等，同时充分运用化妆、表演等活动形式组成儿童学习的情境与内容。通过这些活动使儿童在校内与校外的生活经验能够融通起来。

当然，杜威作为深受黑格尔辩证法思想影响的哲学大师，他在思考教学内容问题时并没有陷入非此即彼的误区。当杜威在反复强调经验课程的同时，他也考虑到了经验的心理程序和经验的逻辑程序的关系问题。他认为课程教材的组织存在着两种程序：一是教材、课程的逻辑程序，即教材本身的内在内容和结构；二是教材课程的心理程序，即儿童认知与行为发展的特点。为此，杜威曾在1938年出版的《经验和教育》一书中做过专门的解释："任何可以被称为学科的，如算术、史地或如自然科学，都必须导源于教材。这种教材在最初是存在于日常生活经验范围的；但是这样从经验中取得学习教材仅是初级阶段的学习，再进一步，就须从更充实、更丰富和更有组织的经验取得教材，这种教材编制就逐渐接近那种受过训练的成人阶段的学习水平了。"

应当说，杜威对课程教材组织的心理程序和逻辑程序都是非常重视的，但杜威常常给人留下的是只注重教材的儿童方面的心理程序的印象。这恐怕有两个原因：一是杜威的芝加哥实验学校未办到中学就停办了。杜威原来设想实验学校分三个阶段进行：4～8岁，学校生活与家庭周围环境密切联系起来；9～12岁，重点获得读、写、算的能力和操作能力；13～15岁，中学教育开始。这一阶段他认为应更注重教材的逻辑程序以及向逻辑程序的过渡，用已掌握的方法、工具来分科学习。前二个阶段以主动作业或手工作业为主，以儿童经验为中心。后一阶段则进入注重知识自身体系的分科学习。但由于实际学校停办，因而他就没有对如何使课程教材从心理程序转到逻辑程序的问题进行更多的论证和实验。另一原因是他虽两者都重视，但在当时为反对传统教育的以知识中心为倾向，更多地强调了经验和心理的一面，于是就给人造成了他只注重儿童的心理程序的印象，应当说，这种看法是不大准确的。

与对传统的学科中心的教学内容的批评相关，杜威对夸美纽斯以来实施的以知识传授为中心的班级授课制也提出了批评。他认为，传统的班级授课是一种教师主动独断、学生被动消极的陈旧教学形式。在教室里整齐排列的课桌椅约束了学生的大脑，因为没有了活动的情境，学生只能“静听”，这就无从调动学生学习的积极性，也就无法培养儿童的创造性思维。

三、论教学过程——“从做中学”

“做”在杜威那里常常以“主动作业”或“手工作业”这样的术语表述出来。杜威认为不应以学科体系为中心来组织教学过程，而应当按儿童的“主动作业”或“手工作业”来组织。这也是前文所述的杜威要在学校设置各种类型的活动场所的原因。

杜威对学生“主动作业”和“手工作业”予以了极高的评价。首先，手工作业包含着训练品德、形成思想的因素，有利于养成守纪律和勤劳的习惯，也有利于形成学生的责任感和义务感；其次，手工作业可以改变学校的气氛，形成合作的协调的环境；第三，手工作业可使学校生活和儿童的家庭生活联系起来，从而使得儿童经验不会被人为地阻断，能保持经验的连续性；第四，手工作业也有助于在具体的情景中，培养科学的实验方法。

虽然，杜威对学生的“做”予以极高的评价，认为知识的学习都是必须从行动中来的。但值得注意的是：如果只有单纯的活动，杜威认为这并不能给我们带来知识、提高认识。这里杜威引进了一个“有意义或有价值或反省的经验”的“经验”概念。所谓有意义或有价值的经验就是能够从行动与结果中引出因果关系，从而能够指导下一步的行动的经验。杜威把活动分为三类：第一，盲目冲动的活动。它是为活动而活动的，杜威也将之称为任性冲动的活动；第二，墨守成规的行动。它把习惯的事物作为预料未来可能发生的结果的全部标准，任何事情过去怎样做的，现在也就怎样做；第三，反省的活动。这类活动需要对行动的结果做出预料，并以此预料指导下一步的行动。实际上这就是一种有思维卷入的活动，杜威认为只有这类活动才真正具有教育的价值，因此，杜威所谓的“从做中学”，核心乃在于从行动所引发的“思维”中学。只不过杜威从实用主义哲学出发，认为思维只能是通过行动而产生的。将“从做中学”的本质理解为“从思维中学”是杜威教学思想区别于美国进步教育时代其他许多儿童中心论者思想的核心所在。

人的思维在活动中是如何产生的？杜威认为个体在活动中通常是按旧有的经验去解决所遇到的问题，但当旧有的经验不能够解决新的问题时，个体就会暂时停止行动，转向思维，对自己设想中将要进行的行动和将要达到的目的的关系进行判断，这样思维就产生了。从思维的功能或作用看，杜威认为思维的功能就是将我们经验到的模糊的疑难的情景，转化为清晰的确定的情景。具体地说思维的过程可以分为五个步骤：（1）遇到疑难问题；（2）确定疑难究竟在什么地方；（3）提出解决疑难问题的种种假设；（4）推断每个阶段所包含的结果，看看哪一种假设能够解决问题；（5）进行试验、证实、驳斥或改正所作的假设。这就是杜威有名的“思维五点法”。它的大致过程就是：在做的时候遇到问题，确定到底问题在哪里，提出假设，为什么是这样，我怎么解决、推理，看这些假设行得通还是行不通，验证。

四、论教学方法

杜威不同意传统观念认为教学是传授知识的工作的观点。他认为学习是一个自己发现和获得的亲历过程，犹如由工具箱中取出锯子不是制造工具，从别人口中听来知识也非真正获得知识。杜威坚决反对把“学习知识从生活中孤立出来作为直接追求”的做法。指出教学不应是直截了当地注入知识，而应诱导儿童在活动中得到经验和知识。儿童获得经验的过程也就是通过解决问题学得知识的过程。杜威认为教学过程就是鼓励和引导儿童在解决问题中获得学习的过程，即所谓的“从做中学”。正如前文已述，“从做中学”的实质杜威指的是从思维中学，遵循的是思维五步法。因此，在杜威看来，教学过程的基本要素和思维过程的要素是相同的，教学的方法和步骤也应当从思维五步法中借得。

1. **创设问题情境。**杜威认为，学校的情境设置应当能够激发儿童的兴趣，这就需要所创设的情境应当与儿童日常生活的场景具有相似性。如果创设的情境与儿童的过去经验相剥离，远离儿童可以认识到的范围，就无法激起儿童的学习和探究的欲望，这样的刺激是不成功的。同时，教育者创设的学习情境应当包摄人类社会发展中的那些最基本的社会要素。杜威认为像木工、铁工、烹调、缝纫等这类工场最能够反映人类社会发展的生产性活动中那些最基本的要素，这也是他在芝加哥大学创设上述工场的原因。学校情境的设置应反映社会对学习者的要求，让儿童在学校设置的反映各种基本社会要素的情境中，通过自己的兴趣爱好进行活动。由于这种活动是儿童和学校设置的情境之间的互动，因此，儿童在这种互动中形成的经验自然就有了社会性的内容。儿童的个人兴趣爱好和社会对儿童学习的需求被融合在一起了，杜威称这种活动为“儿童自身的社会活动”。

2. **引导儿童发现情境中的问题。**教育者在设置完教育情境后，应让儿童在其中活动并在活动中发现情境中所蕴含的问题。教育者应促使学生主动提出疑难，并将学生置于欲解决疑难的境地。杜威指出，儿童在活动中主动发现问题十分重要，如果儿童不能主动发现自己感兴趣的问题，教学就不可能获得成功。教育者在儿童主动发现的过程中应当发挥引导的作用，不能代替儿童发现问题。

3. **鼓励儿童寻找问题产生的原因。**杜威认为，在儿童主动发现活动情境中的问题后，教育者应积极鼓励儿童寻找问题存在和发生的原因，引导儿童积极寻找各种资料或证据，以发现问题所在。教育者还可向学生提供解决问题所需的资料。这里所谓的资料，并不是解决问题的答案，而是进一步探究的所需的资源和依据。

4. **引导儿童提出并思考解决问题的假设。**杜威指出，探究是人类的天性。当儿童发现了足以吸引自己的问题后，教育者应当引导儿童根据现有资料，提出自己的解决办法和想法，大胆推论、猜想、提出假设性的方案，并对自己提出的各种解决问题的方案进行逐个分析，选择出被认为最能够解决问题的方案。

5. **鼓励儿童实施解决问题的方案。**这主要是对先前提出的假设性方案进行验证的过程。问题得以解决，学习就暂告一段落。学生在这一过程中不仅解决了问题，而且也在解决问题的过程中，学到了知识，提高了能力，尤其是思维能力和动手能力。问题没解决，教师可引导学生采用解决问题的新方案，直到问题解决为止。有时，问题虽然最终不一定得到解决，但通过这一过程，儿童也是能学到很多东西的。

从有效教学角度看，杜威的教学思想在何为有效教学以及如何实施的问题上与赫尔巴特及夸美纽斯产生了严重分歧。夸美纽斯在论述有效教学问题时是有主智倾向的，他关心的是“把一切知识教给一切人”的效率问题。赫尔巴特从观念心理学出发论证了抽象概念和命题的有效学习，将知识的系统学习作为有效教学的论证中心，甚至认为人的道德教育也是需要通过各科知识的系统学习达成的。

杜威作为传统教育的颠覆者，完全推翻了上述主智取向的有效教学论断，不论是夸美纽斯倚重的感觉、直观，还是赫尔巴特倡导的观念、统觉，在杜威看来都是无法说明有效教学的真谛的。因为，它们主要限于人的认知范畴，不能说明教育的全部内涵与活动。在杜威看来，人的认识活动不过是人的经验活动的一部分，思维就是在活动中产生的，同时也是为了在活动中解决问题的。仅仅以知识的获取本身作为有效教学的标准不仅是错误的，而且对儿童的发展也是有害的。由此，杜威给我们确立了一个判断是否有效教学的新的标准取向，即儿童本身的经验发展。杜威的全部教育论述都是关乎儿童经验的发展的，正如他对教育性质的著名判断所展示的——“教育就是儿童经验的不断重组和改造”。杜威有关有效教学的新的标准取向既是有关儿童整体有机发展的，也是有关发展的过程的；从积极意义上看，它对全面理解教育教学含义和扩大有效教学标准的视野范围是有积极作用的。

不过，杜威有关儿童经验成长的概念十分庞杂混沌，用杜威的话来说，经验是有机体主动行动和被动接受环境反作用而形成的一种联系，经验既包含了主体因素也包含了客体因素，既关乎过去又涉及未来，是融主观和客观为一体的统一体。正如杜威对教育目的问题的论述没有清晰地表述教育目的是什么一样，如何衡量和评判儿童的经验成长，杜威也同样没有提出自己明确的观点，这就为人们理解和评判杜威教学的思想带来了困惑。

由于杜威的有效教学思想不是主智的甚至是反主智的，对知识的系统传授论述甚少，因此，在知识的系统传授方面是很难有效的，这也是杜威的教育思想和进步主义教育受攻击最多的原因。杜威在晚年也意识到了这一点，强调应当考虑在儿童的活动经验和学科的逻辑程序之间寻找出一条通道，让儿童完成从个人心理程序到学科逻辑程序间的过渡，但杜威教育思想的内在逻辑决定了这种转化在其教学思想体系内很难完成。

杜威的有效教学的思想虽然在有关系统知识有效授受方面毫无建树，但它却开辟了一个讨论有效教学的新天地——除了知识的系统传授外，我们如何使得有关整体儿童的教学更为有效？教学在儿童的能力、思维、情感、个性的有效发展方面应当承担怎样的责任？这些问题都是杜威教学论思想提出并有待后人进一步探讨的。

第四章　布鲁纳的有效教学思想

杜威的教学思想在培养杜威所认可的具有实干精神、奉行民主理念的公民方面是有其独到之处的，但就学科知识的系统学习目标来说，杜威的教学理论是“无效”的。这种“无效”在20世纪50年代末被苏联人造地球卫星上天而引发的教育落后的全美恐慌中被凸显了出来。以一种新的教学理论取代风行了半个多世纪的杜威的教学理论成为美国20世纪60年代刻不容缓的改革事项。布鲁纳的教学论思想就是在这一背景下走到美国教育改革的前台的。布鲁纳的教学论思想以突出学科知识结构的学习为目标取向，因此，从一开始，它就与杜威的注重以儿童为中心的教学观相对立，并以补救杜威教学论不足的姿态出现。与杜威既从心理学又从哲学角度的论证工作不同，作为教育心理学家的布鲁纳，主要是从其结构主义心理学的立场展开他对教学论的陈述和论证的。因此，布鲁纳对有效教学问题的论述，更为注重其心理学层面的阐释。

一、论认知发展

布鲁纳十分重视认知发展的研究，认为认知发展是讨论教学问题的基础，“一个教学理论实际上就是关于怎样利用各种手段帮助人成长和发展的理论”。教学的有效或无效就在于教学是否真正地遵从了人的认知发展的特点和规律。

虽然布鲁纳的认知发展学说的形成受到皮亚杰的影响，但布鲁纳不赞成皮亚杰派依据儿童的生理年龄而进行的儿童认知发展阶段的划分。布鲁纳提出了“再现表象”这一心理术语，并把它作为衡量认知发展的指标。根据再现表象所依据的媒介的不同，布鲁纳将儿童的认知发展分为三个阶段。

一是表演式再现表象阶段。大约出现在儿童四五岁之前。这一阶段的儿童主要是借助于动作去学习。它以学会作出某种反应和形成习惯的动作为基础。布鲁纳解释说："再现表象是一套规则、技能，凭这套规则和技能，一个人可恰当地保持他在周围环境中的特点，并不断地复现出来。"

二是映像式再现表象阶段。也称肖像式再现表象阶段。这一阶段的儿童主要是依据头脑中事物的具体形象来进行解决问题的尝试。布鲁纳强调说："映像发展成了一种有独立状态的东西，它们成了动作的高度概括者。"在他看来，这一时期儿童最为突出的特点是无力透过事物表面变化来认识教育守恒现象。

三是象征式再现表象阶段。这一阶段的儿童已能依据符号或语言文字等进行思维，他们的认知带有符号的性质，具有符号系统的一些特征。布鲁纳强调说："一种语言或任何符号系统都有形成的变换方式的各种规则，它们能超越动作或映像所可达到的范围而在最大程度上反映出现实的东西。"在他看来，语言或符号为儿童提供了一种可以不用形象作为唯一判断根据的手段。

布鲁纳强调指出，同样一项教材内容，可以加以动作表象化、肖像表象化或符号表象化，让儿童依不同认知发展阶段学习同一重要的大概念结构。这样，就可以及早将这些基本原理教给儿童，他们在小学对此有了直观的理解，以后形式化的术语、高深的原理就不致成为力所不及的东西了。

总的来说，以上三种再现表象阶段是相互联系的。人的智力发展始终会沿着这三种表象系统的顺序前进。但是，儿童的认知发展并不是受年龄的绝对限制，在很大程度上，教育条件会影响儿童的认知发展。教育过程的核心在于创造条件和提供帮助，使儿童的认知发展从表演式再现表象到映像式再现表象，再到象征式再现表象。

二、论教学内容——知识结构

布鲁纳认为，任何教学理论总是要涉及课程问题，课程问题总是要牵涉到教学内容问题。对学校教学到底应当给予学生什么的问题，布鲁纳的回答十分明确："不论我们教什么学科，务必使学生理解该学科的基本结构。"同时，也要掌握研究这一学科的基本态度或方法。在布鲁纳看来，有效的教学就是在教授某门学科时，能使学生理解并掌握这门学科的基本结构。反之，无效的教学就是没有让学生弄清楚学科基本结构。①

所谓学科基本结构，布鲁纳指的是一门学科的基本概念、定义、原理和原则等。如生物学上的“向地性”，代数上的交换律、分配率和结合律等。按照布鲁纳的设想，一门学科不仅教专门的课题或技能，而且应该使学生弄清楚学科知识组成的基本结构。他指出，使学生理解该学科的基本结构是在运用知识方面的最低要求。在布鲁纳看来，学习结构就是学习事物是怎样相互关联的，任何学科的基本原理都可以用某种形式教给任何年龄的任何人。

布鲁纳还从心理学的角度阐明了学生掌握学科的基本结构的必要性与重要性。首先，他认为，缺乏掌握一般原理的学习，从帮助每个学生获得最好的智慧发展来说是收益不大的。其次，获得知识，如果没有完满的结构把它联在一起，那是一种多数会被遗忘的知识。掌握知识结构，不但有助于知识的储存，而且有助于知识的提取。再次，不教学科的基本结构，要使学生从已知推断未知就很困难。相反，领会基本的原理和观念，学生就能实现学习的迁移，缩短学习的进程。例如，学生懂得生态学上的平衡后，就有可能知道经济学里的平衡。总之，布鲁纳十分强调各门学科以至各门学科之间的基本结构在学习中的地位与作用，认为一切脱离基本结构而教一些零碎的或者可以即时收效的知识技能的做法，从长远看是不经济的。

布鲁纳强调在编写教材和设计课程时学科的基本结构应处于中心地位。他认为课程内容结构化有四方面的优势：第一，如果学生懂得一门学科的基本结构，就能理解这门学科。第二，如果把教材组织成结构的形式，将有助于学生记忆具体细节的知识。第三，如果学生领会了基本概念和基本原理，将有助于学生把学习内容迁移到其他情景中去。第四，如果学生对教材结构和基本原理理解了的话，能够缩小“高级”知识和“初级”知识之间的差距，即便是年幼儿童也能学习高级知识。布鲁纳根据皮亚杰关于儿童的认知结构是连续性的阶段性发展的结论，认为儿童认识世界在不同的年龄阶段上都有他自己观察世界和解释世界的方式。

---

① 〔美〕布鲁纳：《布鲁纳教育论著选》，邵瑞珍等译，人民教育出版社，1989年版，第41页。

为了组织最佳的知识结构，布鲁纳提出了三条组织原则。一是表现方式的适应性原则。这里指学科知识结构的呈现方式必须与不同年龄学生的认知学习模式相适应。二是表现方式的经济性原则。这是指任何学科内容都应该按最经济的原则进行排列，在有利于学生的认知学习的前提下合理地简约。三是表现方式有效性原则。这是指经过简约的学科知识结构应该有利于学生的学习迁移。

三、论教学原则

布鲁纳十分重视教学原则对学生最有效地获得知识与技能的作用，并认为它也为评价任何一种教学方法与学习方法提供了一个标准。[①]

1. **动机原则。**布鲁纳强调，在认知学习过程中要注意儿童学习的心理倾向和动机。这是关乎教学活动成败的首要因素。他认为动机分内在动机和外在动机。“好奇心”、“胜任力”、“互惠性”都能促使儿童学习的时间会更长、效果会更好。因此，教师要充分注意促进儿童学习的内在动机，它们比“奖赏”、“竞争”等外在动机更重要。它们对学习所产生的激励活力强度大、时效长、效果好。教师在激发学生动机方面可采取三个方面的措施：第一，激发。教师在教学中要激发儿童学习探索活动的最大热情；第二，维持。教师在教学中要培养学生的学习自信心、责任感、独立作出决定和行动的能力，帮助儿童维持学习探索活动的热情；第三，有正确的方向。教师在教学中要使儿童对活动的具体目标有明确的认识并提供有关的知识，使学习探索活动有正确的方向。

2. **结构原则。**布鲁纳认为，任何学科知识都是具有结构的，反映了事物之间的联系或规律性。教师在教学过程中应该注意使儿童掌握学科知识的结构。因为“任何概念或问题或知识，都可以用一种极其简单的形式来表示，以便使任何一个学习者都可以用某种可认识的形式来理解它”。[②]而且，表示学科知识结构特点的三种方式（再现形式、经济原则、有效力量）随着儿童的不同年龄、不同“作风”和与学科知识间的差异的适合程

---

① 滕大春：《外国教育通史》（第六卷），山东教育出版社，1994年版，第154～158页。

② 〔美〕布鲁纳：《布鲁纳教育论著选》，邵瑞珍等译，人民教育出版社，1989年版，第135页。

度而有不同的变化。

3. **程序原则。**布鲁纳认为，教学活动的程序会影响儿童获取知识和发展的能力。因此，教师在教学过程中应该注意设计和选择最佳教学程序。这种程序要考虑儿童认识的发展，通过一系列步骤有条不紊地陈述一个问题或大量知识，以提高他们对所学事物的掌握、变换和迁移的能力。布鲁纳强调说："在任何特定的条件下，最理想的序列则随着各种因素而定，这些因素包括过去的学习、发展的阶段、材料的性质的个别差异等。"[①] 具体来说，应该考虑到学习的速度、抵制遗忘的作用、已习得的知识迁移到新情境的可能性、按已习得的知识所显示出来的再现表象的形式、可得的知识是经济的和具有有效的力量等。

4. **强化原则。**布鲁纳认为，教师在教学过程中应该注意通过反馈使儿童知道自己的学习结果，并使他们逐步具有自我矫正、检查和强化的能力，从而强化有效的学习。在布鲁纳看来，教师提供的反馈信息是否有用，取决于在什么时间和什么场合能使儿童对反馈的信息起作用，在什么条件下儿童可以利用反馈的信息以及用什么方式可以使儿童接受反馈的信息。布鲁纳对教师提供学习反馈信息提出了三条基本要求：及时、适时和能自我强化或矫正。但是，在贯彻强化原则时，布鲁纳也强调，必须防止使儿童永远依赖教师的指正，避免造成儿童跟着教师转的掌握的方式。

四、论教学方法

1. **根据学生的认知发展阶段采用相应的方法。**布鲁纳认为，教学是教师引导学生学习的过程，而"在发展的每个阶段，儿童都有他自己的观察世界和解释世界的独特方式。给任何特定年龄的儿童教某门学科的任务，就是按照这个儿童观察万物的方式去表现那门学科的结构"。为此布鲁纳要求教学一定要考虑学生的发展阶段，以儿童的认识水平为出发点。他还认为，发展的阶段固然与年龄有关，但也不是固定不变的，而是在很大程度上，随着文化与教育的条件不同而加快或推迟。"任何学科都能够用在智育上是正确的方式有效地教给任何发展阶段的任何儿童"，他不是说任何发展阶段的任何儿童均可学会任何科目，而是说，如果能够把知识

① 〔美〕布鲁纳：《布鲁纳教育论著选》，邵瑞珍等译，人民教育出版社，1989年版，第141页。

改造成为一种与儿童智慧发展相适应的形式，那么任何高深的教材内容都可以用这种方法教给儿童。

2. **倡导发现教学法。**在教学方法上，布鲁纳提倡“发现学习”。所谓“发现学习”是相对学生的学习方法而言的，对教师的教学方法来说，那就是“发现教学”。“发现教学”是布鲁纳依据“发现学习”的特点而施展的教学。鉴于发现学习在当时的美国尚属“新生事物”，需要在新的教学观下主动建构和实施才会在实践中有所斩获，布鲁纳强调：“‘发现教学’所包含的，与其说是引导学生去发现‘那里发生’的事情的过程，不如说是他们发现他们自己头脑里的想法的过程。”当然，“发现学习”与“发现教学”两者是密切联系的，是教学过程中相辅相成的两个方面。布鲁纳强调：“发现不限于寻求人类尚未知晓的事物，确切地说，它包括用自己的头脑亲自获得知识的一切方法。”

布鲁纳认为，采用发现法的好处是很多的，它能不断地提高智慧并发挥其潜力，增强学生对学习过程本身的兴趣，使学生学会科研的方法，同时还有利于巩固对知识的记忆。布鲁纳提到，由于发现式教学是因不同的教材和不同的学生而异的，具有极大的灵活性、自发性，没有一定的模式可以遵循，因此对教师的要求高了。教师本人不但必须真正通晓学科的基本结构，明白科学家如何发现原理原则的过程，还必须具有教育机智和耐心等品质。

在发现学习中，布鲁纳认为教师应该特别注意以下几个方面。一是鼓励儿童积极思考和探索。发现学习是以儿童为主体的，使儿童能认识到他们是能够靠自己的教育运用自己的头脑的。教师应该鼓励儿童说“让我运用自己的头脑想想看”、“让我设身处地试试”，并培养进行思考的习惯和态度。这样，就能使儿童活跃起来，运用他们自己的能力去思考问题并获得成功。

二是注意新旧知识的相容性。发现学习要求儿童能够认识新知识与旧知识之间的联系，并把新知识纳入自己已有的学科知识结构，使知识成为自己的。布鲁纳强调说：“得到与已确定的知识领域相联系的一些新知识，使得新知识在需要的时候能帮助重新获得那可能适合于它的东西。”

三是培养学生运用假设、对照的技能。布鲁纳认为，通过假设的对照，儿童可以更有效地解决问题。他说：“在讨论过程中，儿童学习怎样构造假说多于学习怎样检验假说，这就前进了一大步。……我相信，儿童需要更多这样的实践……”他还说：“通过引导儿童探索对照物，儿童就更加可能按照一定的方式去组织他的知识，这种方式可以帮助他在需要发现的特别情境中有所发现。”

布鲁纳也曾提到，提倡发现学习，目的在于培养学生终生习惯于发现，但并不意味着发现是学习的唯一形式。所以，他要求教师辅以讲授法、问答法、分组法等。为了顺利地学习，布鲁纳认为还要培养学生一些读、写、算的基本能力并教导他们遵守学校规定的课堂纪律等等。

3. **让学生学会如何学习。**布鲁纳不仅倡导发现学习法，而且还提出了让学生“学会如何学习”的思想，强调学生“学习如何学习”要比“发现什么”更为重要。认为学生只要学会如何学习，将来便自然有机会去进行自己的发现。因此，应注重让学生亲自经历知识之所以成为知识的过程。这意味着教一门课程，不是把学生变成存储知识的活的图书馆，而是让学生通过参与知识的发现，学会如何学习。布鲁纳强调不是记忆事实而是获得知识的过程才使学习富有意义，求知是过程，而不是成果。在过程中所隐含的经验，如陈述问题、搜集和处理数据、做出推论等等，比学生们是否掌握了一些事实更为重要。

布鲁纳的有效教学思想是为克服杜威反智主义的倾向提出的，某种意义上，它重返了赫尔巴特的路线，重新讨论了赫尔巴特关心的系统的学科知识的有效传授问题。但布鲁纳在赫尔巴特的路线上推陈出新，将有效知识传授的理论大大地丰富和扩展了。首先，布鲁纳的认知发展阶段论，在理论上打破了知识授受的难度界限，“任何知识都可以以智育上正确的方式教给不同年龄的孩子”意味着布鲁纳将夸美纽斯的直观教学和赫尔巴特的统觉论教学两者联系起来了，让不同层次的知识在人的完整的认知发展阶段上得到了系统的说明，这是布鲁纳的功劳。其次，与赫尔巴特注重知识的接受学习不同，布鲁纳强调发现学习，主张让学生在知识的探究和发现过程中学习与成长，形成善于发现问题和解决问题的能力。从这点看，布鲁纳倒是与杜威观点相近，只不过杜威更多的是从人的整体发展的角度看待这一问题，而布鲁纳则主要是从认知角度看待这一问题。再次，提出了学会学习的思想。布鲁纳要求教学要承担起让学生掌握学习方法、学会学习的责任，这种立意积极的教学理论对保证学生的有效学习有着重要的价值，这也是对以往教学理论的一个突破。此外，布鲁纳有关学科知识结构、动机原则、程序原则、强化原则的论述都给有效教学理论带来了新意。

在教学实践领域，布鲁纳教学论的实施效果则没有那么显耀。20 世纪 60 年代，美国在以布鲁纳的结构主义课程和教学论思想的指导下，进行了一场轰轰烈烈的课程改革，旨在扭转进步主义教育造成的美国学生学科知识掌握不牢的局面，为赢得美国在与苏联军事科技的竞争胜利而造就未来的科学家，大幅度提高美国的科学技术水平。然而，经过不到 10 年的改革，布鲁纳结构主义课程改革便以失败而告终。失败的原因主要是这场改革因为过分强调学科知识学习的理论化，对教师和学生的要求都过高，使学校产生了大量的不能掌握课程内容的“差生”。由进步主义教育带来的美国教育质量不佳的状况不仅没有改变，而且还导致了美国教育质量的进一步下降。作为心理学家的布鲁纳，其教学思想在理论上应当是自洽的，且有结构主义心理学的支撑，但它在教学实践中的效果却显得那么令人无奈。布鲁纳的有效教学思想在实践中的“失效”也激发了人们对有效教学的进一步思考。对布鲁纳教学论成败功过的分析和评判成为 20 世纪 60 年代以来人们不断涉足的问题。取代布鲁纳教学理论的新的思想也在酝酿和萌发之中。

第五章 布卢姆的有效教学思想

布卢姆的学习和教学理论在很大程度上就是为弥补布鲁纳教学理论在实践应用中的“无效”而产生的。布卢姆的教学理论形成于20世纪50～60年代，此时正值布鲁纳的教学理论正在美国教育实践领域大行其道，由布鲁纳结构主义课程改革所带来的弊端也日益明显。实际上，面对布鲁纳结构主义课程改革给美国教育带来的问题，布卢姆也对自己的教学理论进行了有针对性和有重点的阐述。如针对20世纪60年代布鲁纳课程改革过于强调学科的知识结构和高难度带来的“差生”剧增的现象，布卢姆明确提出了对“教育功能是挑选不是发展”这一命题的质疑。他相信只要有足够的实践和努力，绝大多数学生都是能够有效地学会学校所规定的知识和技能的。需要改变的是我们的教学理念和教学行为，教学应当在让每一个学生都能有效地学习和掌握学校所规定的知识及技能方面有新的突破。布卢姆正是基于这样一种认识，探索并提出了“面向绝大多数学生”的掌握学习理论的。布卢姆有关有效教学的思想主要是从让每一个学生都掌握应有的知识和技能这一角度出发展开的，与17世纪的夸美纽斯一样，主要是一种规模效率观。他们寻求的都是在各自特定的历史条件下，将自己所处时代合格公民所需的知识和技能传递给“所有的人”。

一、论教学目标分类

教育过程是以教学目标为依归的，教学目标的异同决定教育过程中策略、模式、媒体等的选取。明确、恰当的教学目标有利于教学效果的体现及教学过程的顺利进行。布卢姆从自己的认知心理学出发，将教学目标分为认知学习领域、动作技能学习领域和情感领域三个方面。每一领域由多个亚类别组成，子类间具有层次性。学习过程由下层向高层发展，下层目标是上层目标的支撑。

1. **认知领域**

布卢姆将认知领域的目标分为识记、理解、运用、分析、综合和评价六个层次。

(1) 识记：指对先前学习过的知识材料的记忆，包括具体事实、方法、过程、理论等的记忆，如记忆名词、事实、基本观念、原则等。这一层次所涉及的是具体知识或抽象知识的辨认，用一种非常接近于学生当初遇到的某种观念和现象时的形式，回想起这种观念或现象，也是最低层级的认知水平。

(2) 理解：把握知识材料意义的能力。可借助三种形式来表明：一是转换，即用自己的话或用与原先表达方式不同的方式来表达所学的内容。例如，说出一个词的同义词或近义词、对一个抽象概念举例、对古文或外文的翻译等。二是解释，即对一项信息（如图表、数据等）加以说明或概括。例如，对数学公式含义的说明、对文章大意的概括等。三是推断，即预测发展的趋势。例如，让学生判断放在光滑水平面上的小球受到一个推力作用时将如何运动等。

(3) 运用：指把学到的知识应用于新情境的能力、解决实际问题的能力。它包括概念、原理、方法和理论的应用。运用的能力以识记和理解为基础，它要求在没有说明问题解决模式的情况下，学会正确地把抽象概念运用于适当的情况。这里所说的应用是初步的直接应用，而不是全面地，通过分析、综合地运用知识。例如，运用运算法则解题、运用所学的电学知识安装电路电灯、法语教学中运用造词法写出一个单词不同词性的系列词汇等。

(4) 分析：指把复杂的知识整体分解为组成部分并理解各部分之间联系的能力。它包括部分的鉴别、部分之间关系的分析和对其中的组织结构的认识。例如，分析数学定理所给出的条件和结论、外语中复合句的构成成分、记叙文的构成要素等。

(5) 综合：将所学知识的各部分重新组合，形成一个新的知识整体。它以分析为基础，全面加工已分解的各要素，并再次把它们按要求重新组合成整体，以便综合地创造性地解决问题。它涉及具有特色的表达，制定合理的计划和可实施的步骤，根据基本材料推出某种规律等活动。它强调特性与首创性，是高层次的要求。例如，通过一系列的实验观察，引导学生归纳出自由落体运动的规律和公式；外语教学中，引导学生通过所学的词汇归纳造词法等。

（6）评价：指对材料（如论文、小说、诗歌、研究报告等）作价值判断的能力。它包括对材料的内在标准（如组织结构）或外在的标准（如某种学术观点）进行价值判断。例如，判断实验结论是否有充分的数据支持，或评价某篇文章的水平与价值。这是最高水平的认知学习结果，因为它要求不是凭借直观的感受或观察的现象作出评判，而是理性地深刻地对事物本质的价值作出有说服力的判断，它综合内在与外在的资料、信息，作出符合客观事实的推断。

在上述布卢姆的分类系统中，除第一类是知识外，其他五类均为能力范畴。第一类主要涉及对言语信息的简单记忆，不需要对原输入的信息做多大改组或加工；后五类与“识记”的区别在于：它们是加工知识的方式，需要学习者在心理上对知识进行组织或重新组织，且其复杂程度也是由低到高排列的。

2. **情感领域**

布卢姆对人类情感领域的学习也进行了分类。在布卢姆看来，人的兴趣、愿望、态度、鉴赏、价值观、义务感、意志力等特征可按等级层次分为一个由简单到复杂的连续系列。在布卢姆看来，情感活动是一个内在的过程，是从单纯观察开始的，经过一系列的中间阶段，最终达到对行为的控制状态。布卢姆将情感领域的目标分为接受、反应、价值评价、组织、由价值或价值复合体形成的性格化五个类别，它们分别描述以下五种情感活动的形式：

（1）接受或注意：指学习者感受到特定现象或刺激的存在。

（2）反应：指学习者受到充分的驱动而积极反应，表示出较高的兴致。

（3）评价：指学习者用一定的价值标准对特定的现象、行为或事物进行评判。包括接受或偏爱某种价值标准和为某种价值标准作出奉献。

（4）组织：指学习者在遇到多种价值观念呈现的复杂情境时，将价值观组织成一个体系，对各种价值观加以比较，确定它们的相互关系及它们的相对重要性，并将各种价值整理成一个确立了相互关系的价值体系。

（5）价值与价值体系的性格化：是指学习者通过对价值观体系的组

织，逐渐形成个人的品性。已形成的价值体系是被个体内化的，并长期支配和控制个体的行为方式。观念、信仰和态度等融为一体，最终的表现是个人世界观的形成。达到这一阶段以后，行为是一致的和可以预测的。

以上五个类别各自又可再分为一些亚层次，如接受类别可分为察觉、愿意接受、有控制地或有选择地注意三个层次，价值性格化类别可再分为泛化心向和性格化两个层次。

3. **动作技能领域**

(1) 知觉：这是从事一种动作最实质性的步骤，它是通过感觉器官觉察客体、质量或关系的过程。知觉活动是动作活动的必要但不是充分条件。知觉是导致动作活动的“情境——解释——行动”连锁中基本的一环。知觉包括感觉刺激（听觉、视觉、触觉、味觉、嗅觉、动觉）、线索的选择和转化。

(2) 定势：是为了某种特定的行动或经验而作出的预备性调整或准备状态，定势包括心理定势、生理定势、情绪定势。

(3) 指导下的反应：这是形成技能的最初一步，这里的重点放在较复杂的技能成分上。指导下的反应是个体在教师指导下，或根据自我评价表现出来的外显的行为行动。从事这一行动的先决条件是作出反应的准备状态，即产生外显的行为行动和选择适当反应的定势。所谓反应的选择，是指决定哪些反应是满足任务操作的要求而必须作出的。

(4) 机制：已成为习惯的习得的反应。在这一层次上，学生对从事某种行动已有一定的信心和熟练的程度。这一行动是他对刺激和情境要求能够作出种种反应的行为库的一部分，并且是一种适当的反应。这种反应比前一层次的反应更复杂，它在完成任务过程中也可能包括某种模仿。

(5) 复杂的外显反应：这里所说的，个体（学生）因为有了所需要的动作形式，能够从事相当复杂的动作行动。在这一层次上，个体（学生）已经掌握了技能，并且能够进行得既稳定而又有效，即花费最少的时间和精力完成这一动作。

(6) 适应：是一种生理上的反应。为了使自己的动作活动适合新的问题情境，就必须改变动作活动。

(7) 创作：根据在动作技能领域中形成的理解力、能力和技能，创造新的动作行动或操作材料的方式。

二、论“掌握学习”理论

布卢姆认为，中小学教育中存在着以正态曲线给学生成绩分等的现象是存在严重问题的，教育界普遍认为只有这样才能准确反映出教与学的客观结果。在此观点指导下，“每个教师在新学期或新课程开始时，总怀有这样的预想：大约有 1/3 学生将完全学会所教的事物；1/3 学生将不及格或刚好‘通过’；另 1/3 学生将学会所教的许多事物，但还算不上是‘好学生’。这一系列预想（得到了学校分等的方针与实践的支持）通过分等的程序、教学方法与教材，传递给学生……这种体制造成了一种自我实现的预言：通过分等的程序，学生最后分等与最初的预想相差无几。”①

布卢姆指出，正态分布曲线的预想是当今教育系统中最浪费、最具破坏性的一面。它压抑了师生的抱负水平，也削弱了学生的学习动机。“许多学生之所以未能取得优良成绩，问题不在于学生的智力方面，而在于学生在学校学习中的许多个别差异是人为的和偶然的。只要给他们以足够的学习时间，采用适合于他们的学习方式，那么，除了 2%～3%在情感和身体上有缺陷而跟不上学业的‘差生’外，几乎所有学生都能学会一个人在世上所能学会的东西。”② 布卢姆认为，学生在学习能力、学习速率、学习动机等方面，并无大的差异。只要有适合学生特点的学习条件，几乎所有的人都能学会。造成半数以上学生不及格的原因，一方面是课程设计和方法的不完善；另一方面是他们的教师并没有去期待他们掌握。布卢姆坚信，只要教材合适，教法得当，教师能够在态度和教学时间上为学生提供适当的条件，90%以上的学生都能为掌握而学习，达到掌握的水平。

在布卢姆看来，学生学习的成绩好坏主要受以下三个变量的影响：认知前提行为、情感前提特性和教学质量。认知前提行为，是指学生对所学内容的必备知识和技能掌握情况。情感前提特性，是指学生参与学习的动机强度，受学生对学科兴趣、学校态度，对成功、失败学习体验的认知及自我概念所制约。教学质量，是指教学适宜学习者的程度，受提示、参

---

① 〔美〕布卢姆等著，王钢等译：《布卢姆掌握学习论文集》，福建教育出版社，1986 年版，第 66～67 页。

② 〔美〕布卢姆等著，王钢等译：《布卢姆掌握学习论文集》，福建教育出版社，1986 年版，第 104 页。

与、强化、反馈——矫正4个变量中作用最大的变量的影响。在提出总体理论框架后，布卢姆提出：在学生前提行为和教学质量有利时，所有的学习结果将达到高的或积极的水平，结果间的差异微不足道。如果学生前提行为存在很大差异，教学质量不能适应每个学生，那么学习结果之间会存在很大差异。可见，并不是在任何情况下都能产生学习结果的巨大差异，只有在不适应的教学条件下才会如此。

布卢姆提出了“掌握学习”的理论学说。这一理论的内容主要包括以下几个方面。

1. **学生具备必要的认知结构是“掌握学习”的前提。**布卢姆是位认知派心理学家。他认为，“学生具备从事每一个新的学习任务所需的认知条件越充分，他们对该学科的学习就越积极”。学生原有的认知结构决定着新的知识的输入、理解和接纳，对学习结果及其以后学习都有重大的影响。所以，他十分强调学生在学习前应具备所需的认知结构。由于不同学生的认知结构在数量和质量上存在着差异，布卢姆主张教师在学期初，应先对学生进行诊断性评价：确定学生是否具备了先决技能、先决态度和先决习惯；鉴定学生对教学目标的掌握程度；辨别学生需要帮助的程度。根据诊断性评价的结果，为学生提供预期性知识，“使教学适合学生的需要和背景”。

2. **学生积极的情感特征是“掌握学习”的内在因素。**布卢姆认为，学生成功地学习一门学科与他的情感特征有较高的相关性。那些具有较高学习动机、对学习有兴趣、能积极主动学习的学生，会比那些没有兴趣、不愿学习的学生学得更快更好。教师在教学中能否充分注意并合理满足学生的情感需要，对学生的和谐发展具有非常重要的意义，教师应尽可能让每个学生都感受到高峰的学习体验，获得成功的快乐。由于一次又一次的成功，学习的愿望得到加强，成就动机逐渐形成，学习的内驱力就会大大增强。

3. **反馈——矫正性系统是“掌握学习”的核心。**布卢姆指出：掌握性学习策略的实质是，群体学习并辅之以每个学生所需的频繁的反馈和个别化的矫正性帮助，“反馈通常采用简要的诊断形成性测试的形式”。掌握学习模式的最明显的特点就是反馈矫正机制的建立。教学过程的每个步骤都必须通过评价来判断其有效性，并对教学过程中出现的问题进行反馈和调整，从而保证每一个学生都能得到他所需要的特殊帮助。反馈矫正通常分四步：第一，每堂课结束时留 10 分钟左右的时间，用课前编制好的几个突出反映“目标”的小题目进行检查，方法灵活，个别提问、集体回答、口答、笔答都可采用。回答者所学知识得到强化，听者知道错在何处，如何补救。第二，在每个单元结束时进行一次形成性测试，测试突出“目标”中规定的重点、难点、涉及本单元的所有新知识。第三，根据形成性测试的结果，进行个别补救教学。个别补救教学最有效的方法是：将学生按学习成绩分成四人或五人一组的学习小组，“掌握”者做“未掌握”者的小老师，互相帮助，这样既帮助未掌握者深化理解，又帮助未掌握者找出错误所在并及时纠正。第四，进行第二次形成性测试，对象是在第一次测试中“未掌握”而接受辅导、矫正的学生，内容是在第一次测试中做错的题目，目的是获得反馈信息，了解有多少人经过矫正达到了掌握，能否进行下一个单元的教学。

掌握学习模式采用单元教学方式。每个单元相当于教科书的一章，其实施过程一般包含四个步骤，首先，要制定出科学的、符合实际的“单元教学目标”。其次，运用适当的教学方法组织教学。第三，对群体教学进行反馈矫正；包括了课后测验、单元形成性测验、补救教学、再次形成性测验等过程。第四，为掌握而评分；根据既定的掌握标准，分成“达标”和“未达标”，学生成绩是累积的；具体来说，包含了单元诊断、单元定标、单元新授、单元测验、单元矫正、平行性测验等环节。经过以上程序和环节，单元教学的任务就宣告完成，教师便可接着进行新单元的教学。按此顺序循环往复，使后续知识的学习总是建立在牢固掌握前面知识的基础上。

布卢姆的“掌握学习”理论要求打破传统教学中的等级分组，将每一位学生都看成是可教的，是能够达到教学目标的基本要求的，这种充满勇气和理想主义色彩的观点在教育教学过程中是极具价值的。对学生而言，在提高学习效率，激发学习动机，消除焦虑和压抑心理等方面都有明显的效果；对教师而言，有助于教师面向全体学生教学，有效地因材施教，并对学生充满信心，实现学习成绩的“大面积”提高。

“掌握学习”也是一种新型的个别化教学实践，它既不悖于集体教学，也不是纯粹的个别化教学，而是在集体教学的基础上进行的个别化教学。教育实践证明：个别化教学效果显著，但需要耗费一定的时间和师资；集体教学虽然能在短时期内教授大批学生，但效果较差，容易产生大量“差生”。“掌握学习”理论通过特定的程序，将集体教学与个别教学相结合，取得较好的效果。因此，“掌握学习”是有效教学的利器。

当然，这只是在目标意义上说的。布卢姆要求所有的学生都达到教学目标，这是有效教学在规模效益上的体现，正因如此，我们说，布卢姆的教学效率观与夸美纽斯有异曲同工之妙。不过，在教学过程中，每一个学生到底需要花费多少时间，教师要花费多大代价，才能实现让每一个学生都达到教学要求的目标，布卢姆并没有对此花费太多的笔墨。而对有效教学的实现来说，这显然也是一个不可忽略的问题。也就是说，目标效率和过程效率是应当兼顾的。

三、论教学评价

布卢姆认为传统学校将学生进行等级划分的做法是具有很大缺陷的，这种贴标签式的评价方式对相当一部分学生的学习、职业和人格发展都会带来负面的影响。要改变这种状况，就应当将传统的以分等与筛选为主要目标的评价改为以促进教学改进为中心的评价，使教育评价在促进学生的学习方面发挥积极的作用。为此，布卢姆将教育评价分为三大类：

1. **诊断性评价。**指在教学开始前进行的对学习任务所需的先决认知条件和先决情感条件进行的评价。布卢姆认为，诊断性评价首先要对学生在学习新的课程之前是否具备了必要的知识和技能状况进行诊断。“在这些必要的基础性学习技能方面，测量学生已达到了什么程度，以便在需要的时候，就能采取措施去培养或提高这些技能”，[①] 这属认知前提评价，此外还应进行情感前提评价、识别天才评价等。布卢姆指出，所有这些诊断性评价，其目的不是给学生贴上标签以决定要把学生分入好班或差班，而是为了使教学更加适合学生的背景和需要，以促进学生的学习。它包括对学生学习准备程度的诊断和对学生做出适当的分置。

2. **形成性评价。**布卢姆借用了其他学者使用的形成性评价的概念，将形成性评价视为教学过程中（通常在各个单元教学后）进行的对某一具体学习任务掌握的程度的评价，布卢姆认为具有两种重要的职能或具有两个步骤。一是提供反馈，形成性测试旨在为教师和学生提供反馈；二是利

---

① 〔美〕布卢姆等：《教育评价》，邱渊等译，华东师范大学出版社，1987 年版，第 187 页。

用反馈信息来改进教学。在布卢姆那里，形成性评价是与衡量学生的学习掌握情况联系在一起的。由于形成性测试是诊断性的，我们相信它不应用于正式地划分等级，只是用它来判断是掌握了还是没有掌握。

3. **终结性评价。**指的是学期或学年中的几个大的教学阶段后或整个课程结束后，对整个课程或其中几个重要部分的全面评定。评价的重点侧重于认知能力与技能，其目的主要是针对总的教学效果评定学生的最终学习成绩，并根据学生达到最终目标的程度给学生评出等级。

在布卢姆看来，以上三种评价既有区别，又相互联系。只有明确三种评价的不同功能和有机联系，才能保证教育评价对教与学的真正促进。从目标的统一性看，诊断性评价侧重于教育目标的准备；形成性评价侧重于教育目标的落实；终结性评价侧重于对教育总目标实现程度的鉴定。从评价作用的互补性看，诊断性评价常常借助有关终结性评价的结果，而终结性评价既可以作随后有关教程的适当起点，又可像形成性评价那样为师生提供反馈；在最终给学生做学业成绩评定时，除了主要依据终结性评价外，往往还需要参照平时的形成性评价。它们相互补充，相互联系，成为教学的内在需要和有机组成部分，共同服务于教学目标，以确保教学目标的实现。布卢姆的教育评价思想，特别是形成性评价的概念和方法，也是其掌握学习教学理论的重要组成部分，在西方教育教学实践中已经得到了广泛的应用，并产生了积极的效果。

四、布卢姆与加涅的比较

本篇未专章讨论加涅，但加涅在有效教学思想方面是颇有建树的。本节以布卢姆和加涅思想比较的方式，弥补这一缺憾。加涅在教学研究方面所做的工作与布卢姆十分相似，但加涅的研究在一定意义上也是对布卢姆教学思想的拓展和补充。加涅的研究较布卢姆稍晚些，这也为他弥补布卢姆研究工作的不足提供了条件。

不同于布卢姆的教育目标分类，加涅所做的工作主要是对学习结果进行分类，但在划分维度的选定上，加涅与布卢姆是一致的。布卢姆把教育目标分为认知、情感和动作技能三个领域，加涅则把学习结果分为认知、态度和动作技能三个方面，加涅讲的“态度”与布卢姆讲的“情感”涵义相同，仅是用词上的不同而已。

加涅对认知、动作技能和态度三方面的学习结果做了细分。认为认知结果包含了言语信息、智慧技能、认知策略三个方面。言语信息包括名称、符号、事实和原则；智慧技能由低到高又可分为五种：辨别、具体概念、定义性概念、规则、高级规则。加涅对以上五种智慧技能的关系做了说明：高级规则学习以简单规则学习为先决条件，规则学习以定义性概念学习为先决条件，定义性概念学习以具体概念学习为先决条件，具体概念学习以知觉辨别为先决条件；认知策略是学习者用来调节自己内部注意、学习、记忆与思维过程的能力，它可应用于任何科目的学习。

除对学习结果进行精确分类外，加涅还就每一类学习结果的达成过程和条件进行了分析，并作了教学设计方面的指导。加涅的教学过程分为九个连续的阶段：引起注意、告知目标、提示回忆原有知识、呈现教材、提供学习指导、引出作业、提供反馈、评估作业、促进保持与迁移。如此细致地阐述每类学习的过程和有效学习的条件，对教师在教学实践中的方法运用是十分有益和必要的，它有利于教师根据教学目标中所确定的学习结果的类型以及某类学习在当时所处的学习阶段，选择最适当的教学方法。

因此，可以说，加涅和布卢姆的分类系统在三个大领域的划分上完全相同。只是他们在认知目标分类的目标考量上有所不同，并导致他们在教学具体实施策略的阐述不同。布卢姆主要是为了对教学结果的测量和评价，其采用的标准是测量学意义上的，并未阐明知识和智慧技能是怎样习得的，对学习和教学的指导缺少操作层面的意义。加涅除了陈述检测行为的指标外，还对每类学习结果得以出现的过程和条件都进行了说明，并作了教学设计方面的指导，这不仅有助于对学习结果的测量和评价，而且对实际的教学如何实施也具有重要的指导作用。正因如此，我国学者明确指出：“加涅的分类系统不仅有助于学习结果的测量和评价，而且有助于导学和导教。”①

布卢姆和加涅的教学理论在理论上都具有很高的价值，他们都为如何评判教学的有效和无效提供了详细的分类与分层的指标体系，加涅甚至为不同学习类型中不同的指标、阶段下的具体教学提供了策略指导。加涅的学习结果分类和学习过程与条件的阐述是在布卢姆教学理论基础上的深化及发展，从理论角度看，加涅的理论更饱满细致些，对教学的实际指导意

---

① 皮连生主编：《学与教的心理学》（修订本），华东师范大学出版社，1997年版，第238页。

义也更大。从有效教学的理论研究看，布卢姆和加涅的教学目标或结果分类的做法是具有突破性意义的，因为，它们都区分了不同的学习类型，提出了不同教学评价标准和层次，使我们对教学有效或无效的评价不再处于“混沌”状态。这些系统的、明确的和层级性的标准，对判断教学实践中各类教学的有效或无效是具有重要的指导意义的。

当然，教学作为一项发生在实地情境中的充满“人性”和“人际”关系因素的活动，似乎很难以按部就班的“规则”来指导和规范，这是教学活动的艺术性质所决定的。无论是加涅的理论还是布卢姆的理论，在真正促成实际有效教学的发生方面还有很长的路要走。

布卢姆和加涅都是从学习理论推导出教学论。学习理论是关于人类学习的一般心理机制，而真实情境下的学习和教学都是个别的和具体的，这是教学实践和教学理论间的一种内在矛盾，只有将这一矛盾解决了，才有可能将教学论所阐述的有效教学转化为实际情境中的有效教学。

第六章　奥苏伯尔的有效教学思想

奥苏伯尔在语言学习研究方面作出了巨大贡献，他的教学思想是建立在他学习论的基础上的。在教学论发展史，奥苏伯尔是对讲授教学法进行最为系统辩护的教育心理学家，且认为讲授教学法是最为经济、有效和实用的教学方法。奥苏伯尔对讲授教学法的辩护实际上就是他对自己有效教学思想的阐述。讲授教学法在赫尔巴特那里曾经得到过系统的论述，赫尔巴特的四段教学法以及经他弟子改造后的五段教学法都在教学实践中被广为运用过，这种教学法在知识的系统传授方面所具有的价值是不容抹杀的，但它在实践中造成的对知识的生吞活剥和机械学习的现象也普遍存在，因而讲授教学法无论是在教育界和社会上似乎总是声名不佳。讲授教学法总是被与保守主义的教育联系在一起。像奥苏伯尔这样直接为讲授教学法做辩护的在教育领域并不多见。那么，奥苏伯尔是如何论证讲授教学法是行之有效的教学方法的？讲授教学法具备怎样的使用前提才能真正行之有效？这是本节需要讨论的。

一、论学习的分类与影响因素

根据学生进行学习的方式，奥苏伯尔把学生的学习分为接受学习和发现学习；根据学习的内容，把学习分为机械学习与有意义的学习。所谓接受学习，就是学习者把以现成的定论的形式呈现给自己的学习材料，与其已形成的认识结构联系起来，以实现对这种学习材料的掌握的学习方式；发现学习是指在教师不加讲述的情况下，学生依靠自己的力量去获得新知识、寻求解决问题方法的一种学习方式，它依靠的是学习者的独立发现。所谓机械学习，是指不加理解、反复背诵的学习，亦即对学习材料只进行机械识记；有关“有意义学习”，有意义学习理论强调在新知识的学习中，认知结构中的原有适当观念起决定作用，这种原有的适当观念对新知识起固定作用。有意义的学习需要具备两个条件：学生要具有有意义学习的意向，即把新知识与认知结构中原有的适当观念关联起来的意向；学习材料对学习具有潜在意义，即学习材料具有逻辑意义并可以和学生认知结构中的有关观念相联系。这两个条件缺一不可，否则会导致机械学习。

奥苏伯尔认为，接受⟷发现，机械⟷有意义，这是划分学习的两个维度。这两个维度之间不是互不依赖和彼此独立的。接受学习可以是机械的，也可以是有意义的；发现学习可以是机械的，也可以是有意义的。在这两个维度之间可以有许多过渡形式。因此，在奥苏伯尔看来，“认为接受学习必然是机械学习的，发现学习必然是有意义之类的观点毫无根据。无论是接受学习还是发现学习都有可能是机械的，也可能是有意义的。假如只是机械地记住解决问题的‘典型步骤’，机械地去发现，而对自己做什么，为什么这样做并不理解，虽然给出了正确的答案，但这并不比机械学习或机械记忆更有意义”。

针对当时布鲁纳发现法的流行，奥苏伯尔对接受学习和发现学习进行了进一步的比较，指出：“在接受学习中，学习的主要内容多少是以定型的形式呈现给学习者。对学习者来讲，学习不包括任何发现，只要求他把材料内化或结合进自己的认知结构，以便在将来某个时候能够再现或派作他用。发现学习的基本特征是，学习的主要内容不是给予的，在学生能够内化它以前，必须由他们自己去发现它。换言之，与众不同的和首要的学习任务是要有所发现。在这一发现阶段结束之后，便同接受学习一样，再内化发现的内容。”① 因此，在奥苏伯尔那里，接受学习并不比发现学习逊色，两者的最主要的区别只是在于学习材料的来源不同。前者是已提供给学生，后者是学生在学习过程中自己去寻找的。从教学效率角度看，奥苏伯尔认为有意义接受学习要大大强于发现学习。发现学习不适合以大容量知识获取为目的的学习，学习所需花费的时间也太多，而有意义的接受学习则能使学习过程有效加快，这是特别适合像课堂教学这样的需要高密

---

① 〔美〕奥苏伯尔，施良方译：《促进课堂的意义言语学习》；瞿葆奎主编，徐勋、施良方选编：《教育学文集·教学》（上），人民教育出版社，1988年版，第609页。

度地进行知识授受的情境的。“教育机构主要是传授现成的概念、分类和命题。总而言之，发现教学法几乎不能成为一种高效的传授学科内容的基本方法。”①

至于接受学习为何在教学实践中那么受人诟病，奥苏伯尔认为这是学生缺少学习的主动性造成的，尤其是学生没有有意义的学习心向，使接受学习成为了机械的而不是有意义的学习。他埋怨学生：“不愿意在处理材料上主动地付出必要的努力，不愿意从不同的角度观察材料，不想使这种材料同有关的或矛盾的知识融会贯通起来，更不愿从他们自己的参照标准方面着眼把材料重新表述一番。”② 而如何才能让学生具有有意义的学习心向，奥苏伯尔提出了“现行组织者”策略，这部分内容，我们在下文再述。

奥苏伯尔认为影响课堂学习的因素主要包括认知的和情感的、社会的因素两大类。对于影响课堂学习的认知因素，他认为，首要的是学习者学习时原有的知识结构（即认知结构变量）。而原有的认知结构是指构成个体在任何特定时刻的一个特殊教材领域的知识结构的实质内容及其主要组织特征，包括三个变量：可利用性、稳定性和可辨别性。

对于影响学习进程的“情感——社会因素”，他主要从学习的主观的和人际的决定因素入手，系统研究了动机的态度变量、人格因素、团体因素以及教师特征。在论述学习中的动机因素时，他主要关注的是成就动机，即学生试图获取好成绩的倾向。在他看来，成就动机主要由认知的内驱力、自我提高的内驱力和附属的内驱力三方面所组成。在这三种成分中，认知的内驱力最为重要，也最稳固。通常表现在成就动机之中的三种不同内驱力成分所占的比例依个体的年龄、性别、文化、社会阶级、人格结构等因素的不同而各异。

有关学习迁移，奥苏伯尔指出，就是指一种学习中习得的经验对其他学习的影响。奥苏伯尔认为，学习迁移并不是自动发生的，它要受某些条件的限制，其中最主要的影响因素有学习对象的共同因素、原有经验的概

---

① 〔美〕奥苏伯尔著，佘星南等译：《教育心理学——认知的观点》，人民教育出版社，1994 年版，第 28 页。

② 〔美〕奥苏伯尔著，佘星南等译：《教育心理学——认知的观点》，人民教育出版社，1994 年版，第 148 页。

括水平、迁移的认知技能水平。

奥苏伯尔将这些因素表述如下：第一，学习对象的共同因素。迁移都要通过新旧学习中的经验进行分析进而概括出其共同的经验成分才能实现。因此，在进行迁移时，学习对象在客观上要有共同因素。第二，原有经验的概括水平。这里的迁移不是相同经验的迁移，而是概念原理的迁移，尤其是指下位学习的迁移。心理学的研究和实验表明，经验的概括水平越高，迁移的可能性就越大，效果也就越好。第三，迁移的认知技能水平。迁移过程是通过复杂的认知活动实现的，认知技能即合乎法则的认知活动方式是否掌握，会影响迁移的实现。有时学习对象有共同因素，或已有知识经验的概括程度也比较高，可是学习者对新的学习内容却仍然不能实现迁移，原因是学习者虽然掌握了有关的知识，但没有掌握解决迁移中问题的认知技能。

二、论有意义接受学习和讲授式教学

奥苏伯尔认为学校教育主要是向学生传授人类文化知识。以此为基础，他提出了有意义接受学习的理论。他认为，所有的课堂学习都可以按照两个维度：机械——意义的维度和接受——发现的维度来划分。应把接受学习与发现学习、意义学习与机械学习之间区别开来。不能把接受学习与机械学习、被动学习等同起来，也不能把发现学习与意义学习等同起来。在他看来，有意义的接受学习是有效的教学方法，“有意义学习过程的实质，就是符号所代表的新知识与学习者认知结构中已有的适当观念建立非人为的和实质性的联系”。所谓非人为的和实质性的联系是指新的符号或符号代表的观念与学习者认知结构中已有的表象、已经有意义的符号和概念或命题的联系。例如“dog”这个文字符号与儿童认知结构中已有的“狗”的表象建立了联系，就说明“dog”的符号学习获得了实质性的心理意义。这是最简单的有意义学习。复杂一些的如“bedroom”的学习，则必须使新知识与学生原有的“bed”和“room”的概念和表象建立联系，才能获得新概念的意义。

奥苏伯尔认为，从心理机制上看，意义学习的心理机制是同化，并且认为同化理论的核心是：学生能否习得新信息，主要取决于他们认知结构中已有的有关概念；意义学习是通过新信息与学生认知结构中已有的有关概念的相互作用才得以发生的，这种相互作用的结果，导致了新旧知识的意义的同化。

为促成学生有意义的学习和认知结构的发展，奥苏伯尔提倡在课堂中使用讲授式教学模式，认为讲授法是一种最经济、最便捷、最有效的教学方式。运用讲授法，教师可以通过合乎逻辑的分析、论证，生动形象的描绘、陈述，启发诱导性的设疑、解疑，使学生在较短的时间内获得较为全面系统的知识，并把知识教学、思想教育和发展智力三者有效地结合起来，使之融为一体，相互促进。

奥苏伯尔提倡在课堂中使用讲授教学模式，认为在这一学习过程中，学生的求知心理活动仍然是主动的。他还阐述了讲授教学不能等同于“填鸭式”教学的理论依据，这个理论根据就是有意义学习的两个充分必要条件。奥苏伯尔明确指出，学习是否有意义，取决于新知识与学生已有知识之间是否建立了联系；学生熟悉结构中新旧知识的相互作用导致新旧知识的同化，从而不仅使新知识获得了意义，而且旧知识也因得到了修饰而获得新的意义。

奥苏伯尔认为，任何一种形式的讲授教学，只要它能导致学生的有意义学习，只要它能满足学生有意义学习的上述两个条件，那它就肯定不是填鸭式教学。相反，假如教师的教学不能导致学生进行有意义学习，或者不能满足学生进行有意义学习的两个条件，那它不是填鸭式，就是无效教学。当然，奥苏伯尔也承认，学生经由接受学习的历程，也并非全是主动的，能够让学生主动学习，这需要教师的教学技巧予以促成。

在教学内容的组织上，奥苏伯尔提出了两条安排教学内容的原则。他指出，不论在哪一个学科，要使教材的内容编排成序，有两个原则是适用的，这就是逐渐分化原则和综合贯通原则。这两条原则既是有意义学习的原理，也是讲解式教学的原则。

逐渐分化原则是指教学内容的安排要遵循从一般到个别的原则，首先讲授最一般的、包摄性最强的观念，然后根据具体细节对它们逐渐加以分化。逐渐分化原则不仅与人类习得认知内容的自然顺序相一致，而且与人类认知结构中表征、组织和贮存知识的方式相吻合。

综合贯通原则是指教学内容的横向组织应该考虑学生认知结构中现有观念的异同。这一原则的作用在于可使学生辨明每一观念与其他平行观念的关系，消除相互之间的矛盾与混淆，从而使知识更加清晰和巩固。

三、论“先行组织者”

为了激活新旧知识之间的实质性联系，提高已有知识对接受知识的有效影响，奥苏伯尔提出了“先行组织者”的教学策略。“先行组织者”有其严格的定义，即在正式材料学习之前，向学生介绍的与其原有的认知结构中适当的知识相联系的概括和包摄性引导材料，它在抽象、概括和包摄水平上应高于正式的学习材料并用学生熟悉的术语呈现。即先于新学习材料呈现的一种引导性材料。设计“组织者”的目的，是帮助学生稳定地纳入和保持正式学习材料中更详细和分化的内容，给学习者在已知与未知之间架起一道桥梁，从而更有效地学习新材料。“组织者”可分为陈述性组织者和比较性组织者。前者为新的学习提供最适当的类属，后者在于比较新材料与认知结构中相类似的材料。奥苏伯尔认为，在学校中，言语传授的有意义的接受学习是学生获得书本知识的最重要的途径。

奥苏伯尔认为，原有知识对新知识的同化形式主要有三种：类属、总括和并列结合。设计“组织者”有助于前两种同化形式。把新知识纳入认知结构中原有的有关方面的过程叫类属，又叫下位学习。它又可分为派生类属和相关类属。派生类属指学习材料只是被理解为认知结构中原有的概念的一个特例，或是已学过的一般命题的某一例证。相关类属指新学习材料只是原来学过的命题的扩充、精确化、修饰或限制。这类学习快而有效，但要有更概括性的知识作为同化新知识的支柱。

如学生在学习新的知识前没有适当观念作为固着点，教师就要提供“组织者”。若学生学习一个概括性的新命题，而认知结构中原有的若干从属观念可以类属于这个新命题之下，便产生总括学习，又叫上位学习。

“先行组织者”概念是奥苏伯尔的独创，对在知识学习中将新旧知识联系起来，从而使学习过程顺利进行有着重要的意义。这一策略在教学实践中已经被人们广泛使用，实践证明有着较好的效果。不过，“先行组织者”作为一种教学策略并不能完全解决学生的有意义学习心向问题。学生学习的动机是十分复杂的，“先行组织者”是知识认知范畴的一种策略。它本身如何让学生感兴趣也是需要进一步探讨的。

奥苏伯尔的学习分类是具有一定的创见的。它把意义学习与机械学习、接受学习与发现学习区分了开来，揭示了学生的学习是以有意义接受学习为主的心理机制。这对我们重新认识课堂教学的学习机制和重新审视讲授式教学的作用是有着积极的意义的。奥苏伯尔的研究告诉我们，并不是所有的接受学习和讲授式教学都是无意义的，并就如何才能进行有意义的接受学习做了充分的论证。这不仅对纠正教育界普遍存在的过分贬低讲授式教学认识有着重要的作用，而且，为通过正确使用讲授法而大面积地提高教学效率提供了理论依据。当然，奥苏伯尔有关学习和教学的理论也存在着不少需要进一步探讨的问题，其应用范围和使用条件也是需要有所限定的。

首先，奥苏伯尔的有意义言语学习理论较为适合解释学生的知识学习，特别是陈述性知识的学习，不全适用于解释程序性知识的学习过程。因此，建立在此基础上的教学方法和教学模式也是适用于课堂知识教学，而在能力培养和技能练习等方面是有所不足的。

其次，奥苏伯尔对当代学校培养目标的理解还较为单一，他认为现代学校的主要目标不是发展学生解决问题的能力而是获取知识，并把“为批判性的思维而教”和“为问题解决而教”视为华而不实的口号，强调“任何名副其实的科学课程都必须把系统地传授有组织的知识本身作为一种明确的目标”,[①] 且把知识授受作为了教学的唯一目标，这种观点在获取知识和发展能力两者关系的问题的理解上是有失偏颇的。

第三，奥苏伯尔侧重的教学效率，还只是停留在认知结构的客观变化上，只注重具体知识的迁移，但在主体如何有效地从已有认知结构中提取与当前学习材料相关的信息，不断地调节、控制学习过程即学习方法及学习策略的迁移这一方面的研究和论述不足。而学习的实践经验表明，学习方法和学习策略的迁移比具体知识内容所产生的迁移更普遍，意义更大，这也是需要进一步探讨的。

---

① 〔美〕奥苏伯尔著，佘星南等译：《教育心理学——认知的观点》，人民教育出版社，1994 年版，第 661 页。

第七章　德国范例教学中的有效教学思想

德国范例教学理论兴盛于 20 世纪 50～60 年代，被理论界视为二战之后与美国布鲁纳结构主义教学理论和前苏联赞可夫教学与发展实验教学理论并列的三大新教学论流派之一。范例教学是德国为解决战后教学内容与快速的社会政治经济发展之间的不协调问题而推出的。第二次世界大战后，世界科学技术迅猛发展，前联邦德国的各级学校为适应这种发展，不断扩充教材内容。教学中，教师只重视百科全书式的知识传授，学生则依赖于教师和教材死记硬背那些零碎无系统的书本知识，导致教学质量不断下降。1951 年，在由大学、高等师范院校与完全中学的代表在蒂宾根大学召开的大学与中小学会议上，一些专家对“中小学开始疏远正在不断进步的科学”的现象提出了尖锐的批评。会议认为“精神世界的本源现象，是可以通过个别地由学生真正理解的事实的例子来加以说明的”。[①] 并由此充分肯定了范例教学的思想，为范例教学理论的发展和在实践中的运用奠定了基础。范例教学理论的产生和形成是集体智慧的结晶，并经历了逐步完善的过程。它既包含了对教学目标和内容的调整，也包含对达成新的目标和完成新的教学内容的教学效率的追求。瓦根舍因、克拉夫基、德博拉夫、施腾策尔等都在这一领域作出了杰出的贡献。

一、论范例教学的目标与任务

范例教学，又称为“示范方式教学”、“范例性教学”、“范畴教育”

---

① 李其龙译：《蒂宾根大学与中小学会议决议（1951）》。载瞿葆奎主编，李其龙、孙祖复选编《教育学文集·联邦德国教育改革》，人民教育出版社，1991 年版。

等，意指借助于精选材料中的示范性材料使学生从个别到一般，掌握带规律性的知识和能力。它是在一组特定的知识中选出有代表性的、最基础的、本质的实例（或称范例），通过这些实例内容的讲授，使学生掌握同一类知识的规律，举一反三，获得独立思考、独立解决问题的方法。以范例作为传授知识的工具，是范例教学法的主要特点之一。

范例教学的目标可以概括为“三个统一”，就是“问题解决学习与系统学习的统一”、“掌握知识和培养能力的统一”和“主体与客体的统一”。①

1. 问题解决学习与系统学习的统一。即一方面要求针对学生存在的或提出的问题组织教学，从一个个课题出发进行教学；另一方面，课题是有系统的，都是学科系统中的一个有机组成部分，通过课题最后习得系统的知识结构。因而这种教学从片段出发，但学生学习的知识却不是零碎、孤立的，仍不失其系统。

2. 掌握知识和培养能力的统一，也称“实质教育与形式教育的统一”。这种统一要求把传授知识与培养能力统一在同一个教学过程中，把传授知识与教给科学方法、学习方法和发展能力结合起来。

3. 主体与客体的统一。主体是指受教育者，客体是指教学对象，这里表示教学材料。它们的统一就是要求教师既要了解和熟悉教材，又要了解和熟悉学生的智力水平及个性。在教学中要把两个主要教学因素结合起来考虑。

对上述三个要求，克拉夫基重点分析了实质教育和形式教育的统一。② 克拉夫基指出，18 世纪产生的实质教育和形式教育两派理论对教育实践影响至深，其时的某些教育理论明显地具有这两派理论的烙印。克拉夫基详尽地剖析并批判了这两派理论的主要观点和主张，认为实质教育论在教育过程中只强调客观方面，即教学材料；形式教育论在教育过程中只强调主观方面，即受教育者。前者偏重知识，后者偏重能力。这两种对立的学派都没有能真正把握教育现象和教育过程的本质核心。

---

① 李其龙：《克拉夫基的教学论思想》（上）（下），《外国教育资料》1982 年第 4、6 期。

② 李其龙：《克拉夫基的教学论思想》（上）（下），《外国教育资料》1982 年第 4、6 期。

克拉夫基认为，只有辩证地把实质教育和形式教育理论统一起来，才能真正把握本质，才能有助于教育实践，克服偏来偏去走极端的现象。由此，克拉夫基提出了教育过程的双重开发性，认为教育过程乃是通过本身经验或理解别人的经验获得客观（实质的、知识的）和主观（形式的、能力的）两方面统一的过程。

克拉夫基引用了两个例子来证明这种观点，其中之一是瓦根舍因提出的有关高中物理“月球及其运动”这一主题教学的例子。该主题教学大约需要用 10 节课，教学的任务是让学生了解月球运动，并掌握牛顿定律。在这一主题的教学中，教师首先用生动的问题引出教学内容，如教师可这样说：“牛顿在想，从一座屹立在云端的高山之巅抛出一块石头，被抛的石头的速度极快，离抛出地点也越来越远，地球与石头的距离在抛出轨道之下被越拉越远。假如石头抛出时达到特定的初速度，那么就可能被抛出后再也回不到地球上来了。如果抛出的石头其运动轨道与地球运转轨道平行，石头就会绕着地球转，直到永远……”在进一步的教学中，教师可以指导学生进行有关测量与计算，例如计算石头抛出时应有什么样的初速度，才能永远绕着地球转，既不飞向其他宇宙空间，也不落到地球上来。

上述教学的意义在于，通过这种教学，可让学生掌握有关客观世界的事实性知识，如上例中的抛物运动知识。这里对教学内容本身的认识也是教学过程所追求的，而不能仅仅将之视为能力训练的手段。同时，克拉夫基也指出，通过对知识内容的学习而达到能力的提升也是教学所倚重的目标。在上述教学事例中，学生就可通过掌握牛顿定律中运动物体与重力之间的关系的理论原理，了解月球运动，并在此基础之上，理解所有的卫星运动，乃至一切运载导弹现象的最基本原理，即让学生通过把握类似现象，而产生迁移能力。总之，在同一教学过程中达到了实质教育与形式教育的双重要求。

二、论范例教学的原则和方法

所谓范例，就是那些在日常生活素材中隐含着本质因素的典型事例。范例教学就是通过范例性内容的知识教学，培养学生独立的判断能力和创造能力。德国学者对范例教学在内容选定上应当遵循的原则进行了分析，提出了基本性、基础性和范例性三条原则。

1. 基本性原则是针对学科内容而言的。是指教给学生的内容应当是一门学科的基本要素，如基本概念、基本原理、基本科学规律等，使学生掌握学科的知识结构，在教学内容上反对多而杂，力求去芜存精。

2. 基础性原则是针对受教育者而言的。它要求教学内容的选定必须从学生的身心发展实际出发，适应学生的智力发展水平和已有的知识经验，并与学生的现实生活和未来发展需要密切相关。这一原则不仅要求应使学生通过学习认识社会科学、自然科学的种种实质性关系，而且还要使学生的智力和能力得到发展。较基本性原则而言，基础性原则在层次上更高一级。

3. 范例性原则是要求教师教给学生的知识是能起到示范作用的。这种知识就好比一个窗口，从这个窗口可以看到更广阔的场景。范例性知识的学习，应有助于学生的知识迁移和实际应用，使学生在知识的学习过程中触类旁通，举一反三。这一原则要求教学内容不能面面俱到，而是要力求做到具有典型性和代表性。范例性原则是建立在基本性和基础性原则上的更高层次的原则。

总之，"基本性"强调教学应教给学生基本的知识，也就是说基本概念、基本科学规律或知识结构；"基础性"强调教学内容应适应学生的基本经验和生活实际、适应学生的智力发展水平，也就是教学内容对受经验者来说是基础的东西；"范例性"是指教给学生的是经过精选的，能起到示范作用的典型事例和学习材料。[①]

范例教学法的实施，不仅要求遵循以上三项原则，而且还要求教师在备课过程中，应注重对教学内容的分析。可从五个方面进行：

1. 基本原理分析。分析课程阐明了哪些重要的和带有普遍意义的内容，对这些内容的探讨可以使学生掌握哪些基本现象、基本原理、基本规律、基本概念以及方法和态度。

2. 智力作用分析。分析课程的内容对学生智力活动能起什么作用，了解学生对所教内容掌握到何种程度，以便在教学中突出重点，有的放矢地采取相应措施，强化学生的智力活动。

3. 未来意义分析。分析课程的内容对学生的未来生活有可能产生什么影响。一般认为，学生对与自己未来生活密切相关的知识内容较易接受，相应的教学也较容易进行。如果学生意识不到这种联系，教师就应对

---

① 李其龙：《克拉夫基的教学论思想》（上），《外国教育资料》1982年第4期。

学生进行启发，让他们意识到所学内容与自己未来生活的联系，从而调动学生学习的积极性。

4. 内容结构分析。分析课程内容含有的要素以及各要素间的关系，以确定是否需要分层次；确认教学内容的难点所在，明确学生通过学习应获得什么样的起码知识。

5. 内容特点分析。分析课程的特点所在，确定哪些内容能引起学生的兴趣，将采取什么手段引导学生提出问题，作业的布置也要使学生能够有效地应用知识。

三、论范例教学的实施过程

范例教学主张用主题教学来取代传统的系统知识传授的教学。有关范例教学如何进行，德国学者提出了多种主张，其中施腾策尔提出的范例教学过程四个阶段的设想具有一定的代表性。他以地理课中“乌克兰的防汛林带”主题教学为例，阐明了范例教学实施的四个阶段。

1. 第一阶段：范例性地阐明“个”的阶段。这个阶段要求在主题性教学中以个别事实和对象为例说明事物的本质特征。如教学中，教师首先以乌克兰防汛林带这个个案为例，对它进行充分、彻底的探讨，使学生透彻地认识这个个案，真正地把握它，从而使学生了解俄罗斯南方草原景观这个整体的特征。

2. 第二阶段：范例性地阐明“类”的阶段。这个阶段是对个别事例进行归类，对许多在本质特征上相一致的个别现象作出总结。比如，通过乌克兰防汛林带的个案的教学，使学生获得了关于俄罗斯南方草原景观的知识后又通过归纳和推断，使学生了解一系列类似景观的本质特征，如美国中西部的草原景观等。

3. 第三阶段：范例性地掌握规律的阶段。这个阶段教学要求在前两个阶段的基础上提高到规律性的认识上来。通过第一、二阶段的教学把“个别”抽象为“类”，再发掘出“类”里边的规律性的内容。如学生通过对各种草原景观的归类，就可以了解到草原化过程及抑制草原沙化过程所应付出的努力，并使学生认识人在特殊气候和地理条件下干预自然所造成的结果以及如何弥补这种结果。

4. 第四阶段：范例性地获得关于世界与生活的经验。如通过乌克兰防汛林带的教学的层层递进，最终使学生认识到人类与自然的关系，即人类要干预自然、改造自然，但人还不能彻底支配自然。这样，通过第四阶段的学习，不仅使学生更深刻地了解了世界，而且可以使他们加强自己行为的自觉性。

施腾策尔认为，这四个阶段教学所运用的是同一个范例，它们是从个别到一般、从具体到抽象的一个抽象化过程；其中第四个阶段的教学过程是最重要的，因为这一阶段的教学目的才是真正的教学目的，因此，只有教学达到这个程度，才可以认为是成功的。

范例教学是德国 20 世纪 50～60 年代教育改革的产物，它试图解决这一时期德国科技迅猛发展与当时的教学现状之间的矛盾，在一定意义上打破了传统的机械地进行系统教学的模式，在当时是具有创新意义的。范例教学倡导的用精选的、带有基本性和基础性的范例内容来编制教材，并通过范例教材来进行教学的思想，从心理学角度看，是遵循了人类从特殊到一般，再从一般到特殊的认识机制，是符合人类认识规律的。范例教学要求教学过程多方面的统一，如教学与教育的统一、问题解决学习与系统学习的统一、掌握知识和发展能力的统一、教学主体与教学客体的统一，这些都是有积极意义的。

从有效教学角度看，范例教学虽然有诸多优点，但在具体实施过程中也存在一定难度，是否能保证教学的有效性也并非没有疑问。如，如何选定每门学科的范例性主题，使它们形成体系，既真正具有范例性，又能让学生学到系统的知识，这是一件理论架构上可以设想得很完美，而实际操作起来十分困难的事。如何保证教师在实践中都能做得十全十美呢？如果答案是否定的，范例教学的有效性也就难以体现出来了。

另外，范例教学理论对某些问题的论述还不够具体、明确，如它强调各门学科的基本性、基础性、范例性，但没有给出具体的确定方法，这些都给教师实施该教学理论增加了难度。为此，范例教学论的倡导者建议进一步探讨范例教学理论的有关问题。这也给我们在实践过程中留下了创造性教学的广阔空间。

第八章　赞可夫的有效教学思想

赞可夫的教学论思想是建立在他实验教学实践的基础上的。赞可夫的教学实验具有两个特点，一是涉及面广，二是时间长。依赞可夫教学思想进行改革的实验班在1966～1967学年总数高达1281个，分布在俄罗斯联邦共和国和8个加盟共和国。教学实验的时间则历经了20余年，被认为是实验时间最长、规模最大、理论及课程体系最完整、国际影响最突出的教学改革实验。他建立在教学改革实验基础上的发展教学理论在国际教育界享有很高的声誉，被誉为当代三大教学论之一，受到普遍的重视。赞可夫的教学论思想是针对20世纪50～60年代苏联学校教育的低效状况而提出的，它所要解决的就是提高苏联学校的教学效率问题。在他的教学改革实验中，传统教学体系4年时间才能完成的教学任务，3年时间就完成了。仅从这一点看，赞可夫的教学论思想正是论述有效教学的思想。当然，赞可夫在阐述如何有效教学时并不是立足于对苏联传统学校的修修补补，而是从教学目的到教学内容，从教学原则到教学方法等方面都进行了重新的设计，在很多方面都对传统教学进行了颠覆，提出了新的思想和原则。

一、论教学的目标与任务

在教学目标上，赞可夫提出了“一般发展”的概念，强调教育教学就是要最大限度地促进学生的一般发展。所谓“一般发展”，是相对于某一门学科或某一组学科引起的独特的发展而言的，指的是由各门学科引起的共同一致的发展，是学生身体和心理的全面发展，包括智力、情感、意志、道德品质、个性特点和集体主义精神、身体的发育以及各种非智力因素等各个方面。一般发展的重点在以下两个方面：一是个性发展的整体性，即“学生个性所有力量”，它包括观察力、思维能力、实际操作能力，以及语言、意志、情感、性格、道德意识等；二是个性发展的动态性、“质变”。

一般发展在赞可夫看来，既不同于全面发展，也不同于特殊发展和智力发展。首先，一般发展是从人的心理学和教育学方面提出的，而传统的全面发展是从社会方面提出的。其次，一般发展有别于特殊发展。后者是专指在某种艺术、学科领域（如在音乐、绘画领域）里的发展。第三，一般发展不同于智力发展。后者是指直接参与认知活动的心理因素。可见，一般发展在赞可夫那里是一个有着丰富内涵的概念，但它少了传统全面发展通常具有的社会学和意识形态方面的含义。

赞可夫认为教学有两项主要任务，一就是追求学生的一般发展，二是掌握知识技能。促进学生一般发展和使学生掌握知识技能两者不是一回事，不应当等同起来。但知识技能的掌握是有赖于一般发展的，学生只有在一般发展取得成绩的基础上，才能高质量地掌握知识和技能。因此，现代教学改革应该大力促进学生的一般发展。

赞可夫还接受了维果茨基“最近发展区”的概念。作为维果茨基“最近发展区”理论的教学实践者，赞可夫强调，教学与发展是互为条件、互相推进的，因而教学不能消极地等待儿童生理的、心理的自然发展，跟着发展走；而应积极地去依靠“正在成熟的机能”，创造“最近发展区”。

二、论教学的内容与方法

赞可夫反对传统教学以传授系统知识和训练技能、技巧为主的教学内容，“不合理地把教材编得太容易，无根据地把教学进度放得很慢，进行多次的单调的复习，这些显然都不能促进学生迅速发展。理论知识贫乏、肤浅，服从于技巧的训练，这也不利于学生的发展”。

赞可夫主张应将教学内容的重心转到学科结构上，提高理论知识的比重。所谓理论知识是指“从科学体系中汲取出来的知识，即不仅是关于现象本身的知识，而且是关于各种现象的本质的相互联系的知识，关于在自然界、社会生活、个别人的存在中起统治作用的规律性知识”。① 理论知

① 赞可夫：《教学与发展》，杜殿坤译，文化教育出版社，1980 年版，第 52 页。

识反映的是抽象的概念，它能帮助学生了解事物之间的内在联系，从而使学生能迅速地揭示事物的本质属性，对培养学生的逻辑思维能力也有着重要的作用。据他的观察，小学一年级的学生就能掌握许多抽象概念，理解事物之间的某些内在联系。赞可夫在实验学校使用的数学教学大纲从一年级引进“加数”、“和”、“减数”、“差”等许多定义和概念，学生一旦掌握了这些概念，就可以举一反三，减少出错的频率。赞可夫指出，确定以理论知识为主，绝不是贬低技巧的地位和否认儿童直接观察的意义，要处理好理论知识和经验知识的关系，“重要的是，不要把教学内容仅仅局限于经验知识，或者仅仅局限于理论知识。至于两种知识的对比关系如何以及处于怎样的相互关系之中，则取决于教学论的观点，也取决于每一门具体学科的特点”。①

赞可夫提出用实验心理学方法，即通过观察活动、思维活动和实际操作活动来研究儿童的一般发展进程。以上活动是相互联系、相互渗透和相互补充的，这在一定意义上克服了“高分低能”的现象，在日常生活中这样的例子并不少见。

赞可夫对“差生”采取了与传统教学截然不同的态度，主要是运用了因材施教的教学法。赞可夫首先通过观察和分析总结了“差生”的心理特点：(1) 以自我为中心，与集体对立。(2) 求知欲低，无学习兴趣。(3) 发展水平低，缺乏观察力。(4) 背着沉重的“学习差”和总认为别人“瞧不起自己”的包袱。

根据这些特点，赞可夫采取了以下措施：(1) 减轻学生的思想负担和精神压力，在分数上不急于求成。(2) 开展一些课内外活动，增加他们与其他同学的交往，同时要求其他同学也要乐意帮助他们，让他们感受到集体大家庭的温暖，克服自我中心主义。(3) 利用可以利用的一切机会，引导他们观察事物，激发他们的求知欲和培养他们的学习兴趣。(4) 提出的问题是他们能回答上来的，以树立他们的学习信心，克服自卑感。

三、论教学原则

赞可夫的“教学与发展”理论运用了他的导师、前苏联著名心理学家维果茨基最近发展区学说。维果茨基说：“教学应该创造最近发展区，然

① 赞可夫：《教学与发展》，杜殿坤译，文化教育出版社，1980 年版，第 54 页。

后使最近发展区转化为现有发展水平；教育学不应当以儿童发展的昨天，而应当以儿童发展的明天作为方向。”只有当教学走在发展的前面的时候，教学才有好的结果。通过长期广泛的教学实验，赞可夫提出了五条教学原则：

1. 以高难度进行教学的原则

高难度要求教学要有一定的难度。赞可夫认为这是第一的、决定性的“基本原则”，其他原则都与此有内在联系。“难度”这一概念包含两层涵义，一是指障碍的克服，二是指学生的努力。这一原则是在否定传统教学论原则的基础上提出来的。传统的可接受性原则、量力性原则主要考虑的是教学要符合学生的年龄特点，而高难度教学的目标却在于“促进”，强调的是教学要走在发展的前面，促进学生的发展。这一原则要求在教学过程中，用稍高于学生原有水平的教学内容来教学生，其特点在于“展开儿童的精神力量，使这种力量有活动余地，并给予指导”。赞可夫认为，所谓高难度并不是指增加学习负担的困难，而是指能够激发起学生的精神力量的、适度的困难，让学生在“克服障碍”中，集中自己的智慧和意志，显示其潜在的智力活动才能。“高难度”并不意味着越难越好，困难的程度要控制在学生的“最近发展区”的范围内，其目标不只是教学内容超过一般的难度标准，而是引导学生发挥出精神力量，获得更大的发展余地。例如，孩子已经掌握加法的概念，那么就应该引导他进入乘法，无需强调计算，因为在乘法的基本演算过程中，孩子会运用加法进行订正从而再次巩固加法的计算能力。这就是学科的基本结构呈现的系统性，因此高难度教学得以实施。

2. 以高速度进行教学的原则

高难度原则的贯彻在一定程度上依赖于高速前进的原则。这一原则对高难度原则而言是一个辅助原则，但有其独立性。它要求“不断地向前运动”，反对多余的重复和烦琐的讲解以及机械的练习，以节约时间，加快进度。这一原则在很大程度上是针对传统教学的巩固性原则的不足提出的。赞可夫认为，像传统教学那样，将大量的时间花在单调的重复讲授和练习上，不能增进学生的智慧，只能造成枯燥乏味感，降低学生的学习兴趣，从而阻碍学生发展。他主张应从减少教材和教学过程的重复中求得教学速度，从加快教学速度中求得知识的广度，从扩大知识广度中求得知识的深度。高速度并不意味着速度越快越好，速度需与学生的“最近发展区”的实际相适应，以丰富多彩的内容去吸引学生的注意、激发学生的智慧，促进学生的发展。只有不断地以丰富多彩的内容来丰富学生的头脑，才能够为他们更深刻地理解所获得的知识创造有利的条件。

3. **理论知识起指导作用的原则**

这一原则要求加强理论知识在小学教学活动中的重要作用，这个原则决不忽视儿童获得知识和技巧的意义，而是要求学生在一般发展的基础上，尽可能深入领会有关概念和规律性的认识。这一原则主要是针对传统教学论所强调的直观性原则。按照传统教学论的观点，儿童的思维是具体的、形象的，因此教学要从感性的具体形象开始。赞可夫认为，现代心理科学并没有为“儿童思维要具体”的结论提供任何根据。相反，赞可夫肯定了现代心理学研究所表明的观点：小学生已经能够在许多认识领域里借助词的形式来进行抽象和概括。同时，赞可夫认为，在人们的认识过程中，感性认识和理性认识本来就是有机地交织在一起的，经验和理论处在不断的相互作用之中，因此不能只强调一面。为此，赞可夫指出：“学生知识的获得、技巧的形成是在一般发展的基础上，在尽可能深刻理解有关概念、法则及其之间的依存性的基础上实现的。”掌握理论知识对于事实材料和技能的规律能加深理解，使知识结构化、整体化，方便记忆；理论知识可以揭示事物内在联系，学生掌握理论知识后能够把握事物规律，然后展开思想，实现知识迁移，调动思维积极性，促进一般发展。

4. **使学生理解学习过程的原则**

这一原则要求学生在理解知识本身的同时，也理解知识是怎样学到的，也就是教材和教学过程都要着眼于学习活动的“内在”机制，教学生学会怎样学习。赞可夫指出一般教学论中的自觉性原则和实验教学论中的使学生理解学习过程的原则，就其掌握的对象而言有区别，前者把知识、技能、技巧作为掌握的对象；而后者把学习活动过程作为掌握的对象，即这一原则要求掌握知识之间的内在联系。赞可夫则强调：不仅要理解所学习的东西，而且要领会、分析自己的认识过程。这一原则的目的是要在对动态学习过程的领会中掌握方法，促进发展。例如学习乘法表，传统的做法是让学生背诵乘法表，实验教学不仅要让学生会背，而且要求了解这一部分教材编排的根据，教会学生总结学习的方法，使学生学会分析、比较、综合、归纳，了解所学知识之间的联系，知道产生错误与避免错误的心理机制，等等。这样做有利于发展学生的思维能力，提高他们学习的主动性与创造性，教会他们学习。显然，这个原则要求学生把前后所学的知识进行联系，使之融会贯通，灵活运用。

5. **使全体学生都得到一般发展的原则**

这一条原则要求教师充分关心和重视每个学生尤其是“差生”的一般发展。这一原则与一般教学论不同，强调差生比一般学生更多地需要教师“在他们的发展上系统地下工夫”。人们通常认为补课和大量练习是提高差生学业水平的有效手段。实际上，大量作业使得差生负担过重，不仅不能促进他们的发展，反而使他们更加落后。在班级授课制的情况下，学生有好、中、差三种类型。赞可夫认为：差生之所以差，主要是他们的发展水平低，对学习没有兴趣，缺乏学习信心，观察力和思维能力薄弱，而教师对待差生的传统办法就是补课，反复做机械的练习。结果，差生的负担更重，在同样的学习环境中，差生见到的东西少，想到的东西少，因而学习的东西少。智力活动的减少，又使得发展水平难以提高。为了改变这种状况，教学要面向全体学生，特别是要促进差生的发展，教材必须适合大多数学生的学习水平；教学要以实验为基础，多做实验，增强学生的感性认识，发展学生的观察能力；用知识本身来吸引学生，使他们感到学习是一种乐趣，体会到克服学习困难后得到的精神上的满足和喜悦，以此增强学生学习的内部诱因；教学中要注意设计好教与学的思路，重视知识的前后联系，融会贯通，启发思考，适时练习，及时反馈、矫正等。用这样一些方法，持之以恒，使全体学生都得到一般发展是可以做到的。

以上这些原则各有其作用，同时又相互联系，形成了一个整体。这一体系的特点是强调培养学生学习的内部诱因，并在保证共同的思想方向性的前提下，给予个性发挥作用的余地。研究课堂教学是教学论不可或缺的一个重要方面，赞可夫提出“课堂上的生活”这样一个小学课堂教学方面不大为人注意的或者完全没有探讨过的问题，这也是他独到的一种教学思想。

四、赞可夫与巴班斯基的比较

追溯历史上的有效教学思想，我们无法绕开巴班斯基。巴班斯基有关教学过程最优化的思想比其他教育家更为直接和系统地探讨了有效教学问题。鉴于本节未专门讨论巴班斯基的有效教学思想，这里主要通过将他的思想与赞可夫的思想略加比较的方式做一弥补。与赞可夫在教学原则上颇覆传统的气势相比，巴班斯基显得较为平实。针对前苏联20世纪60年代中期到70年代所出现的学生学习压力大、负担重、成效低的现状，巴班斯基试图从系统和过程的角度寻求一种能最恰当地考虑到具体教育情境，能在花费最少时间和精力的情况下取得最好效果的方法。

巴班斯基教学过程最优化的理论包括教学过程最优化的方法论原理、最优化的教学原则、最优化的基本标准和方法体系等。所谓“最优”的，在巴班斯基那里，并不等于“理想”的，也不是一般所指的“最好”的。最优的是指从一定标准来看，对一定条件来说是最好的。它是特指一定条件下的最优，如条件差的学校达到某种水平可算最优，条件好的学校达到同样水平则不能算最优。最优化是指学生和教师在具体条件的制约下所能达到的最大成果，如果师生发挥了全部可能性，并在规定的时间内获得该条件下所能达到的最大成果，就可认为是实现了最优化。

巴班斯基是从系统的角度理解教学过程最优化的，教学过程最优化意味着一种教学最优化方式体系的形成，即教学过程所有基本成分（目的、任务、内容、方法、手段、形式条件、评估）的各个单项的最优化方式的有机整合。判定教学过程是否最优化在巴班斯基看来主要包括以下的四项标准：

第一，效果的标准。指每个学生按照所提出的任务，在一定时期内，在教养、教育和发展三个方面获得最高可能的水平。巴班斯基认为，只要能最优化地安排教学过程，任何班级的任何一个学生对教材的掌握都能达到该时期可能达到的（实际能达到的）最高水平（优、良或及格），同时在教育和发展程度上也会取得长足的进步。

第二，时间的标准。为达到一定的效果，师生花费的必要时间最少。巴班斯基认为，为了使学生和教师能在没有过重负担的情况下取得最优效果，对于完成家庭作业的时间，尤其要明确地加以限制。教师花在课业（包括上课、备课）上的时间也应是最少的。

第三，精力耗损的标准。为达到一定的结果，师生花费必要的精力最少。教学过程如果安排得过紧，就可能使学生无法在后几节课上充分地掌握教材。所以，巴班斯基认为教学最优化，可以用师生耗费的精力是否合理和最少来衡量。

第四，物质耗损的标准。为在限定时间内取得一定的结果，花费的经费最少。在同样的时间、同样的条件、取得同样效果的情况下，哪种方案最能节省教学经费，那种方案就是该情况下最优化的方案。

巴班斯基认为，教学过程最优化的关键就是选择组织教学过程的最佳方案，而最佳方案是根据一定标准进行选择的。教师应当依据上述标准对各种方案进行比较，选择其中最好的方案予以实施。在上述四项标准中，巴班斯基最注重的是效果标准和时间标准。

比较赞可夫和巴班斯基的有效教学思想，可以发现，赞可夫是试图通过实施一套不同于传统的新的教学原则来实现学生的发展的，它将传统的可接受、循序渐进等教学原则几乎倒转过来，试图以高难度、高速度等原则迅速提高教学效率，这在主观意图上是可以理解的，在理论方面也有一定的可取之处。但它在实践中的实施效果，即它是否真的能够在实践中产生教学效率还是值得怀疑的。尽管，赞可夫本人强调其教学实验是有较好的效果的，但真正情况如何，仍有待于进一步的研究。我国比较教育知名学者吴文侃教授曾对赞可夫的教育思想进行过精湛的研究，同样也对这一点表示了怀疑，指出赞可夫实验的成果基本上都是由赞可夫本人在自己的著述中宣传的，到底以何种标准进行客观的判断仍是个问题。①

巴班斯基的有效教学思想既考虑了教学的系统因素，也考虑了教学的过程，并将这两者结合起来，从中寻找出教学最优化的途径，以这种方式考量有效教学问题显然比赞可夫显得更为全面。巴班斯基对判断教学过程最优化标准的论述是最直接和系统的有关有效教学的论述，在某种意义上，他把布卢姆所做的工作大大往前推进了一步。布卢姆的“掌握学习”涉及了教学效果的维度，认为每一个学生都应当掌握应有的知识、技能，至于在这一过程中有可能产生的成本和耗损问题语焉不详，而巴班斯基在此基础上进一步提出了判断教学是否有效的时间标准、精力耗损的标准和物质耗损的标准，形成了体系。从有效教学的论证体系上看，巴班斯基是更为全面的。而且，巴班斯基所提的衡量教学过程最优化的四条标准是极具价值的，完全符合高效、低耗的人类劳动活动的普遍原则。

当然，巴班斯基的教学过程最优化理论仅仅着眼于课堂教学，如何最优化地组织课外、校外活动，还很少涉及。在这一点上，巴班斯基与苏霍姆林斯基的教育思想相比较，显然是逊色的。此外，巴班斯基教学过程最

---

① 吴文侃主编：《当代国外教学论流派》，福建教育出版社，1990 年版，第 32 页。

优化理论的实施，对教师提出了极为严格的要求，因为实施最优化的教学，需要教师在教学过程考虑的因素太多，既要考虑教学目的、任务、内容、方法、形式和结果，又要考虑人、条件、时间等因素，还要将这些因素有机地组合起来，以发挥最佳效应。这对教师来说是一项极大的挑战。

第九章　苏霍姆林斯基的有效教学思想

与布鲁纳、布卢姆等教育家不同，苏霍姆林斯基在心理学的学术造诣上远不如他们，但他从 17 岁开始就从事教学工作，以后还担任了中学校长和区教育局长，这些都为他建构自己的教学论提供了来自教学实践方面的思想源泉。尤其他将帕夫雷什中学由一所普通的农村学校改造为前苏联最优秀的学校，20 余年的改革和实验的经历为他教学论思想的形成奠定了实践的根基，使他的教学思想不再是心理学理论的演绎，而是贴近教育现实的陈述，是基于生活实践逻辑的。正因如此，苏霍姆林斯基的教育思想被称为“活的教育理论”，深受实践一线的教育工作者的欢迎。苏霍姆林斯基也没有提出有效教学的概念，但他教学论思想的全部论述以及他个人的教学与管理的实践都是围绕着如何让教学在人的培养方面发挥最大效益展开的。

一、教育目标——培养全面和谐发展的人

培养全面和谐发展的人是苏霍姆林斯基的教育目标，也是其教育思想的核心所在。苏霍姆林斯基从马克思主义关于人的全面发展理论出发，指出：全面和谐发展不仅在于学生的身体、品德、智力、劳动和美感等方面都得到发展，而且还要注重形成学生统一、丰富的精神世界，包括世界观、智力、思维、兴趣和才能的充分、和谐的发展。苏霍姆林斯基创造性地将“全面发展”、“和谐发展”、“个性发展”融合在一起，提出个性全面和谐发展教育思想，把“全面发展”、“和谐发展”、“个性发展”三者融合成一个统一的整体。苏霍姆林斯基强调指出，全面发展是指学生的身体、品德、智力、劳动和美感等方面都得到发展，忽视哪一方面只偏重哪一方

面的教育，都是片面的教育。个性全面和谐发展教育则要求使智育、体育、德育、劳动教育和审美教育深入地相互渗透和互相交织，使这几方面的教育呈现为一个统一的完整过程。但是，个性全面和谐发展并非要求每个人的所有方面都均衡发展，也不意味着每个人能够胜任所有的工作，而是有所倚重的，这正是个性发展的特点。

苏霍姆林斯基在教育目标问题上的贡献主要表现在以下方面。第一，明确提出了德、智、体、美、劳各方面发展所要达到的程度，把充实学生的精神生活和丰富他们的内心世界作为衡量全面发展的一个重要标志，用德、智、体、美、劳各方面相互渗透的思想丰富了全面发展的理论。第二，苏霍姆林斯基提出的和谐发展，是对全面发展的补充、完善和提高，要求把各方面的发展有机地联系起来，成为相互依赖缺一不可的统一体，处理好认识世界与改造世界的关系，使二者处于相互促进的和谐之中。第三，苏霍姆林斯基强调在实现全面和谐发展的同时，要使每个学生在所有各个领域中充分表现自己的天赋才能，充分发挥自己的爱好和兴趣；使学生在日常生活各项小事的成功中产生自尊、自信和自豪感，从而为他们自己日后在其他方面取得成功提供源源不断的动力，这是学生个性得到充分的发展和实现全面发展的突破口。

二、教学原则

苏霍姆林斯基并没有对教学原则做系统明晰的阐述，但从他大量有关教学的具体阐述中可以发现他有关教育原则的主要思想。由于苏霍姆林斯基有关教学的思想十分丰富，散见在他大量生动具体的教育论述中，因此，本节对他教学原则的概括仅为一家之言，不排斥其他立场和不同角度的概括。

1. 智力发展与知识掌握相统一的原则

苏霍姆林斯基所理解的智育，是一个形成人格的完整结构。他说："智育包括：获得知识和形成科学世界观，发展认识能力和创造能力，培养脑力劳动文明，养成一个人在整个一生中对丰富自己的智慧和把知识用于实践的需要。"这些因素合在一起，可以形成学生的完美个性，对将来的一生都起作用。只有这样理解智育，教学才会富有生命的活力。基于上述对智育的理解，苏霍姆林斯基非常强调在传授知识的过程中发展学生的智力。他认为："学校的理想是：不要让任何一个在智力方面没有受过训练的人进入生活……在教学过程中对学生的智育，只有当教师把自觉而牢固地掌握知识看作发展认识力、创造力和思维（灵活的、生动的、好钻研的、探求的、永远不以已知为满足的思维）的手段时，它才得以实现。”[①]他说：“智育是在掌握知识的过程中进行的，但是不能简单地把智育归结为积累知识。”[②] 要使掌握知识的过程成为发展智力的过程，就“应当使儿童懂得脑力劳动的真正本质，那就是，要努力地开动脑筋，要深入地钻到事物、事实、现象的多种多样的复杂而微妙的关系，钻到细节和矛盾中去……在掌握知识的过程中，要同时培养脑力劳动的素养和自我纪律”。在苏霍姆林斯基那里，智育不是单纯传授书本知识的理论，而是为了人的全面和谐和富有个性的发展。学生的智力发展和知识学习是辩证统一的关系。

2. **课内学习与课外活动相结合的原则**

课内学习无疑仍然是教学的主要途径，有关这一点，苏霍姆林斯基并无异议。与传统教育不同的是，苏霍姆林斯基高度重视学生的课外阅读和课外活动，力求将课内学习与课外活动两者结合起来。苏霍姆林斯基提出了在学校实施“两个教学大纲”的设想，并在帕夫雷什中学的改革中付诸了实践。他说，考虑到这个非常重要的规律，他在实际工作中经常想到两个教学大纲：第一是必须学会并记住的材料，第二是课外阅读以及其他知识来源。苏霍姆林斯基所说的第一个大纲，具体是指在正课（课堂）是要让学生“重点”掌握和必须专门熟记的那个大纲，也就是人们通常所说的要向学生传授固定知识的教学大纲。第二个大纲，是指在课外的自由活动时间里学生通过各种学科小组或课外阅读活动，大量阅读思考及研讨与正课的必修课业或问题有关的书籍、刊物和课题，丰富充实非必修课的“知识底子”。第二个大纲的内容、范围、数量和问题并非都是完全固定的，它因人、因时、因具体条件和具体情况而确定。也是学生把第一个大纲习得的学习方法在第二个大纲中运用，并熟练的途径。除课外阅读之外，苏霍姆林斯基还主张通过各种其他方式的活动实现学生的全面和谐的发展。

---

① 〔苏〕苏霍姆林斯基：《给教师的建议》（下册），杜殿坤编译，教育科学出版社，2000年版，第113页。

② 〔苏〕苏霍姆林斯基：《给教师的建议》（上册），杜殿坤编译，教育科学出版社，2000年版，第112页。

如设立各种专用室、活动室和工作间，开展与课内学习内容相联系的各种活动，实现课内、课外学习的结合。即便是对劳动教育，苏霍姆林斯基也主张除按照教学大纲的规定开设劳动必修课程外，也应创办各种劳动场所，安排课外实践活动，开展多样化的劳动，将劳动教育与智育、知识学习等活动结合起来，让脑力劳动和体力劳动得到结合，使学生创造性的智力品质得到发展。

3. 知识难度适中和教学渐进的原则

苏霍姆林斯基对待教育遗产的创造性态度还表现在如何对待教学大纲的问题上。众所周知，权威的教育学一再强调教学大纲是国家的法定文件，校长和教师无权加以改变。问题在于，如果遇到学生的水平确实太低，难以达到教学大纲的要求，而有的学生的潜力很大，大有余力可以超出教学大纲的水平的情况，又该怎样办呢？苏霍姆林斯基的态度是，可以灵活变更。他说，“不要让任何一个儿童在低于他的才能的水平上学习。”“如果教师引导最有才华的学生超出教学大纲的范围，那么，集体的智力生活就会变得丰富多样，从而影响到最差的学生也不甘落后。”① 苏霍姆林斯基把学生掌握知识看成是一个长时期的不间断的运动过程。他反对那种不论对什么样的学科什么样的知识都当堂消化、当堂巩固的观点。认为，掌握知识是一个由浅入深，由偏到全的过程，不可能一次成功。“学生对知识的第一次感知，仅仅好比先学一下以后许多课的一个纲要，在以后的各节课上，这些知识的实质性的东西还要反复出现，还要经常地再来回顾第一次感知的东西。在这里，教学以及识记的过程，就在于对同一概括（规则）所阐明的许多同类事实进行逐渐的思考和理解。”② 苏霍姆林斯基指出，如果教学大纲规定学习某一章节的时间为 3 小时，那么，这绝不是说，过了这 3 小时，学生就完全掌握住这些知识了。知识是在一个较长的时期内逐步地发展和深化的。知识的发展和深化，既是在课堂上，也是在完成家庭作业，以及在自学（阅读参考书、准备报告和提要等）的长期过程中始终进行着的。

---

① 〔苏〕苏霍姆林斯基：《给教师的建议》（下册），杜殿坤编译，教育科学出版社，2000 年版，第 141 页。

② 〔苏〕苏霍姆林斯基：《给教师的建议》（下册），杜殿坤编译，教育科学出版社，2000 年版，第 145 页。

4. **通过知识的运用盘活知识的原则**

苏霍姆林斯基认为，教学不单只是传授知识的活动，而且是使学生身心全面发展的活动。传授知识本身不是教学的目的，它只是学生进一步学习的手段。只有当知识成为精神生活的因素，占据人的思想，激发人的兴趣时，才能称之为知识。教学不应把知识变成不动的、死的“行装”，“而应当让它们在学生的脑力劳动中，在集体的精神生活中，在学生的相互关系中，在精神财富交流的生动的、不断的过程中活起来。没有这种交流，就不可能设想有完满的智力的、道德的、情绪的、审美的发展”。[①] 所以，他认为教育界应当改变对知识的传统观念，不要以为学生的知识学得越多，获得新知识的手段和工具就越多，学习起来就越容易。事实刚好相反，许多学生学习的知识越多，年级越高，他们在学习上的困难就越大。苏霍姆林斯基认为其中的一个重要原因就是知识在他们那里常常变成了不能活动的“货物”，只为“储备”，不能“周转”，知识没有被加以运用，尤其是没有用来获取新知识。因此，通过知识的运用，让知识成为后续学习的工具，就有可能让知识“活”起来。苏霍姆林斯基的这个教学原则与布鲁纳、布卢姆、奥苏伯尔、赫尔巴特等人强调知识结构和新旧知识间的联系具有异曲同工之妙。

5. **学生自我教育的原则**

苏霍姆林斯基认为，在学生接受教育的过程中自我教育起着至关重要的作用。自我教育是学校教育的重要因素，教育与自我教育是相辅相成的，没有自我教育就没有真正的教育。苏霍姆林斯基提出的自我教育涉及学生精神生活的各个领域，其核心是要充实和发展学生的精神世界。苏霍姆林斯基认为，在人的成长中教育固然起着比环境更重要的作用，但自我教育的作用比教育更重要。人的思维、兴趣、爱好、才能和倾向的形成及发展固然离不开个人的禀赋，但更离不开教育的培养，尤其是自我教育。鉴于自我教育的重要价值，苏霍姆林斯基主张教学必须重在培养学生自学的能力。没有自学的能力，就不能开展认识活动。他认为，认识要有工具，有能力。就像人吃东西一样，要有牙齿。没有牙齿就只能囫囵吞枣，造成消化不良。例如，要深入领会课文的内容，首先要能阅读课文。他

---

① 〔苏〕苏霍姆林斯基：《给教师的建议》（上册），杜殿坤编译，教育科学出版社，2000 年版，第 22 页。

说："凡是没有学会流利地、有理解地阅读的人，他是不可能顺利地掌握知识的。"① 学生的自我教育在苏霍姆林斯基的教学论思想中具有十分重要的地位，它也是学生学会学习的重要路径。因此，学生自我教育的原则也可理解为让学生学会学习的原则。

三、论教学方法和学生学习动力的维持

苏霍姆林斯基高度重视教学方法问题。他根据自己的教学实践经验，将教学方法分为两类。第一类是保证学生获得初步知识和技能的方法，包括陈述、讲解、讲演、解释概念、指导、谈话、独立阅读、演示、实例说明、劳动过程和劳动技能的表演、独立观察与参观、实验和实验作业等；第二类是理解、发展、加深知识的方法，包括练习，对自然界、劳动和社会生活的讲述，讨论，书面创作，准备实验和操作各种机器以及为继续加强知识的劳动活动。苏霍姆林斯基还突出强调了根据学生的不同年龄特征，应当采取灵活多样的教学形式。在苏霍姆林斯基讨论的各种教学方法中，思维的教学和研究性学习的教学在当时是最富有新意的。

1. **思维课的教学**

思维的教学在苏霍姆林斯基那里是通过开设思维课的方式进行的，这是苏霍姆林斯基的一个创造，也是帕夫雷什中学特色课程之一。苏霍姆林斯基认为人的思维是可以进行专门的训练的。思维课上的思维训练，就是引导学生生动地、直观地感知周围世界中的形象、画面、现象和事物，并进行逻辑分析，获取知识，寻找因果关系，最终达到思维训练的目的。因为苏霍姆林斯基坚信："儿童的大脑是在理解周围世界的事物和现象的多方面的联系（因果联系、时间联系、机能联系）的过程中得到发育和增强的。"

思维课上，教师的任务就是让学生生活在思考的世界里。他认为，真正的学校应当是一个积极思考的王国，教会学生善于思考是学校的首要任务。学生的智慧能力不应当用在记忆上，而应当用到思考上。教师上思维课应努力抓住教材和自然现象之间的"接合点"。比如，在讲植物的根系及其在植物生命过程中的作用时，即抓住"无机物怎样变为构成生物的建

---

① 〔苏〕苏霍姆林斯基：《给教师的建议》（上册），杜殿坤编译，教育科学出版社，2000 年版，第 52 页。

筑材料”这个接合点，先在课堂上激发儿童对于他们无法直接观察到的生物生命过程的兴趣，然后带孩子们到田野里去观察土壤的剖切面，让他们亲自去把握具体的事实和现象，探索其隐藏着的生命过程。

在帕夫雷什中学，苏霍姆林斯基对从学龄前开始到八年级末的学生都开设了专门的思维课。苏霍姆林斯基坚持在学生低年龄阶段就开设思维课程，主要是因为他认为越早训练效果越好。学校应当在儿童年龄早期，特别是在 5 岁到 10 岁时，就把尽可能多的儿童还不理解的，但却是引人入胜的、奇异有趣的东西展示在儿童面前。儿童不理解的东西越多，诧异感就越强，兴趣就越浓。从形式上看，苏霍姆林斯基倡导的思维课也就是观察大自然，他要求每星期两次安排儿童去观察大自然，学会思考。苏霍姆林斯基的思维课也并不是单纯让学生进行思辨，去苦思冥想，而是在多动脑筋的前提下发展学生的智力，要求学生学到真正有用的知识，进而培养学生的各种能力，包括写作能力和善于表达自己思想的技能技巧。

2. **研究性学习教学**

苏霍姆林斯基是较早提出研究性学习这一概念的教育家之一。他所谓的研究性学习是指：教师并不把现成的结论、对某一定理正确性的证明告诉学生，而是让学生弄清楚应该克服的困难，运用自己的智慧，不仅直接观察事实，而且认识和探索事实与现象，从而得出结论。苏霍姆林斯基认为，研究性学习法“能增强学生对周围实际现象的兴趣，发展他们看出各种事物和现象之间的相互联系的能力”，[①] 在这样的脑力劳动过程中所获得的知识，能在记忆中保持得更加牢固和深刻，而且更为重要的是，能使学生养成一种在日后实践中更完善地运用这些知识的志向。苏霍姆林斯基认为，课堂教学要取得良好效果，就应当运用研究性学习教学法，它无论是在自然学科还是人文社会学科的学习中都是可以运用的。[②] 研究性学习教学法的一般实施步骤为：第一，教师提供新材料，使学生明白什么是必须理解的，学习究竟要达到什么目的。也就是说，要让学生先把他们将要克服什么困难弄清楚，并且把注意力都集中在克服这种困难上；第二，教

---

① 〔苏〕苏霍姆林斯基：《给教师的建议》（上册），杜殿坤译，教育科学出版社，1980 年版，第 101～102 页。

② 吴文侃主编：《当代国外教学论流派》，福建教育出版社，1990 年版，第 63～64 页。

师不把现成的结论、对某一定理正确性的证明告诉学生，而让他独立地阅读教科书和原著；第三，让学生仔细地分析比较各种事实，研究各种现象之间的因果关系，积极地思考，从具体的材料中抽象出事物的一般规律性，让学生尽可能地提出几种解释；第四，学生通过实践对每一种假设进行肯定或否定。这种方法与布鲁纳的发现学习法有相似之处，都是以发展学生的智力为目的的，都视学生为学习的主体，重视学生学习的主动性和积极性。

3. 激发和维系学生的学习动力

苏霍姆林斯基认为，教学不应该是往学生头脑里“塞”知识的过程，而是一个充满多种多样的心理活动的过程。教学中学生的认识过程与其他心理活动是交织在一起的。没有其他的心理活动，认识过程就失去动力，失去营养，失去光泽。所以，他认为教师的教学，除了在认识过程上下工夫以外，还要作大量的心理工作，使学生在充满活力与愉快的心情之中掌握知识，提高认识能力。①

首先，应重视培养学生学习的兴趣。苏霍姆林斯基认为，使学生感到学习是十分有趣的事，这对学生学习动力的激发和维持具有重要的意义。他建议，让学生把所教的学科看作是最感兴趣的学科，让尽量多的少年像向往幸福一样幻想着在所教的这门学科领域里有所创造；多用科学本身来诱导学生，多用探索科学奥秘的乐趣来吸引学生，尽量少用那些暂时性的外表的刺激来激发学生。抓住了这一关键，学生就能从中获得取之不尽用之不竭的兴趣源泉。

其次，应培养学生掌握知识的自尊心和荣誉感。苏霍姆林斯基指出，现实中之所以有部分学生对学习成绩的好坏抱着无所谓的态度，是因为这些学生对人生的意义不了解造成的。这样的学生缺乏理想，缺乏志向，缺乏改变客观世界的勇气。“要使一个人终于有一天发现自己是知识的主宰者，使他体验到一种驾驭真理和规律性的心情，用认识来鼓舞起人的精神——这就是说，要使思想跟人的自尊感融合起来……当一个人尚未体验到自己是个‘思想家’以前，他还不可能具有那种他作为一个人的真正的自

① 沈正元：《教会儿童学习——浅析苏霍姆林斯基的教学思想》，《外国中小学教育》2001年第5期。

豪感。”[①] 一个没有在掌握知识上的自豪感、荣誉感的人，是不可能在学习的道路上奋勇攀登的。

再次，应该珍惜学生的精力。苏霍姆林斯基关于教学中应该珍惜学生的精力的建议也是很有见地的。通常，教师们总是不断地向学生们提出要求，不断地布置作业，但是，人的精力毕竟是有限的，在大量地消耗精力以后，应当得到补充。必要的休息、文娱、体育、游览等，应是教学过程的一部分。

苏霍姆林斯基的教学思想是丰富而鲜活的，我国著名教育学者顾明远先生对苏霍姆林斯基教育思想曾用丰富、全面、深刻几个字予以评价，[②] 这也可以运用到对苏霍姆林斯基教学思想的评价上。

首先是丰富性。表现为苏霍姆林斯基不仅在理论上论述了教育的规律、原则，而且身体力行，亲身实践，有着丰富的活生生的案例。他的理论不是苍白的，而是有血有肉、五彩缤纷的。

其次是全面性。苏霍姆林斯基几乎论述到教育的各个方面，德育、智育、体育、美育、劳动教育都在他的视野之内。在教育目标上，他是注重整体的人的发展的，即要求培养全面和谐发展的人；在知识与能力的关系上、课内与课外教育的关系上，他都注重两者统一。既讨论了主智主义者所关心的知识有效传授问题，也关注了杜威曾经强调过的那些关乎儿童经验活动和发展方面的问题。

再次是深刻性。苏霍姆林斯基提出的每一个教育命题都有着深刻的哲理。他讲德智体美劳各育的任务不是孤立的，而是统一的，统一于培养学生的精神生活、和谐发展。他把人的价值放在教育的第一位。这些都不是单单限于教学或技术层面的，与建构主义理论、多元智能理论等有很大的不同。建构主义理论、多元智能理论基本是具有主智主义倾向的，仅论述如何使学生在智力方面得到发展，如何主动地获取知识，却很少涉及学生的和谐全面的发展，尤其很少涉及学生精神世界的培养。因此，苏霍姆林斯基教学论的价值就进一步凸现了出来。

---

① 〔苏〕苏霍姆林斯基：《给教师的建议》（上册），杜殿坤编译，教育科学出版社，2000 年版，第 63～64 页。

② 顾明远：《苏霍姆林斯基教育思想在中国的传播及其现实意义》，《比较教育研究》2007 年第 4 期。

苏霍姆林斯基的教学思想不仅论及了教学的科学层面，而且也涉及了教学的艺术层面，他的理论不是通过学术性的语言而是通过易于为广大中小学教师接受的生动性文字表现出来的，能够在一线教师中产生感染、启示和共鸣，进而对教师的实际教学在思想和行为上产生直接的影响，这对提高教师的教学效率是不无助益的。这也是其他冷冰冰的教学论思想很难比拟的。

当然，正如任何一种理论都不可能十全十美一样，苏霍姆林斯基的教学理论也不是完美无缺的。例如，由于他没有更多的时间专门从事理论上的概括和分析，在理论表述上还是有不少问题需要进一步澄清。诸如，教学过程中如何反映教育与政治、经济的关系？在探讨教学中各种因素之间的统一性时，如何看待各种因素之间的矛盾性？在强调教学过程的灵活性时，如何掌握教学过程的共同性？等等。

当代教育学正出现哲学教育学、科学教育学和实践教育学的分野，苏霍姆林斯基的教学理论在很大程度上属于后者。在前两种教育学范式经过长期的发展而出现无奈并陷于疲态的时候，更倾向于实践形态的苏霍姆林斯基的教学理论是应当得到更多的关注和研究的。

中国篇（上）
有效教学的模式探讨

改革开放以来，我国中小学教学改革一直处于不断探索之中。理论篇中所阐述的各种教育理论对我国的教学理论研究和教学改革实践都有着不同程度的影响。我国的教学改革既是一个不断吸取西方各种教学理论营养而为我所用的过程，同时，也是立足于我国教学改革的实际而不断走向中国化或本土化的过程。早期的改革主要是以效率为取向的局部或散点式教学改革，继而开始了追求科学化的教学实验探索。随着新一轮基础教育课程改革的兴起，“三维目标”成为教学改革新的关注焦点，近期的重心则是在学校转型性变革的整体思路下开展教学改革。梳理改革开放以来我国有效教学改革的实践过程，以下几种不同的教学改革取向最值得我们关注：双基教学、目标教学与掌握学习的教学、情感教学、主体性教学、生命性教学、新课程教学。它们构成了我国教学改革实践的主要内容。

第一章　双基教学

双基教学理论植根于中国大地，它的产生和发展与中国古代教育思想及悠久的考试文化有着深厚的渊源，对中国当代的教育实践产生了深刻的影响。在中国经济落后、文化科技水平低下、教育基础薄弱的国情下，双基教学确实使中国教育质量得到迅速而有效的提高，培养了一代代既有扎实的科学文化知识又有高尚思想品德的新人。中国大多数教师在自己的教学实践中不自觉地萌发了“双基”情结。随着时代发展和新的教育理念的不断出现，双基教学似乎已不适应新的教学改革和人才培养目标，种种舆论也把教育中一切不好的方面也都归因给了双基教学。但作为在过去50年里使中国教育不断进步、不断取得辉煌的双基教学理论又不能完全抛弃。那么，在新的教学理念实施过程中，要想继续发扬我国双基教学的优良传统，与现代教育理念有机结合，就必须对这种理论作认真总结和进一步研究提炼。①

一、双基教学的演进

我国早期的教学论主要是从前苏联引进的。但是，“双基教学”却不是来源于前苏联。虽然前苏联对我国教学论最有影响的两部著作——凯洛夫任主编的《教育学》（1956年）和叶希波夫编著的《教学论》（1957年），都分别提出学校应该从全部科学知识体系中选择一些“基本的东西”或“基本的知识”作为教学内容。但应注意，前苏联的“基本的东西”、

---

① 邵光华、顾泠沅：《中国双基教学的理论研究》，《教育理论与实践》2006年第2期。

“基本的知识”并非“双基论”中的“基础知识”。因为所谓“基本的东西”、“基本的知识”，是指从事各行各业都必须具备的那种知识。而“基础知识”则是对于掌握更高深的知识所必需的。“基本”和“基础”虽一字之差，却反映了不同的思想观点。1952 年 3 月，教育部颁发的《中学暂行规程（草案）》中提出中学的教育目标之一是使学生获得“现代科学的基础知识和技能”，首次明确提出“双基”概念。到 20 世纪 50 年代末，教学内容的“政治化”和“劳动化”倾向遍布全国，很少有人过问“双基”。1961 年，人民教育出版社重编的十年制中小学教材（1963 年出版）又把“注意基础知识的充实和基本训练的加强”作为编写的指导思想，这一教材是“双基教学”在萌芽状态下的第一次实践。在经历了 10 年“文化大革命”之后，人们对教材和课程进行了新的思索。1977 年，全国中小学教材编写工作会议提出“十分重视和精选基础知识”、“为了加强基础，必须重视基本技能的训练”。1978 年后，全日制十年制中小学教学计划、各科教学大纲和教科书先后出台，中小学各科教学都突出强调“双基”教学。此时，“双基教学”已成为具体指导中小学课程编制并被广大教育工作者所接受的主要理论。“双基”被作为一种教学理论来阐述，较早的是杭州大学教育系的董远骞教授。他在专著《教学论》（1984 年版）一书中阐述“双基论是充满活力的理论”。1989 年，华东师大钟启泉教授在《现代课程论》中指出：“人类在历史发展中积累起来的知识、技能，学校教育是不能全盘教授的，学生能力也达不到。因此，有必要授予学生明确的、系统的基础知识、技能，以便使学生自己学会灵活地运用这些知识、技能。”①

由此可知，我们现在所指的具有明确内涵的“双基教学”萌芽于 20 世纪 50 年代初，“文化大革命”期间遭遇批判，改革开放以后得到发展、丰富和完善，并逐步形成为具有中国特色的一种教学理论。

二、双基教学的内涵

“双基”是基础知识、基本技能的简称。主张把基础知识和基本技能作为普通中小学教学内容核心的理论，即为“双基教学”理论。

---

① 汪潮、吴奋奋：《“双基论”的回顾和反思》，《课程·教材·教法》1996 年第 12 期。

从理论上讲，“双基教学可以看作是以‘基本知识和基本技能’教学为本的教学理论体系，其核心思想是重视基础知识和基本技能的教学”。[①] 双基教学重视基础知识、基本技能的传授，讲究精讲多练，主张“练中学”，相信“熟能生巧”，追求基础知识的记忆和掌握、基本技能的操演和熟练，以使学生获得扎实的基础知识、熟练的基本技能和较高的学科能力为其主要的教学目标。对基础知识讲解得细致，对基本技能训练得入微，使学生一开始就能够对所学习的知识和技能获得一个“从是什么、为什么、有何用，到如何用”的较为系统的、全面的和深刻的认识。

从实践上讲，“双基教学在课堂教学形式上有着较为固定的结构，课堂进程基本呈‘知识、技能讲授——知识、技能的应用示例——练习和训练’序状，即在教学进程中先让学生明白知识技能是什么，再了解怎样应用这个知识技能，最后通过亲身实践练习掌握这个知识技能及其应用。典型的教学过程包括五个基本环节‘复习旧知——导入新课——讲解分析——样例练习——小结作业’，每个环节都有自己的目的和基本要求”。[②] 复习旧知的主要目的是为学生理解新知、逾越新知障碍作知识铺垫，避免学生思维走弯路。在导入新课环节，教师往往是通过适当的铺垫或创设适当的教学情境引出新知，通过启发式的讲解分析，引导学生尽快理解新知内容，让学生从心理上认可、接受新知的合理性，即及时帮助学生弄清是什么、弄懂为什么；进而以例题形式讲解、说明其应用，让学生了解新知的应用，明白如何用新知；然后让学生自己练习、尝试解决问题，通过练习，进一步巩固新知，增进理解，熟悉新知及其应用技能，初步形成运用新知分析问题、解决问题的能力；最后小结一堂课的核心内容，布置作业，通过课外作业，进一步熟练技能，形成能力。因此，双基教学有着较为固定的形式和进程，教学的每个环节安排紧凑，教师在其中既起着非常重要的主导作用、示范作用或管理作用，同时也起着为学生的思维架桥铺路的作用，由此也产生了颇具中国特色的教学铺垫理论。

从政策上讲，1978 年后，全日制十年制中小学教学计划、各科教学

---

① 邵光华、顾泠沅：《中国双基教学的理论研究》，《教育理论与实践》2006 年第 2 期。

② 邵光华、顾泠沅：《中国双基教学的理论研究》，《教育理论与实践》2006 年第 2 期。

大纲和教科书先后出台，这时，中小学各科教学都突出强调“双基”教学。1979年教育部修改了全日制中小学工作条例，颁发了《全日制小学工作条例（试行草案）》和《全日制中学工作条例（试行草案）》，又一次强调了全日制中小学必须加强基础知识的教学和基本技能的训练。[①] 这一时期对“双基”有了明确的表述，且深入到“双基”与智力、能力等的关系问题的探讨上，这表明双基理论已经形成，已成为具体指导中小学课程编制并为广大教育工作者所接受和采纳的主要理论。1981年颁布了中小学教学计划，例如全日制六年制重点中学“要使学生学好文化科学基础知识和基本技能，培养能力、发展智力”[②]。1985年5月中共中央颁发的《中共中央关于教育体制改革的决定》和1986年4月全国人大通过的《中华人民共和国义务教育法》，使“双基”理论与实践的发展走上法制化的轨道。1986年《中华人民共和国义务教育法》颁布，具体地要求小学生“具有阅读、表达、计算的基本能力，学到一些自然常识和社会常识，培养学生的学习兴趣，养成良好的学习习惯，培养观察、思考和动手的能力”；初中生要“掌握必需的文化科学基础知识和培养必需的基本能力，培养实事求是的科学态度和不断探求新知识的精神，初步掌握正确的学习方法，发展独立思考和动手的能力”，“初步掌握一些生产劳动或职业技术的基础知识、基本技能”[③]。1992年国家教委颁发的《九年义务教育全日制小学、初级中学课程计划（试行）》中提出，小学阶段的目标是“具有阅读、书写、表达、计算的基本知识和基本技能”；初中阶段的目标是“掌握必要的文化科学技术知识和基本技能”。2001年的新课程改革根据不同的时代要求和知识发展的特点，对“基础”赋予了新的理解和新的发展，学校课程的基础实际上已经由“双基”发展为“三基”（即基本知识、基本技能和基本能力）和“四基”（即基本知识、基本技能、基本能力和

---

① “全日制中小学教学计划试行草案”说明，参见瞿葆奎主编，陆亚松、李一平选编：教育学文集《课程与教材》（上册），人民教育出版社，1988年版，第654页。

② “全日制六年制重点中学教学计划试行草案”，参见瞿葆奎主编，陆亚松、李一平选编：教育学文集《课程与教材》（上册），人民教育出版社，1988年版，第708页。

③ 1986年《义务教育全日制小学初级中学教学计划（初稿）》，参见瞿葆奎主编，陆亚松、李一平选编：教育学文集《课程与教材》（上册），人民教育出版社，1988年版，第724页。

基本态度）。

从教师方面讲，双基教学模式是一种教师有效控制课堂的高效教学模式。双基教学重视基础知识的记忆理解、基本技能的熟练掌握运用，具体到每一堂课，教学任务和目标都是明确具体的，包括教师应该完成什么样的知识技能的讲授，达到什么样的教学目的，学生应该得到哪些基本训练（做哪些题目），实现哪些基本目标，达到怎样的程度（如练习正确率），等等。教师为实现这些目标有效组织教学、控制课堂进程。正是有明确的任务和目标以及必须实现这些任务和目标的驱动，教师责无旁贷地成为课堂上的主导者、管理者，导演着课堂中几乎所有的活动，使得各种活动都呈有序状态，课堂时间得到有效利用。教师将课堂活动组织得严谨、周密、有节奏、有强度，整堂课的进程有高度的计划性；什么时候讲，什么时候练，什么时候演示，什么时候板书，板书写在什么位置，都安排得非常妥当，能有效地利用上课的每一分钟时间。教师随时注意学生遵守课堂纪律的情况，防止和克服不良现象的发生，整堂课进行得井井有条。中小学教师对双基教学具有很强的认同感和很深的情结，双基教学具有很强的可操作性，是教师教学行为的主要活动方式。

从效果上看，双基教学在使学生获得基本知识和基本技能上成效显著。1996～1998年，教育部基础教育司针对1992年的义务教育阶段课程方案的实施状况进行了大规模的抽样调查。调查范围包括全国9省市72个地区约16000名学生，约2500名教师、校长和社会知名人士。调查结果表明：

（1）74％的校长、62％的教师认为，教材中体现得较好的目标是基础知识和技能；与此形成鲜明对照的是，只有3％的校长、4％的教师认为，教材中体现得较好的目标是自主创造；2％的校长、4％的教师认为，教材中体现得较好的目标是搜集利用信息的能力；1％的校长、3％的教师认为，教材中体现得较好的目标是健康。这意味着，广大校长和教师认为基础知识和技能是教材的核心构成，而自主创造、搜集利用信息的能力、健康则被漠视，或处于教材的边缘。

（2）60％的教师与同事谈论最多的话题是基础知识与技能，近50％的教师与同事谈论最多的话题是解题技巧；与此形成对照的是，只有10％左右的教师与同事谈论个性发展、情感态度。这充分表明，广大教师对教学目标的关注焦点是基础知识与技能。

(3) 50%的校长和35%的教师认为在学生身上体现最好的目标是基础知识与技能；而在学生身上表现最差的目标依次是劳动态度与技能、动手能力、自主创造能力、搜集利用信息的能力。显然，当教材和教师把关注的焦点置于基础知识与技能的时候，基础知识与技能必然成为学生素质的核心。

2002年高中阶段的调查结果也获得大致相同的结论。通过我国与西方教育的比较，也可以发现，我国学生的优势在于知识、技能、解题能力、勤奋与刻苦，不足之处则在于实践能力、创造性、情感体验与自尊自信等方面。

总之，双基教学重视基础知识、基本技能的传授，讲究精讲多练，主张“练中学”，相信“熟能生巧”，追求基础知识的记忆和掌握、基本技能的操演和熟练，从而让学生获得扎实的基础知识、熟练的基本技能和较高的学科能力。双基教学对大面积提高学业成绩和全面提高教学质量具有重大的促进作用，其历史贡献是巨大的。

三、对双基教学的反思

我国学生一向以基础知识和基本技能扎实而著称，这是我国教育的传统和优势。但由于对基础知识和基本技能的过分关注与重视，从而使我们的教育偏离了方向。突出表现在：

1. 太重基础扎实，导致教学迷信权威、学生思维定势。即使是正确的必要的基础，也应讲究适度。过度了就会产生副作用，表现在：第一，对基础不分析其形成过程，不以实践检验其正误、新旧、高低，不汲取其正确的、有现实意义的部分加以应用、发展、创新；第二，过分强调基础的系统、严谨，给人以完美无缺的绝对真理的错觉；第三，以灌输的方式要求学生死记硬背现成结论，造成学生思维定势，不会跳出框框想问题，抑制了学生创造性的发挥。

2. 太重基础扎实，导致知识的实践性和应用性不足。学生长期淹没在本本主义的汪洋大海中，忘记了一切真知都是出自实践的相对真理，忘记了一切真知必须随实践发展而不断检验、批判、提高，随实践发展而逐步接近事物本质这一唯物认识论的最重要原理与指导思想。太重基础，恰恰不利于创新，甚至是阻碍、扼杀了创新。

3. 太重基础扎实，导致学生负担过重、兴趣丧失。真正抓好基础应是将该学科最基本、最有用的内容，融会贯通、简明扼要地讲深讲透讲活，引起学生的好奇心，令其在广泛选择的基础上，挑选最感兴趣的内容进行个性化学习，举一反三，灵活运用，从而能够少而精地学到手。现在有些人将基础扎实简单化为知识数量的堆积，学生长时期超负荷强化训练，致使学生疲于奔命、趣味索然，对学习产生逆反抵触心理，完全失去了学习的主动性、积极性和创造性。①

可以说，在过去的教学实践中，我们过于注重基础知识与基本能力的教学，忽视了知识获取与能力养成的方法途径和方式，忽视了学生学习兴趣的培养和学习热情的提高，也忽视了积极情感与正确态度的养成以及正确价值观的树立。正是由于太重基础扎实，我们有意无意地忽略了对学生整体素质的培养，同时缺乏与生活、时代的联系，而且是一种平均的基础，统得过死，进而导致我国中小学生在综合素质上存在较严重的缺陷，尤其是在创新精神和实践能力方面存在明显的不足。这直接影响学生的可持续发展和国家创新能力、综合实力的提高。因此，我们再也不能固守于传统的“双基”，那是陈旧落后的教学质量观和人才观的表现。当然，这并不意味着重视“双基”是错误的，也从来没有任何教育理论表明重视“双基”是错误的。我们并非淡化、忽视或否定“双基”，而是要根据不同的时代特征及现代社会对公民和人才的素质提出的新要求，以一种全新的视野去审视“双基”，对基础知识与基本技能的概念进行重新定位，重建“基础观”。

四、双基教学的拓展

我国过去长期在学校的课程和教学中坚持基础知识、基本技能的“双基”教学；为学生的继续学习和从事生产劳动打下坚实基础，一直是我国学校教育中的一大鲜明特色。事实证明，坚持“双基”为保证基础教育的质量提供了有力的支撑。但传统的双基教学是学科本位论的反映，双基的内涵已落后于时代的发展，仅仅坚持“双基”教学是不够的。

从外部来看，双基教学并不是一个封闭的体系，在其发展过程中，不断地吸收先进的教育教学思想来丰富和完善自身的理论。双基教学的内涵也是随时代的变化而变化。现代社会对公民和人才的素质提出了新的要

---

① 周洪林、吴国平：《“基础扎实”误区批判》，《重庆教育》2002 年第 6 期。

求，特别是要求培养学生具有基本的能力，以适应经济和社会发展的新挑战。此外，飞速发展的经济和社会还要求学生具备未来公民基本的观念与态度。现在强调以人为本，一切着眼于人主动的、生动活泼的发展，注重人的科学素养的全面提升。为此，随着时代的进步，“双基教学”也需要与时俱进，这就需要我们在继承传统的同时，不断充实、不断完善。当今的基础教育要致力于为人的可持续发展、和谐发展打基础，而不是只为学科学习打基础。权威的国际 21 世纪教育委员会在 1996 年的题为《学习：内在的财富》的报告中提出了四种基本能力：一是学会求知的能力，二是学会在应变中做事的能力，三是学会共处的能力，四是学会生存和发展的能力。飞速发展的经济和社会还要求学生形成正确的理想与道德观念、纪律与法制观念、民主与参与意识、使命与责任意识等未来公民应有的基本观念和态度。

“双基教学”如何与基本能力培养和基本态度养成有机结合起来，如何与素质教育、创新教育有机结合起来，是摆在我们广大教育工作者面前急需解决的一道难题。正如有学者所指出的：“从人的发展角度考虑，特别是从培养创新型人才、提高人才的国际竞争力的角度考虑，仅有‘双基’已经不足以让我国的基础教育继续领先于世界，也不足以满足我国经济与社会发展的新要求。”[①] 因此，学校教学的基础实际上已经由“双基”拓展为“三基”（即基本知识、基本技能和基本能力）和“四基”（即基本知识、基本技能、基本能力和基本态度）。前者是要正确处理“双基”与能力的关系，而后者是要处理好“双基”与三维目标的关系。正确处理知识、技能与能力的关系，必须坚定不移地以知识传授为主，实现知识与能力的有机统一。正确处理三维目标与“双基”的关系，必须坚定不移地以“双基”为主，要特别防止“双基”的淡化和三维目标的虚化。新课程确立了知识与技能，过程与方法，情感、态度、价值观三位一体的教学目标，这是发展性教学的核心内涵，任何割裂三维目标的做法都不能促进学生的健康发展。新课程实实在在丰富了“双基”理论的内容。其实，从新课程的三维目标“知识与技能、过程和方法、态度情感价值观”来看，把知识与技能排在第一位，是要更好地落实双基。只有在落实双基的基础上

① 史宁中、柳海民：《素质教育的根本目的与实施路径》，《教育研究》2007 年第 8 期。

才能更好地体验过程，总结方法，提高基本能力，培养态度、情感与价值观。显而易见，双基是基本能力、基本态度培养的载体，离开了双基，能力目标和情感目标的实现就成无源之水、无本之木了。

总之，双基教学是一种讲究教师有效控制课堂活动，既重讲授又重练习、既重基础又重效率，有明确的知识技能掌握目标的开放的教学理论体系。“双基”理论是中国教育界几代人教学实践的理论成果，它在教育教学改革中萌芽、形成和发展，并在这一发展过程中被赋予了生命力。“双基”理论一直不断地被批判、改造、超越并发展，它包含了现代教学理论与实践的普适性成分，这些方面和成分在今后仍将继续发挥作用。教学改革要在学生夯实基础和提高能力的钟摆中寻求平衡，“双基”理论、“三基”或“四基”理论的实质是在学生掌握基础知识技能、情感态度、过程与方法之间找到平衡。按照素质教育的要求重新审视我国的基础教育中的“双基”理论与实践，以培养学生的创新能力和社会实践能力为重心，更新教学观念，改革其中落后的不符合时代要求的方面，是构建中国特色教学理论与实践的关键。[①]

① 李涛：《新中国历次课程改革中的“双基”理论与实践探索》，《课程·教材·教法》2009年第12期。

第二章　目标教学与掌握学习

在我国，目标教学作为一种相对完整的教学理论体系是“舶来品”。1986年，美国著名教育心理学家布卢姆来华讲学，他带来了让我们感到既亲切又振奋的教育目标分类理论和掌握学习理论，我国的目标教学改革实践就是在这两个理论的指导下展开的。同年，华东师范大学出版社出版了由他主编的《教育目标分类学：认知领域》。由于他的教学理论适应了我国实施九年义务教育，提高民族素质，大面积提高教学质量的需要，他的教育目标分类学、掌握学习策略等在我国得到了迅速传播，产生了广泛的影响。目标教学历经20多年，包含各个学科，遍及全国各地，在群众性教学改革中历久不衰，影响至今。1996年，经过中国教育学会副会长瞿葆奎教授提议，我国成立了目标教学专业委员会，这是改革开放以来首次为一项教育改革项目成立的专业委员会。华东师范大学冯起德教授撰文认为：目标教学是当代教学改革三大流派（理性派、感性派、人本派）中理性派的杰出代表。还有学者认为，目标教学是改革开放以来有影响的四大教学实验家族（学导式教学、目标教学、情境教学、创造教学）之一。[①] 专家们之所以如此关注这项研究是因为它深受广大一线教师的欢迎。目标教学举办的许多活动都超过了1000人的规模，在1999年的南宁会议上更是有8300位代表参加会议，创造了当代教学改革的奇观。由此我们可以看出，目标教学给我国当代中小学教学改革带来了巨大影响。为使目标教学能够健康发展，有必要追其本溯其源，也有必要对其现状及未

① 全国目标教学专业委员会：《目标教学：理论与未来发展》，《中国教育报》2001年7月21日第4版。

来进行审视。

一、教学目标分类理论与掌握学习策略

1. 教学目标分类理论

教学目标分类理论是20世纪50年代以布卢姆为代表的美国心理学家提出的。所谓目标教学，乃是将学科的教学内容分解成具体的可以操作的目标，然后，根据目标进行教学、测试和评价，通过反馈来进行矫正，利用评价结果调节控制教学活动，从而使教学成为有序、可控的运动过程。目标教学的核心观点是“有效教学始于准确地知道需要达到的教学目标是什么”。布卢姆等编撰的《教育目标分类学》明确指出，在教育领域里，人的知识和能力水平的增长，可以由低层次的目标到高层次的目标，逐层培养，逐层提高。这不仅为教育提供了可以攀登的阶梯，而且为编制教学目标提供了理论基础。布卢姆的教育目标分类思想及方法，是教育史上的一次突破，具有相当大的影响。在这个理论体系中，布卢姆等人将教学活动所要实现的整体目标分为认知、动作技能、情感等三大领域，每个领域又分几个等级，各等级之间体现着层次性、累积性和独立性的有机结合。如认知目标分识记、领会、运用、分析、综合、评价等六级；情感目标分接受、反应、评价、组织、价值与价值体系的性格化等五级；辛普森等人于1972年提出的分类系统将动作技能目标分成感知、准备、有指导的反应、机械动作、复杂的外显反应、适应、创新等七级。

目标教学的一般模式是：制定目标（课时）——前提诊断——展示目标——实施目标——检测目标。①

2. 掌握学习策略

1968年，为解决美国当时大多数中小学生学业不良的状况，美国著名教育心理学家布卢姆提出掌握学习策略。即以课堂教学为基础，依据明确的教学目标进行教学，借助反馈矫正程序，为学生提供必需的学习时间和个别帮助；使学生在切实掌握一个单元内容后，再进行后继单元的学习，从而使大多数学生在课程结束时都达到事先所规定的“掌握”标准。

由此策略而衍生出来的掌握学习的具体实施步骤，大体分四步：

---

① 谭诚伟：《对教学模式的认识和我们的实践》，《课程·教材·教法》1994年第2期。

（1）定向。即在每单元的教学开始前，将掌握目标明确告诉学生，并对学生的兴趣、自信心和学习方法进行一定的启发。

（2）新授。即采用通常的班级集体教学方法新授每一单元。

（3）检验。即在单元和全部教材学完后，进行测验和评价。

（4）补缺。即对未达到掌握目标的学生，进行有的放矢的矫正和补缺。

人们把实施掌握学习策略的学习方法称之为“掌握学习法”。掌握学习法在实践中取得了巨大的成功，引起世界各国的广泛注意。人们从事实中认识到，掌握学习法的功效在于改善学生的学习，提高他们对学科的兴趣，增强他们对学习的信心。它不仅能激发学生对于学习的热情，而且能发展学生终身的学习兴趣，能使学生的自我观念及对外部世界的看法发生深刻的变化。大多数使用掌握学习进行教学的教师发现，他们自己正把更多的时间用来处理学生的学习，而较少去管理和训练学生。

我们不难看出，掌握学习理论有三个优点：第一，它既是一种教学思想，也是一种教学模式，易于推广应用。第二，它不必对现行课堂教学进行较大变革。第三，它不需要特别的物质条件。在掌握学习理论中，教学目标的地位显得尤为重要。

二、目标教学流派在我国的产生和发展

1986年我国开始普及义务教育之后，大量的学生开始涌入初中学校，这个阶段恰恰又是整个教育基础非常薄弱的阶段，学校的办学条件不能保证这些学生获得很好的发展。在这种情况下，义务教育阶段，特别是初中阶段的教育质量成为全社会关注的重大的热点问题。当时，山东烟台在一些地方就开展了“分类指导”和“单元过关”的实验，从1982年起坚持探索了四五年。所谓的“分类指导”就是要克服集体教学所产生的不适应学生差异的现状；“单元过关”就类似于现在人们所讲的单元形成性测试。但这些初步探索没有系统的理论做指导，没有转变为普遍的可操作的教学规范，因此它没有形成有效的大面积提高教学质量的机制。

正是在这样的背景下，美国著名的教育心理学家布卢姆到上海来讲学，他给我们带来四个理论：一是教育目标分类理论，教学应该从清晰的可以实现、可以检测的目标开始，到教学目标的实现结束。二是掌握学习理论，提供了一个在常规的班级授课制的条件下进行反馈矫正，实施个别

化教学指导，进而实现教学质量大面积提高的有效策略。三是形成性评价理论，促使整个的教学机制发生了变化。四是教学变量控制理论，即布卢姆研究提出了影响教学的三个主要变量，叫做认知前提、情感前提和教学的认知。他认为，这三个变量是影响教学效果的关键因素。他还认为，影响教学变量的因素是不一样的，有些是稳定的，不容易改变的；有些是非常容易改变的。优化教学过程应该从那些可以改变的变量入手。

回顾我国目标教学流派的发展历程，大致经历了以下四个阶段：

第一阶段：借鉴实践阶段。在布卢姆来华讲学之前，华东师大的学者们翻译了他的很多著作，上海教研室左和金老师等在进行平面几何教学改革研究时就开始借鉴布卢姆的理论。但布卢姆的理论在国内集中介绍并产生广泛影响，则是在他讲学之后。由于实践的需要，各地迅速学习他的理论，并在实践中有组织地借鉴他的理论改变教师的教学行为，主要是进行了目标科学化的尝试，然后把反馈矫正的理论引用到课堂。

第二阶段：创新发展阶段。伴随着目标教学理论的逐渐成熟，目标教学实践也在全国范围内得到了更加蓬勃的发展。这个阶段经过了五六年的探索，短短几年之内召开了 9 次全国性的会议，出版了 11 部（套）著作，这些著作奠定了目标教学理论的基本框架。

第三阶段：深化研究阶段。目标教学在全国各地纷纷兴起，1997 年召开了全国目标教学十周年纪念会，瞿葆奎教授亲自到会给予指导。会议回顾和总结了目标教学十年的主要成就，会议上决定申报全国教育科学“九五”规划重点课题，组织实施“九五”课题的研究。到 2000 年，完成了对目标教学集中攻关和深化研究。从此，对目标教学的许多问题基本形成了统一的思想和见解。

第四阶段：寻求突破阶段。2001 年～2006 年，目标教学进入了新的阶段，在这个阶段，国家启动了新的基础教育课程改革，许多地方认为，新基础教育课程改革提倡的价值主张和目标教学的一些研究与主张是有距离的。在这种背景下，有些地方放弃了目标教学研究，使目标教学研究进入了低谷期。

此后，一些教育学者开始寻找目标教学未来的突破口和出路。例如，山东德州市教科所在经济发展比较落后、教学质量比较差的宁津县搞目标教学改革，2003 年 3 月 1 日开题，仅 3 年的时间，该县教学质量从倒数第一、倒数第二提高到全市第一。与此同时，江苏省的洋思中学，始终坚持了目标教学的基本理念，如当堂达标、当堂训练等，包括“堂堂清”、“节节清”都是建立在目标教学研究基础上的。再如，全国驰名的山东省茌平县杜朗口中学，它的教学改革机制也是以明确目标、反馈矫正、达标检测等为基础建立起来的。

三、目标教学的一般模式

在我国，根据全国各地实施目标教学的经验，课堂目标教学的一般模式是：制定目标——前提诊断——展示目标——实施目标——检测目标。①

1. 制定目标。制定课时目标就是确定本课的知识点和能力训练点，并且用可以检测的学习行为加以具体的描述界说。一般的方法策略可以概括为“分析内容，抓住要点，明确要求，对应验证”。

2. 前提诊断。前提目标诊断与补偿是目标教学不容忽视的一个环节。

3. 展示目标。展示目标就是要把教学目标明白无误地表现出来，教给学生。展示目标的过程就是把教师心中的目标转化为学生心中的目标的过程。目标教学的要旨就是在以目标导教导学，以目标为师生双边活动的结合点，并以此调控教学。

4. 实施目标。这是目标教学的主体部分，一般说来，它是由“定向教学”和“达标联系”两项基本教学活动所组成。主要任务是利用目标化、意义化了的材料，采取行之有效的方式方法，准确扎实地实现各个具体教学目标。所谓定向教学，就是围绕目标组织教学，设拟的问题、引证的材料必须与目标确立的水平相当；每个教学活动，每一个教学措施和手段都要围绕既定的教学目标展开。达标练习是达成目标的重要手段，它有助于从应用的角度实施目标。

5. 检测目标。检测目标是目标教学中不可或缺的有机组成部分，它旨在了解当堂的教学效果，诊断学习的问题，掌握学生的目标达成情况。

四、目标教学的贡献：课堂教学从内容中心走向目标中心

目标教学的实验和推广所取得的成绩，已显示出了它的活力。目标教

---

① 谭诚伟：《对教学模式的认识和我们的实践》，《课程·教材·教法》1994 年第 2 期。

学不仅能把教师的教、学生的学、教学质量的评价统一到一个客观标准（即教学目标）上来，而且有利于调动学生学习的积极性，有利于培养学生的自学能力。它在克服教学盲目性和随意性，提高课堂教学效率，提高学生合格率，促进大面积提高教学质量方面，有不可低估的意义。如果从素质教育的角度来看，目标教学的推行无疑是一种有益的选择。

1. **目标教学的理论贡献**

目标教学是一个受到实践工作者欢迎的、有切实的教学改革效果的教学流派。归纳来看，目标教学有四个方面值得我们重新学习：一是相信学生。二是通过教学目标分类使教学回到起点。教学的起点在哪里？教学的起点在于将知识进行科学的目标分类。所以，目标教学提出教学活动应该从明确具体的教学目标开始到实现这些目标结束。三是教学评价。目标教学主张，教学评价的功能就是改进、完善师生的教和学，就是让孩子更好地发展，让老师更有效地教学，目标教学强调的反馈矫正评价其实就是发展性评价。这样的评价观符合素质教育要求的评价观。可以说，目标教学评价观改变了长期以来以甄别和分等为功能的传统教学评价观，它使教学评价真正回到了促进学生发展和以学生为本的层面上。四是单元控制。单元教学不是我们所独创的，但是，当我们把它和目标控制、反馈矫正、变量控制结合在一起的时候，我们就找到了一个有效的、合适的教学控制单位，也就是找到了提高教学效率的有效机制。

2. **目标教学的实践贡献**

目标教学的实践贡献就是追求有质量的教育。从1986年开始进行这项改革的时候，就把质量作为教育的核心追求。所以，目标教学最重要的实践贡献在于尝试、探索、追求有质量的教育。事实证明，目标教学促进了各实验县区、乡镇、学校、班级教学质量的大面积提高，在全国各地的目标教学实验区中涌现出了一批由后进变先进的学校、乡镇、县区。正因为如此，目标教学才在我国迅速传播和推广开来。参与实验研究的各单位的统计资料表明，平均分大都提高或高于对比班（学校、乡镇）一至二个分数段，及格率、优秀率都提高或高于对比班（学校、乡镇）20%左右，有效地防止了学生学业成绩的两极分化，促进了优秀学生的发展。不仅如此，师生教与学的积极性也有了很大提高，教师与学生、学生与学生的关系有了积极改善，教师越来越愿教，学生越来越愿学。

3. 教师的教学行为变化

任何教学改革是不是能够成功，判断的标准无非两条：一个是学生的发展，一个是教师的教学行为的变化。目标教学使教师的教学行为从以内容为中心走向了以教学目标为中心。我们的教学长期以来坚持以内容为核心的教学模式，当教学内容没有转化为有层次的目标的时候，教师们对于教学的难点和重点到底要达到什么样的教学目标是不明确的。布卢姆说过这样一句话："教学目标中的内容虽然重要，但是不能作为基础，在教学中期待学生发生行为变化比这种行为与什么内容相联系更为重要，内容就本身来说常常是无意义的。重要的是学生能够从内容中做些什么，也就是说，教学内容作为难点和重点，作为教育改革、教学展开的载体和基础，必须转化为清晰的可以控制的目标才能够展开有效的教学过程。"因此，我们认为，以内容为导向的传统教学是比较难以进行有效交流的。目标教学改变了教师的教学行为，至少带来以下五个方面的变化：

一是教学起点从模糊到明确。任何有效的教学都必须从明确具体的教学目标开始，到预定教学目标的达成结束。目标教学是依据教育目标分类学理论确立教学目标，并严格按照教学目标以单元教学为单位来实施教学的。学生的达成水平、教学方案的设计、教学方法的选择、教学评价的实施，都是围绕既定目标进行的。以教学目标为中心组织教学活动，改变了传统教学以教学内容为中心，教学盲目、随意的状态，对提高教学质量和教学效益具有重要的意义。

二是教学行为从关注内容到关注发展。由于目标教学期望通过教学实现学生的行为变化，教师教学的着眼点不仅在于知识本身，更在于学生的行为变化、发展。

三是教学过程从随意到可控。目标教学将教学评价引入教学过程，通过不断地反馈矫正来调控教学过程，使教师的教学不断地适应学生学习的需要，从而改变了传统教学的不可控状态，实现了教师对教学过程的有效控制。

四是教学形式从群体到个别。目标教学将反馈矫正程序用于课堂教学，不仅有效地提高了课堂教学的可控性，而且为在群体教学中实施个别化教学提供了前提和条件，较好地克服了传统教学中标准化、同步化对教学质量的达成造成的消极影响。在目标教学中，最常用的个别化教学措施是小组合作学习和个别辅导。

五是教学效果从不可测到可测。目标教学建立了以行为分类为基础的教育目标分类体系，为教师及时进行教学评价提供了前提，改变了传统课堂教学效果达成与否的不可测性。[①]

五、目标教学的优势和局限

目标体系为克服教与学的盲目性、随意性提供了客观的标准和依据，从客观上对中小学的教学过程起到导航作用。实践表明，目标教学的优越性突出表现在两个方面：

一是教学过程有了"序"。教学目标体系的系统性和序进性，决定了目标教学非常讲究在不同阶段准确地把握教学要求在广度、深度与难度上的层次性，并强调教学阶段的递进性及其累积效应与整体效益。目标体系的"早知道"使教师对教学进程变得胸有成竹，不再盲目地赶进度，不再追求局部的拓宽加深。他们按照目标的顺序，从一个知识点、一个单元开始扎扎实实地打基础，使学生产生更多的成功感，增强信心，拾级而上。

二是教学内容得到了精选与充实。教学目标体系是教学大纲的具体化、教材内容的结构化、教学要求的层次化，尤其是它选编课本中的范例、习题作为各阶段教学与训练所达到的水平标志，因而加强了教师对大纲与教材的钻研和掌握。目标教学体现了一种"打靶"意识，把教学各个环节各个因素的"火力"都有效地集中于教学目标之上，坚持排斥一切游离于目标之外的教学行为。这样使学生积极主动、精力集中地去完成既定的目标，这不仅使教学质量有了保证，教学效率也大大提高了。

回顾过去，是为了更好地开辟未来。当我们回首目标教学所走过的改革道路时，既要看到其取得的成绩，也要清醒地看到存在的问题和不足。目标教学也有其不利和消极的一面：

首先，目标本身具有局限性。尽管布卢姆等把目标分为三大类：知识及其运用的认知领域；对学习的情绪反应和价值倾向的情意领域；由心智活动控制物体活动的动作技能领域。但是，由于情意领域和动作技能领域内容本身的复杂性，在理论上对其所做的研究远不如认知领域那样受重

---

① 张志勇：《课堂教学：从内容中心走向目标中心——中国目标教学 20 年回顾与展望》，上海市学前教育网，http://www.age06.com/Age06Public/SPEAuditing/PostPreview.aspx?view&ContentId=607332

视，在实践上更不好操作，因而也就有意无意地被忽视了。所以目标教学实际上只是针对认知领域而言。而且，由于目标教学强调目标的“细目化”、“操作化”，强调用行为动词来定义目标。这样一方面不可避免地要把具有内在逻辑联系的知识人为地分开来，从而导致学生孤立地、片面地看待事物，认识事物；另一方面也不得不把认知目标与德育目标分离，从而导致智育与德育的分家。此外，目标教学往往只盯着直接目标（如大面积提高教学质量），老师们把自己的关注点大都放在传统的知识课堂教学领域时，就会忽视许多非常重要的间接目标（比如学科思想、意识、个性等），使得目标教学在促进学生能力发展、情感发展方面具有了天然的局限性。总之，也正如布卢姆自己所说的：“人们无法预料教学所产生的成果的全部范围。没有预料不到的成果，教学也就不成其为一种艺术了。”这就要求我们在实施目标教学的同时，必须重视非目标教学，把目标教学与非目标教学有机结合起来。

其次，目标导致教学活动的被动性。在目标教学中，目标的地位被有意无意拔高了。教学成了目标的附属物，教学只限于被动地达到既定的目标。教学只需针对预先制订好的目标按图索骥、按部就班地进行四平八稳的教学。这种教学严重地限制、束缚了教师教学的主动性和创造性。对于学生而言，学习也就成了验证目标的活动，目标的价值高于一切。“过程”被忽视了，生动活泼的创造性的思维过程不见了，所以目标教学不能激发学生学习的创造性和能动性。实际上，目标与教学的关系还有另一层含义，即目标是为教学服务的，目标只是师生双方进行创造性活动的跳板而已。我们认为，目标的制订和实施，其着眼点和落脚点应是为了教师和学生更充分更积极地发挥“主导与主体”的作用。离开师生的主导性和主体性，没有他们创造性、能动性的教学活动，目标是不会发挥任何价值的，目标本身的达成只能依赖于师生创造性和能动性的教与学的活动。总之，我们必须切记：教学是一门艺术，是一种创造性的劳动。

六、目标教学的拓展和创新

如果说20多年前在“片面追求升学率”思潮盛行的时代，我们提出以目标教学来实现大面积提高教学质量是走在教学改革前列的话，那么，在新课程改革提倡学生的全面发展和终身发展以及注重学生多方面能力培养的今天，若仍停留在原有的命题上，我们就要落后了。目标教学应主动适应素质教育的要求，进一步推动目标教学的理论研究，使目标教学研究再上新台阶，再出新成果。为此，必须寻找新的理论生长点，开拓新的研究领域。

现在，新课程致力于改变以前过于注重知识的倾向，强调知识学习过程、能力培养过程与情感态度价值观养成过程的统一，并从知识与技能、过程与方法、情感态度与价值观三个维度对课程目标进行了重新构建。知识与技能、过程与方法、情感态度与价值观是国家对基础教育质量指标所作的基本规定，是新课程为描述学生学习行为变化及其结果所提出的三个功能性基本要求，简称“三维目标”，各种课程教学形态都必须把“三维目标”作为新课程教学的完整性结构目标。在基础教育新课程改革中，目标教学要想为我国素质教育的实施作出应有的贡献，就必须积极创新，把研究和改革的视野从学科课程和学科教学中解放出来，适当拓宽目标教学研究的范围，由关注认知领域的“一维目标”向关注知识与技能、过程与方法、情感态度与价值观的“三维目标”寻求突破，即从关注学生认知领域的发展到关注学生情感领域的发展，这是目标教学创新的必由之路。

其实，目标教学就其理论基础来讲是关注人的，目标教学在 1993 年甚至在更早的时候就关注情感领域的目标分类，当然这是布卢姆等教育家给我们提供的理论框架。可以说，目标教学所提出的情感领域的教学目标和今天新课程讲的情感、态度、价值观是完全一样的。在目标教学中，我们不能顾此失彼，而应该从更多地关注学生的知识掌握到关注学生自身的发展，努力实现多维目标的整合。

（1）在知识与能力的教学中，向学生介绍知识的产生、发展、应用的史实，使学生受到辩证唯物主义和历史唯物主义教育；教给学生掌握知识的基本方法与方法选择的意义，授学生以“渔”，使学生受到方法论的教育；重视学生学习的自主性、探究性与合作性，指导学生学习的方法，尊重学生的独特体验和感悟，使学生增强学习的自信心与自觉性。

（2）把过程与方法目标的实现渗透在知识与能力的教学之中，使过程与方法目标的实现获得坚实的基础。重视教与学的方式的配合，以教学目标、教学内容、学生的认知规律、教师的素养以及教学条件为依据，选择课堂教学的方式。重视学生活动与训练的设计，保证覆盖面和参与度。重视知识的探究过程，选准探究内容、创设探究情境、提出探究问题、营造探究氛围、亲历探究过程、启迪探究思维、体现探究价值。重视交流，充分运用语言交流、操作交流以及网上交流。重视互动，包括思维互动、实践互动以及情感互动等。

（3）把情感、态度与价值观目标的实现融合在知识与能力、过程与方法目标实现的过程之中，使情感、态度与价值观目标的实现获得载体。每个人的情感、态度与价值观选择，是在个人成长过程中，通过模仿、尝试和实践体验而逐渐习得的。在选择中学习选择，在参与中发展自我，在体验中认识社会生活，是每个学生主体发展的必由之路。所以，进行情感、态度与价值观的教育活动，最重要的是教育者用自己健康的情感、人生态度与价值选择去影响学习主体，是教育者通过身体力行的示范活动来言传身教的真实性和可行性，并积极创造有利于学习主体尝试选择、参与和体验的机会，让他们在这种尝试的实践行动中形成个性化的情感、态度与价值认知，形成个人的情感、态度与价值观。从这个意义上说，回答“情感、态度与价值观怎么教”的问题也不难，要点有两个：一是教师真心实意地身教，二是创造机会让学习者尝试从教师身教中体会到认识。其实，教育最核心的要求，不外是让学习主体有可能实现主动的学习，情感、态度与价值观教育是如此，知识、能力教育亦如此。

知识与能力是教学目标的核心，它通过过程与方法，情感、态度与价值观目标的实现过程而最终实现；过程与方法是教学目标的组成部分和课堂教学的操作系统，它渗透在知识与能力目标的实现中而实现；情感、态度与价值观是教学目标的组成部分和课堂教学的动力系统，它伴随知识与能力、过程与方法目标的实现而实现。三维目标紧密联系在一起，只能作为一个整体来达成，不能分割。

第三章　情感教学

情感教学关注的是教学过程中学生的态度、情绪、情感以及信念，情感教学是使学生身心感到愉快的教学。从最根本的涵义上说，情感教学就是指教师在教学过程中，在充分考虑认知因素的同时，充分发挥情感因素的积极作用，以完善教学目标、增强教学效果的教学。它着重从知情交融的教学活动中的“情感”角度来分析教学现象，提出相应的教学理论和教学方法。从现实角度说，情感教学是对教学实践中长期以来所普遍存在的重认知因素、轻情感因素的不合理现象的一种矫枉。①

正如前苏联教学论专家斯卡特金所指出的：“我们建立了很合理的、很有逻辑性的教学过程，但它给积极情感的食粮很少，因而引起了很多学生的苦恼、恐惧和别的消极感受，阻止他们全力以赴地去学习。”②

总之，以学科本位的传统教学，把生动的、复杂的教学活动囿于固定、狭窄的认知主义的框框之中，只注重学生对学科知识的记忆、理解和掌握，而不关注学生在教学活动中的情绪生活和情感体验。教学的非情感化是传统教学的一大缺陷。

一、情感教学的发展

20 世纪 80 年代以后，情感与情感教学进入我国教学改革的领域，1982 年冷冉在《教育研究》发表的《谈“情、知”教学》一文，可以说

① 卢家楣：《情感教学心理学》，上海教育出版社，2000 年版，第 2 页。

② 〔苏〕斯卡特金：《现代教学论问题》，教育科学出版社，1985 年版，第 56 页。

是我国教学理论界在这方面觉醒的一个标志。20多年来，“情感教育”在我国中小学得到了普遍重视。比如，湖北省教研室从1991年秋开始，在全省5个地（市）的10所小学相继进行了小学思想品德课道德情感教育的研究与实验。除广大一线教师的积极探索外，很多理论工作者还以立项课题的形式开展了广泛而深入的研究。另外，还有四川师范大学教育科学学院副院长刘海燕老师主持的“小学道德情感教育序列化的实验研究”课题、江苏省连云港师范高等专科学校化学系教授孙德成主持的“中小学情感教育及教师情感性素质培养实验研究”、青海省中小学教学研究室王国玲老师主持的“思想品德课情感教育目标的实施与研究”等。在实践上，也出现了于漪、斯霞等教师为代表的“情感派”教学风格，以上海一师附小为代表的注重“愉快教学”的学校。“愉快教学，简单地说，就是研究在整个教与学的活动中怎样让儿童愉快地学习、思考，怎样在愉快中获得知识，在愉快中锻炼动脑动手的能力，怎样在愉快中教会学生‘学’，在愉快中培养学生当学习的主人。”[①] 另外，由李吉林老师首创并倡导的以“情”为经、以“境”为纬的“情境教学”，为学生创设充满智慧和情趣的空间，以促进学生智力与情感的和谐发展。这一教学模式沿着“情境教学——情境教育——情境课程”一步步向前发展，体现了强大的生命力。之后，由重视情感转向重视非智力因素及其在教学中的作用，逐步成为我国中小学教学改革的一个重要趋势。

二、情感教学的特点

情感教学的特点是把情感引入教学，突出和强调情感在教学中的地位与作用，它的主要内容包括以下三个方面：

1. 强调教师情感的投入，要求教师以激情、真情进行教学

在教学中，如果教师上课冷漠，那么学生听课也必然冷漠。教师无激情地讲课，学生必然无激情地听课；教师无真情地讲课，学生必然无真情地听课。没有激情，课堂教学就像一潭死水；没有真情，师生即使面对面，也会背对背。在这种情况下，知识传授、能力培养、品德教育、性情陶冶等实际上是很难实现的。只有激情和真情才会在师生间产生一种互相感染的效应，从而使教师发出的一切信息都畅通无阻地流向学生心田。

① 倪谷音、史慧芳：《愉快教育》，华东师范大学出版社，1992年版，第13页。

中小学各科教材都隐含着丰富的情感因素，它是教师取之不尽、用之不竭的情感源泉。教师要善于挖掘，并把它化为自己的真情实感，从而做到像列夫·托尔斯泰所说的那样："把自己体验过的感情传达给别人，使别人也为这些感染，也体验到这些。"于漪老师教每篇课文，都要深入体会作者的思想感情，并用自己从每一篇课文中受到感染而燃起的情感之火，去点燃学生的炽烈的感情，"使学生胸中或泛起涟漪，或掀起波涛"，从而使课堂教学沉浸在美好的情感激荡之中。

2. **注重师生情感的相互交流，致力于建立新型的师生人际关系**

课堂教学不仅是师生间知识的输出输入过程，更是师生间情感的相互交流过程。注重师生间情感的相互交流，建立新型的师生人际关系是情感教学改革取得成功和不断深化发展的关键。越来越多的教师深深体会到，只有在亲密融洽、民主合作的师生人际关系中，学生对课堂教学才有一种安全感和愉悦感，才敢于真实地表现自己，充分地展现自己的个性，自由地深入思考问题，创造性地发挥自己的潜能，进而迸发出智慧的火花。

在传统教学中，教师总是带着社会赋予他的职业特权，在人格上凌驾于学生之上，以种种神圣的借口，心安理得地压制、强迫、役使学生，紧紧地把学生管到行为限制范围之内，并以是否听话作为判断学生好坏的主要标准。这种单向的不平等、缺乏人性的师生关系，严重地剥夺了学生的自主性，伤害了学生的自尊心，摧残了学生的自信心，由此导致学生对教师的怨恨和抵触情绪，师生关系经常处于冲突和对立之中。改变师生关系因此被提到议事日程上来，甚至被教育界的有识之士认为是当前我国教改的核心。师生关系应该恢复到"人的关系"上来，恢复到与人类道义和社会发展趋势相一致的轨道上来。重建人道的、和谐的、民主的、平等的师生关系与营造宽松的、自由的、愉快的课堂气氛是当前课堂教学改革的一大重要任务。

3. **注重激发学生的情意因素，努力促使学生学习活动的积极化**

学习过程是以人的整体的心理活动为基础的认知活动和情意活动相统一的过程。认知因素和情意因素在学习过程中是同时发生、交互作用的，它们共同组成学生学习心理的两个不同方面，从不同角度对学习活动施予重大影响。情意因素不仅决定学生学习的自觉性和主动性水平，促进知识的掌握和智能的发展，还对形成学生以学为乐、乐此不疲的良好学习态度起着巨大推动作用。正因为如此，赞可夫强调指出："教学法一旦触及学生的情绪和意志领域，触及学生的精神需要，这种教学法就能发挥高度有效的作用。”传统教学的主要弊病之一就是忽视学生学习过程中的情意因素，而情感教学则非常注重激发、调动学生学习的积极情感和意志力量，努力改变学生在教学过程中情意活动的性质，变消极状态为积极状态，从而促使学生全身心地投入到教学过程中去，使学习活动积极化。

情感教学一方面把学生情感的激发和调动作为提高教学活动效果及效率的手段，在这里情感的激发和调动是为学生的认知发展服务的，单就这一点而言，情感教学较之传统教学也是一大进步。不仅如此，情感教学另一方面是以直接促进学生的情感发展为目的的，在这里情感发展本身即教学的目标。

三、情感教学的目标体系

朱小蔓教授在《情感教育论纲》中指出，人的情感绝不是自然成熟的，它是在教育促进下发展、成熟的。对教育要作完整的理解，不能回避、抽离情感层面。离开情感层面，教育就不可能铸造个人的精神、个人的经验世界，不能发挥大脑的完整功能，不能保持道德的追求，也不能反映人类的人文文化世界。只有情感才能充当人的内在尺度，才是教育走向创造、实现价值理性的根据。“情感教育”就是关注人的情感层面如何在教育的影响下不断产生新质、走向新的高度，也是关注作为人的生命机制之一的情绪机制，如何与生理机制、思维机制一道协调发挥作用，以达到最佳的功能状态。就“情感教育”的目标建构而言，这本书中探讨了“结构——建构法”、“时相——建构法”和“关系——建构法”。朱小蔓教授把个体与世界的关系分为五大系列，它们是：“人与自然”、“人与操作对象”、“人与他人”、“人与社会”以及“人与自我”。“情感教育”实验依此五大系列构建自己的目标体系。

1. **人与自然**

爱护自然界中人以外的一切生物，尊重生命，保护自然资源，把人——生物和人——自然作为道德共同体而倾注关心、怜惜与爱的情感；欣赏自然界中优美、和谐与崇高的事物，培养与自然美好的一体感、协调感与眷念之情，反对对美好自然的破坏、掠夺与征服；有对自然界及其生物的感恩之心。

2. **人与操作对象**

对操作对象的客观特征、固有秩序具有尊重甚至敬畏之情，从而在操作过程中严肃、认真、细致，不草率行事，不急功近利；培养对操作对象的认识、探索兴趣，直至进入专注、迷恋的情感状态；执著顽强地进行操作，欣赏人自身战胜困难的力量，对自我崇高感持审美态度；操作对象的多方面意义越来越需要人去挖掘，唯有发自内心的关注才能发挥足够的力量去把握和拥有存在的具体性、多样性，而不使客观对象变得贫乏和公式化。

3. **人与他人**

保留和珍惜人类本性上与他人相关联的自然感受，有哲学家用“联系感”这一概念来表达它，认为它首先出现在婴幼儿时期；以正确的情感应答方式把人早期的依恋感、安全感和信赖感建立起来；学习识别、判断、体察他人的情绪、情感移入，有同感和同情心；尊重他人的权利，尊重他人的隐私权和内心世界；减少攻击心理，有仁慈、宽容和体谅之心，培养与人友好、合作共事的和谐、圆融和豁达的性情；善于识别、判断他人通过情绪、情感反映出来的对自己的需求、期望与评价，从而调整自己的态度与行为。对本人违背道德的行为有羞耻心，对伤害他人有内疚感。

4. **人与社会**

热爱故乡、母校以及职业单位，培养集体（群体）荣誉感、亲和力和凝聚力；对集体委托的事有义务感、责任心，信守诺言，热情务实，并常常从为集体服务和履行职责中感受到生存的意义与乐趣；在处理人际关系与社会事务时培养正直感、正义感，对社会公正抱有信念；增进与不同文化背景下的其他阶层、其他民族和其他个体的沟通与理解；关心政府决策，关心民族命运，关心祖国的利益与荣誉；关心世界和平，关心种族平等，关心人类公正。对民族内外、国家内外一切不合理、不公平的现象有正义之心、忧思之情。

5. **人与自我**

善于识别、体察自己的情绪感受，学会合理、有度地控制情绪，对内在情感做出适宜的表达；热爱生活，享受生命，幽默、旷达、悠然而自得其乐；谦和、自知，自我评价符实，有现实感和胜任自如的愉悦感；学会控制由挫折引起的矛盾，善于调节现代生活造成的紧张感、压力感；自尊、自爱、自强、自立，核心是依靠自己的勤奋努力，以及与他人的相互学习和友好的合作而获得进步与成功。这种自我提高、自我发展、自我完善的健康意识，有助于个人更少依赖别人，免受各种妒忌，增强自我适应感。

四、新课程背景下情感教学的拓展和丰富

当前在新课程背景下，教学中的情意因素和过程被提高到一个新的层面来理解。首先，情感教学的内涵变得丰富了，新课程强调情感、态度、价值观三个要素，情感不仅指学习兴趣、学习热情、学习动机，更是指内心体验和心灵世界的丰富。态度不仅指学习态度、学习责任，更强调个人价值与社会价值的统一；不仅强调科学的价值，更强调科学价值与人文价值的统一；不仅强调人类的价值，更强调人类价值与自然价值的统一，目的在于使学生从内心确立起对真、善、美的价值追求以及人与自然和谐可持续发展的理念。从横向角度看，情感、态度、价值观这三个要素具有相对独立性，它们构成了人的感性世界或非理性世界的相对完整的画面；从纵向角度看，情感、态度、价值观这三个要素具有层次递进性，它们构成了一个由低级到高级的心灵连续体。其次，情感、态度、价值观本身成为课程目标的重要组成部分，它们不是附属的，而是具有独立意义的。正如不同学科，其探究过程和方法论存在区别一样，不同学科，情感、态度、价值观的内容和指向也有所区别。但就其共性而言，任何学科的教学都必须以人为教育对象，致力于培养学生丰富的情感、积极的态度和正确的价值观。第三，情感、态度、价值观必须有机地渗透到课程教学内容中去，并有意识地贯穿于教学过程之中，使其成为课程教学内容的血肉，成为教学过程的灵魂。

五、国内有代表性的情感教学实践

1. 卢家楣的情感教学

卢家楣教授长期从事师范专业基础课心理学教学，并开拓了新的学科领域——情感教学心理学。他开拓了情感教学心理学这一新的研究领域，形成了在全国有影响的研究特色，发表论文《认知匹配策略和形式匹配策略的实验研究》、《教学内容的情感性处理策略》、《教学领域的情感目标的形成性评价研究》等100多篇；撰写了《情感教学心理学》、《以情优教——理论与实证研究》、《情感教学模式的理论与实证研究》等12部著作。

卢家楣在《论情感教学模式》（《教育研究》2006年第12期）中提出：以情感教学心理学理论为依托的，在理论演绎和实践归纳基础上产生的情感教学模式，通过对教学中情感因素的充分重视和有效调动，最大限度地发挥情感因素的积极作用，优化教学，促进学生素质的和谐发展，是其它认知性教学模式的补充和完善，也是扭转重知轻情失衡状况的一个有力举措。他指出，情感教学模式是在情感教学心理学的理论基础上形成的，以最大限度地发挥情感因素的积极作用来优化教学为目标的，较为稳定的教学活动结构框架，并配有情感教学策略和评价体系。但这一教学模式不同于一般的以认知为主线的教学模式，它只是根据教学中情感本身的活动规律，以情感为主线，从情感维度规范教师教学活动中的教学行为，以充分发挥情感的积极作用。它本身不是一个独立的教学模式，并不排斥认知性教学模式，相反，结合运用是对认知性教学模式的补充和完善。

（1）情感教学模式的理论基础

情感教学模式构建的理论基础就是情感教学心理学原理。这里主要涉及教学的情感系统观、教学的情感功能观、教学的情知矛盾观和教学的导乐观。

第一，教学的情感系统观。师生间伴随教学中认知信息传递而形成的情感交流回路，师生间人际关系中的情感交流回路和师生情感的自控回路，以及各回路的支路，形成教学中情感交流的动态网络。因此，应该在对教学中的情感现象有正确认识的基础上，通过有组织的教学手段来充分调动情感因素的积极作用，将情感回路变成一个有目标、可控、有序的情感交流系统，以发挥为教学最终目标服务的统一功能。

第二，教学的情感功能观。情感教学心理学研究表明，人类的情感不仅具有一系列独特的功能，而且具有两重性，在教学活动中表现为积极和消极两方面的作用：情感一旦发挥其积极的作用，将会促进学生各方面的发展；反之，则会阻碍学生的发展。因此，在教学中对情感因素的积极利用，不是可有可无的，而是不可或缺的。我们要通过有组织的教学手段来充分调动情感因素的积极作用，优化教学效果。

第三，教学的情知矛盾观。情感教学心理学认为，在教学中不仅有认知因素，还有大量的情感因素，那么对教学活动的基本矛盾的分析也应同时考虑到情知两个方面。认知方面涉及的是学生可接受性问题，属认识范畴；情感方面涉及的是学生乐于接受性问题，属情感范畴。应通过有组织的教学手段使情知两方面因素在“教”与“学”的总体矛盾框架中和谐统一。

第四，教学的导乐观。从情感教学心理学原理出发，对其进行新的认识，谓之导乐观。教学中学生的学习无预定的苦乐属性，孰苦孰乐具有动态特点：当学习满足学生需要时有乐的体验，而当学习不能满足学生需要时则有苦的体验。学生乐学具有极为重要的教育价值，有利于促进学生一系列的发展，为我们所倡导，而能否乐学的关键在于教师的引导。因此，教师应充分认识教学中学生学习的这一苦乐属性的特点，积极地引导学生的学，达到以乐促学、以乐优教的境界。

（2）情感教学模式的总体目标

情感教学模式的教学目标就是，通过对教学中情感因素的充分重视和有效调动，最大限度发挥情感因素的积极作用，优化教学，从两个方面促进学生素质的和谐发展：一是将情感作为目标，旨在通过情感教学模式，使教学有利于促进学生情感素质的发展；二是将情感作为手段，旨在通过情感教学模式，使教学引发学生的积极情绪，进而促进学生包括认知在内的其它素质的发展。

（3）情感教学模式的结构——程序

情感教学模式的提出，就是试图从情感维度上来透视教学过程，揭示教学过程中可能存在的与情感因素有关的结构和顺序。一方面，从情感教学心理学的基本理论出发来构建模式，另一方面，则在相当长的时期内对大量教学活动进行观察、分析、归纳、概括和提炼，逐步揭示出凡是符合情感教学心理学原理、符合以情优教思想的教学活动，都存在一些组织方式上共性的东西。我们把这种共性的东西放在情感教学模式的结构——程序上加以考量，得出如下的建构。

在情感教学模式的结构方面，首先，从静态的角度揭示出用以规范体现教学思想和教学理论的教学活动所必须具有的基本操作要素，进而形成情感教学模式的结构“诱发——陶冶——激励——调控”。

在情感教学模式的程序方面，教学活动开始之初，主要在于引发学生对学习材料的学习动力，故较多从“诱发”环节开始，着力教学活动的展开。伴随认知信息的传递，也应递增情感信息，形成情知和谐发展的教学格局，由此展开了中间阶段的“陶冶”环节。当教学进行到一定时候，学生开始对教师所教的内容在理解的基础上做出某种反应，教师则对其反应做出一定的评价，同时学生也开始有所松懈，这时候就特别需要教师对学生进行鼓励，“激励”环节应运而生。最后要指出的是，对学生良好的情绪状态的调节，自始至终是需要的，因此“调控”环节伴随教学活动的全过程。

（4）情感教学模式的教学策略和教学评价

在诱发环节上，有认知匹配策略、形式匹配策略、超出预期策略、目标吸引策略、情境模拟策略等；在陶冶环节上，有展示情感策略、赋予情感策略、发掘情感策略、诱发情感策略、情感迁移策略等；在激励环节上，有象征性评价策略、积极性评价策略、主体性评价策略、特色性评价策略、归因诱导策略等；在调控环节上，有创设氛围策略、张弛调节策略、表情调控策略、灵活分组策略、良性积累策略等。教学评价方面，从三个维度上来考量某种教学促进学生情感发展上的积极作用的发挥程度：乐度（教学能促进学生对其喜欢的程度）、冶情度（教学能使学生获得积极的情感体验的程度）和融情（教学能使学生与教师和周围学生情感融洽的程度），并编制了《中学课堂教学的情感测评问卷》。在学生情感目标测评方面，从实证研究角度出发，在搜集和处理来自现实生活、社会要求（包括基础教育课程改革）和理论领域三方面的调查材料基础上，构建新的符合我国特点的中学生情感目标分类，并编制了《学生情感目标评价问卷》。①

2. 李吉林的情境教学

情境教学由南通师范附小特级教师李吉林于20世纪80年代提出。情境教学讲究调动学生的积极情绪，强调兴趣的培养，以形成主动发展的动因，提倡让学生在实际感受中逐步认识世界。情境教学经历了片断语言训练阶段、提供作文题材、进行审美教育、促进整体发展四个阶段。其特点是形真、情深、意远。李吉林长期坚持教学改革，创立了情境教育理论体系及操作体系，受到教育界普遍的欢迎与尊重，是基础教育界卓有影响的小学教育专家。以“情”为经，以“境”为纬，通过各种生动、具体的生活环境的创设，拉近了学科教学与学生现实生活的距离，李吉林为学生的主动参与、主动发展开辟了现实的途径。

（1）为儿童的学习探索

---

① 卢家楣：《论情感教学模式》，《教育研究》2006年第12期。

最初，情境教学以“创设情境，进行片断语言训练”为主。由于在课堂教学中展示了生活情景，学生学习积极性很高，教学效果显著。其后，李吉林确定了“带入情境，提供作文题材”的主题。引导学生在创设的教学情境中，通过观察、角色扮演等操作性尝试，获取作文题材，以自己的所感去表达。在“运用情境，进行审美教育”的实验阶段，李吉林又将情境教学和审美教育统一于语文教学中。之后，她提出了“凭借情境，促进儿童整体发展”的新思路，并总结出情境教学促进儿童发展的五条要素，即：以培养兴趣为前提，诱发主动性；以指导观察为基础，强化感受性；以发展思维为核心，着眼创造性；以激发情感为动因，渗透教育性；以训练语言为手段，贯穿实践性。随着教学研究实验的深入，李吉林将情境教学在语文教学中的成功经验顺其自然地推广开来，从一个班发展向一个年级，从一个学科发展向各个学科，从而在整个小学教育中构建了一个多元的情境教育网络。

1990 年，李吉林明确提出了“情境教育”的设想，情境教学由语文单科发展为整体的情境教育，越来越多学科的教师加入到了教学研究和实验的队伍中来。同时，课堂教学的有益经验，使得情境教学从课内延伸到了课外、校外的各种活动中。在课外真实、自然的情境中，情境教育得到了更加有活力的发展。

（2）让情感与认知结合

李吉林在情境教学的探索中，突破了“主知主义”的束缚，让情感与认知结合，走出了一条独具特色的路：直观手段与语言描绘结合。李吉林清楚地知道，教材中的美文是以语言为中介，以抽象的符号呈现教材画面的，要让儿童感受其美，就要让艺术走进课堂，走进语文教学。李吉林将图画、音乐、戏剧等艺术的直观与语言描绘结合起来创设情境，再现课文描写的情境，运用暗示导向、情感驱动、角色效应、心理场整合等原理，从而找到了在阅读教学中进行审美教育的重要途径。

（3）独特的理论体系与操作模式

情境教学的原则为诱发主动性、强化感受性、着眼创造性、渗透教育性、贯穿实践性，并具有五项操作要义：以美为突破口，以情为纽带，以思为核心，以儿童活动为途径，以周围世界为源泉。情境教学包含的四大特点、六个途径、促进儿童发展的“五要素”，连同情境教育的基本模式和基本原理等构建了属于情境教学的独特的理论体系。由情境教学到情境教育，经历了一个不断深入探索的过程，并由此而形成了情境教育的基本模式：

一是拓宽教育空间，追求教育的整体效益。通过多样性的课外教育活动、主题性大单元教育活动、野外情境教育活动，拓宽教育空间，形成多维结构的情境，丰富了促进儿童身心素质发展的“教育源”，从而提高教育的整体效益。

二是缩短心理距离，形成最佳的情绪状态。通过创设一种“亲、助、和”的师生人际情境和“美、趣、智”的学习情境来缩短老师与学生、学生与教学内容、同学之间的心理距离，促使儿童形成最佳的情绪状态，主动投入，主动参与，获得主动发展。

三是利用角色效应，强化主体意识。在教育教学活动中，无论是担当教材中的角色、向往角色，还是扮演童话角色、现实生活中的角色，都顺应了儿童的情感活动和认知活动的规律。

四是在角色意识的驱动下，儿童忘我地由“扮演角色”到“进入角色”，由教育教学的“被动角色”跃为“主动角色”，成为学习活动的主体；其主动接纳知识，主动想象、探究，主动操作训练等一系列学科素养连同良好的学习习惯都可以得到培养和提高。

五是注重创新实践，落实全面发展的教育目标。注重拓宽教育空间，缩短心理距离，利用角色效应，为儿童的创新、实践提供最佳的外部环境，促使儿童获得尽可能大的发展。①

总体看来，作为一种非智力因素，情感虽然不直接参与认知活动，但对学生的认知活动起着巨大的推动或抑制作用。情感与人的生存发展的关系是多方面的，人的情绪机制参与人的对象化活动的一切领域和全部过程。当把活动概念作为全部教育理论和逻辑起点时，“情感教学”显然是一个辐射教育活动全域、全程的理论问题与实践问题。②

---

① 高俊霞：《情境教学：创设充满智慧和情趣的空间》，《中国教育报》2007 年 8 月 17 日第 5 版。

② 张荣伟：《新中国教育实验改革》，天津教育出版社 2010 年版，第 56 页。

第四章　主体性教学

“以学生发展为本”，这是世界教育发展的潮流，怎样才能真正做到这一点，主体性教学改革就是其中的典型代表。主体教育是近年来我国教育改革与发展研究的重要课题，是当前我国实施素质教育的核心问题，符合世界教育改革的潮流。主体教育问题的研究，不仅在教育理论上将是一个突破，而且对现代教育观念的确立，新教育体制、内容和方法的建立，提高基础教育质量，也将具有重要的实际意义。

一、主体教育的缘起及背景

伴随我国新时期改革开放的思想解放运动，人的“主体性”问题成为哲学和社会科学界关注、研究的重要命题。20 世纪 80 年代初，我国的著名教育专家顾明远教授率先发表文章，提出“学生既是教育的客体，又是教育的主体”的重要观点，引起教育学界的一场大讨论。黄济、王策三、王道俊、郭文安等一些著名教授纷纷发表见解，支持并进一步阐发“学生是教育主体”的观点，形成了主体教育思想。与此同时，一些教改实验把确立、发挥学生的主体性作为一项重要原则来施行。一些学校开始了确立、发挥学生主体性的教改实验。其间，比较著名的有河南省安阳市人民大道小学的“小学生主体性发展实验研究”、湖北省荆门象山小学开展的“小学生主体性品质的培养实验研究”等，为主体教育研究提供了坚实的实践基础。相关研究对小学生主体性发展的理论依据、目标、原则和改革措施，以及小学生主体性发展指标体系的建立与测评等进行了较为深入的实践探索，且取得了一些成功经验。

主体教育思想产生的时代背景，可以从以下三方面分析。

第一，弘扬人的主体性是现代社会发展的主题，主体教育思想的产生正是时代精神的体现。面对现代科技的迅猛发展，生产过程日益智能化以及新科技革命带来的挑战，现代社会急需具有创新性的人才。教育应主动适应社会发展的要求，加强对学生主体性的培养，为社会培养既具有相应的知识技能，又具有开拓进取的创新意识、竞争和合作精神，以及随机应变、办事能力强、工作效率高的人才。现代教育最重要的特征就是高扬人的主体性，这一点已取得共识。

第二，主体教育的理论与实践正是针对传统教育中严重忽视人的发展这一问题提出来的。长期以来，由于教育传统的影响，以及教育自身存在的问题，使学生在教育教学活动中应该表现出来的高度的自主性、主动性和创造性受到压抑。主体教育实验研究正是以学生的主体性发展作为改革的起点和依据，对传统教育中不合理的行为方式和思维方式进行变革，促进实验学校主体教育的教师真正实现教育观念的转变，逐步确立以主体教育为核心的现代教育观念。

第三，主体教育是推进素质教育的必然。中国的基础教育正面临一场深刻的变革，推进这场变革的关键在于素质教育的实施。素质教育是着眼于受教育者及社会长远发展的要求，以面向全体学生、全面提高学生的基本素质为宗旨，以注重培养受教育者的实践能力、创新能力，促进他们在德智体等诸方面生动、活泼、主动的发展为基本特征的教育。基于对素质教育的核心是促进人的全面发展这一基本命题的理解，可以说，“以主体教育为核心的素质教育”是促进学生全面发展的基本途径。

二、主体性教学的研究主题

主体教育解决的是人的构成的哲学层面的分析，研究的是人的良好素质的全面构建。主体教育关于尊重学生主体性的思想，关于促进学生个性自由充分发展的思想，关于发展自主性、主动性和创造性的思想，使素质教育有了一个高的目标定位。主体教育为素质教育提供了新的教育价值观念及实现人的全面发展的基本途径，而不是实施素质教育若干模式的一种。主体性教学结合当代西方教学改革经验和哲学研究的主要成果，确立了教学的两个基本主题：一是确立了学生是教学活动的主体；二是教学就是要培养学生的主体性，即主动性、创造性和独特性。

基于这样的主题，主体性教学改革认为，教学就是以学生为主体，通过学生主动学习促进主体性发展的一种教学思想和教学方式。主体性教学的核心观点在于：学生主体是指“能动地参与教育活动的个人，主要是发展中的青少年儿童个体”。① 主体性则可概括为自主性、能动性、发展性。围绕如何让学生成为教学的主体和如何培养学生的主体性，主体性教学改革主要提出并发展了如下成果：

第一，真正让学生成为主体。学生主体是相对而言的，即使是20世纪80年代末的关于教学主体的理论界的讨论，也主要是指学生是学习的主体。主体性教学则认为，学生主体不仅体现在学习上，更为重要的是体现在整个教学的进程之中。但是，学生主体并不排斥教师在教学中的主体地位，而是强调教师在课堂教学中如何发挥学生学习的主动性和积极性。具体而言，就是强调教师要为学生的学习与发展创设宽松和谐的学习情境，激发学生的学习兴趣，培养学生的问题意识；重视教学中的操作与活动，鼓励学生主动积极参与；尊重学生个性与才能，关注个体差异，满足学生发展的不同需要；洞察学生的内心精神世界，培养学生自我反思、自主调控能力；给学生提供自我表现的机会，培养学生的质疑问难精神，鼓励学生大胆创新。传统教学常常将学生看作是知识的容器，学生只是在不断咀嚼教师传达的知识内容，因此教学更多关注的是教师怎样做的问题，而忽略学生学什么、怎样学的问题。现在，教师应当实现教学观念的转变，即转向对学生学习的关照。

第二，让学生主动参与到教学之中。主动参与意味着学生不是独立于教学之外，也不是完全受教师左右的个体，而是成为一个独立的个体参与到教学的各个方面。没有学生的主动参与，主体性教学就无法落到实处。学生主动参与到教学中，主要体现在：让学生经历知识探究的全过程，真正理解和掌握知识，灵活运用知识解决问题以及展示思维过程，主动参与贯穿于教学过程的各环节。有人总结了让学生主动参与的形式：“创设情景——初步参与，引导自学——独立参与，组织交往——合作参与，精讲解疑——深入参与”。② 让学生主动参与，教师必须在学生的参与意识和参与能力上加以培养。

第三，引导学生学习方式的转变，倡导合作学习。现代教学认为，教

① 郭文安：《让学生真正成为教育的主体》，《教育研究》，1989年第9期。

② 王升：《全国主题教育实验第四届年会综述》，《教育研究》，2000年第2期。

学不仅仅是一种知识的传递过程，也是合作与交往的过程。通过合作与交往，学生可以从他人身上反观自我，以自我为尺度评判他人，从而形成符合实际的自我评价、积极的自我体验和主动的自我调控能力；掌握知识及相应的思想方法，建立优化高效的学习策略，形成独立获取知识的能力，创造性地运用知识的能力，独立解决现实问题的能力。在教学实践中，合作学习已经成为一种重要的学习方式。通过合作学习，不仅可以解决学生学习上的问题，还可以在合作过程中培养学生的合作意识与能力，这可以叫做“附带学习”。在教学中，一般将注意力集中在学生学习的问题上，而忽略学生合作意识与能力的培养。所以，在教学中，教师应当在诸如学生小组成员的安排、合作意识的引导、合作中应注意的问题等方面加以重视。

第四，倡导学生自主学习。学生的学习，是一种自主性学习，是学生自主进行知识构建，体悟科学方法，而不是复制知识的过程。学生学习的自主性，集中体现在学生个体有明确的目标意识，能自觉地确定学习目标，自主选择学习内容，自我调控学习进程，自主评价反思学习结果，从而保证学习目标的实现。在自主性学习过程中，重在引导学生树立科学的批判精神，敢于质疑；培养学生的问题意识，即善于发现问题、提出问题的能力，以及反思的意识和习惯。自主学习习惯的培养，需要教师在日常教学中加以引导，包括在预习、上课、练习等环节上都注意让学生自主选择。

第五，学生的创造性培养。学生的创造性是学生发展的一个重要方面，这种创造性不仅体现在学生解决各种问题上的差异性和多样性，而且在学生学习的每一个环节、阶段都充分体现出学生主体能动的创新性，使学习过程充满想象，充满探索性和体验性。

第六，体验成功。心理学告诉我们，一个人只要体验一次成功的喜悦，便会激起无休止的追求意念和力量。苏霍姆林斯基说过：“一个孩子如果从未品尝过学习劳动的欢乐，从未体验克服困难的骄傲——这是他的不幸。”让学生体验成功就是让学生在教学中获得更多的快乐。这就要求教师不仅在教学各环节的组织上适应学生的心理，还要求教师在评价方式上做出变革。

三、对主体性教学的评价和反思

主体性教学更多地体现为一种教学观念，这种观念由于迎合了多数学者甚至一线教师的教育理想，因此，主体性教学成为一种流行的且在教学实践中得到广泛应用的一种教学改革模式。主体性教学主要关注学生的自主性、创造性与独立性的培养。多数人认为，凡是能促进学生这些品质的教学，都可以看作是主体性教学。正由于它是观念性的，在教学实践中就为教师从事各种教学改革提供了方便。换言之，教师可以借助于这一观念，探寻各种属于主体性教学的模式、策略、方式、方法等等。这是因为，主体性（自主性、创造性与独特性）是一种复杂的心理品质，它所包含的因素具有多样性，在教学过程中，即使只是针对主体性的某一具体品质的培养，都可以看作是主体性教学。实际上，我们也看到，在当今的教学改革中，各种以主体性教学为题的教学实验、实践层出不穷，正体现出教学实践界对主体性教学这一主题的关注。

但是，主体性教学也有消极的一面。作为一种观念性的教学改革，它过多关注理想化的教学形态，至于实践中教师如何做，难以形成一套操作模式或教学策略。从现实的课堂教学看，多数学校口头上说的是发挥学生的主体性，但实际却是“学生主体”幌子下的“教师中心”；或假借主体性教学要实现学生学习方式的转换，课堂上就没完没了地采用诸如探究教学、合作教学、互动教学等教学方式，实则是教师在课堂上的表演行为的加剧；抑或是以主体性教学必须关注全体学生的发展为口号，实则是只关注优生，而忽略全体学生特别是“差生”的共同进步。

四、主体性教学的实践成就

从 1992 年起，由北京师范大学裴娣娜教授领头，一些中青年教育专家、学者广泛参与，开始了全面、深入的“主体教育”实验。裴娣娜教授先后主持了“少年儿童主体性发展实验研究”（国家教委哲学社会科学博士点基金“八五”重点项目）、“现代教学论发展的理论与实验研究”（全国教育科学“九五”规划国家重点项目）、“主体教育与我国基础教育现代化发展的理论与实验研究”（全国哲学社会科学“十五”规划 2001 年度国家重点课题）、“主体教育视野下课堂教学改革的深化研究”（全国教育科学规划“十五”国家重点课题）、“我国学校教育创新研究”（教育部哲学社会科学研究重大课题攻关项目）等一系列课题，“主体教育”思想与实验因此在基础教育领域产生了更为广泛的影响。

总体看来，裴娣娜教授主持的“主体教育”实验是一项集理论探索、服务实践、培养教育专业研究人员三位一体，带有一定开拓性且层次较高的教育实验，其主旨是解决人的现代化发展问题，即探索中国教育的现代化发展以及中国人现代素质提高的现实路径。这项实验因其选题立论高，理论构思较完善，实验研究方法较合理，实验研究范围广以及研究队伍实力强而受到国内教育界的广泛关注。十几年来，这项实验依托由高校、科研单位、教育行政部门以及100余所中小学组建的教育科研共同体，经过了理论构思与低年段实验、延伸扩展、专题研究、全面发展四个发展阶段，取得了一系列认识成果。在《主体教育实验的实践探索》（《基础教育课程》2009年1－2期）一文中，裴娣娜教授介绍了实验的研究目标、研究方法、研究过程和主要成果：

1. **“主体教育”实验的研究目标**

主体教育理论与实验研究力图通过理论基础——理论——实践三个层面的研究，为我国基础教育现代化发展提供新的教育价值观念、新的理论框架，以及促进青少年儿童生动活泼主动发展的基本途径。

2. **“主体教育”实验的研究方法**

在研究方法上是区域性实证研究与专题研究结合，理论研究、典型调查研究、实验研究、经验总结、政策研究相结合。先后有12所高等院校、4个科研单位、7个教育行政部门、100余所中小学参与，形成了一支优势互补、具有一定规模的科研群体，依托国家重点课题提供的平台，借助高校及科研单位的学术力量，行政部门的协调统整，以工程学的研究方法开展群体攻关。这个聚合力强的科研群体，既能进行主体教育高层次的系统理论性研究，又能进行探索性的实践应用研究，力图开拓中国教育科学研究的新思路。

3. **“主体教育”实验的研究过程**

“主体教育”理论与实验研究，18年的发展历程主要分为四个阶段。

（1）形成理论构思及低年段实验阶段（1992年～1996年）。1992年1月，北京师范大学教育系与河南省安阳市人民大道小学成立联合课题组，开始进行“少年儿童主体性发展实验研究”，从理论研究、调查研究、幼小衔接实验三个方面进行准备工作。同年，该课题被批准为原国家教委“八五”人文社会科学博士点基金项目。从1993年9月到1996年5月，进行了为期三年的低年段实验。该项研究获“1996 年度全国师范院校基础教育改革实验研究项目优秀成果”一等奖。

（2）延伸扩展阶段（1997 年～2001 年）。依托由裴娣娜教授牵头的全国教育科学和北京市的“九五”教育科学规划项目，研究进入延伸扩展阶段。这期间，1996、1997、1998 年，分别在天津、沙市、北京召开了三次全国性的主体教育学术年会。1998 年 5 月至 1999 年 5 月分别在海安、安阳、北京、武汉召开专题学术研讨会，围绕主体教育的若干重大命题进行理论层面的研究。

（3）专题研究阶段（2001 年～2005 年）。随着 2002 年 2 月全国教育科学“十五”规划国家重点课题“主体教育与我国教育现代化发展的理论与实验研究”的立项，“主体教育”实验在一个新的平台上进入专题研究阶段。这期间，前后召开了 10 次专题学术研究会。2002 年 10 月、2004 年 4 月、2005 年 9 月，分别在武昌、北京、厦门召开了全国“主体教育”理论与实验研究第六、七、八届学术年会。

（4）全面发展阶段（2006 年至今）。依托全国教育科学“十五”规划国家重点课题“主体教育视野下课堂教学改革的深化研究”和教育部哲学社会科学研究重大课题攻关项目“我国学校教育创新研究”，对中国学校教育创新发展进程中的若干重要问题做出理性的思考和科学的回答，探索适应社会发展和人的自身发展需要的、优质高效的学校教育发展模式与育人模式，成为这个阶段研究的中心议题。

4.“主体教育”实验的主要成果

（1）界定了“主体教育”基本概念和范畴，初步形成了由理论体系、实践体系和制度体系组成的“主体教育”理论分析框架；

（2）形成了我国学校教育创新的基本理论分析框架；

（3）形成了“主体教育”视野中的基础教育课程开发的基本思路；

（4）构建了“主体教育”理念下的现代教学与发展性教学策略；

（5）提出了学校德育创新的基本命题；

（6）初步构建了学校教育创新能力指数指标；

（7）构建了有中国特色的教育实验研究方法论；

（8）确立了一批学校教育创新工程示范校。[①]

---

① 张荣伟:《新中国教育实验改革》，天津教育出版社，2010 年版，第 32 页。

第五章　生命性教学

传统教学将课堂定位为知识授受、能力培养的场所，现代教学则把课堂理解为生命成长、人性养育的殿堂。这一转向，实际上意味着生命性教学必须实现观念的转换：教学应当尊重生命的独特性、教师应当理解学生生命的生成性、善待生命的自主性及关照生命的整体性。简言之，当我们用生命视角看待课堂教学时，我们必然会认为，课堂就是人的生命的展示、生长、独特与自主发展的场所，教学就是要使学生获得对当下及未来生命发展具有意义的内容。叶澜教授认为，教学研究与教学改革“必须突破（但不是完全否定）‘特殊认识活动论’的传统框架，从更高的层次——生命的层次，用动态生成的观念，重新全面地认识课堂教学，构建新的课堂教学观，它所期望的实践效应就是：让课堂焕发出生命的活力”。①

一、生命学派的缘起

自叶澜教授发表《让课堂焕发出生命活力——论中小学教学改革的深化》（见《教育研究》1997 年第 9 期）后，生命活力成为一个教学研究的时髦且具有重大吸引力的名词，此后的教学改革无不关注这一命题。叶澜教授认为，教育除了鲜明的社会性之外，还有鲜明的生命性。人的生命是教育的基石，生命是教育学思考的原点。在一定意义上，教育是直面人的生命、通过人的生命、为了人的生命质量的提高而进行的社会活动，是以人为本的社会中最体现生命关怀的一项事业。然而，长期以来，在学校实

---

① 叶澜：《让课堂焕发出生命活力——论中小学教学改革的深化》，《教育研究》1997 年第 9 期。

践中，不少教师心目中有教书无育人、有知识无生命，不把学生作为一个鲜活的生命个体来看待。这种对个体特殊性以及个体生成方式的忽视，最严重的后果是导致教育和教学成为重复性的机械劳动，变为不需变革的一次次封闭的循环过程，使课堂“沙漠化”。在此过程中，教师的生命价值也不同程度地被压制、被遮蔽和被忽视了。“新基础新育”研究与学校改革试验看重的是每一个普通人的生命价值，由此，叶澜教授提出“教育的生命基础”的问题。

二、生命性教学的基本理念

生命性教学提出让课堂焕发出生命活力，已经从叶澜教授一开始的一种观念，转换为各种实践，这表现在由叶澜教授所主持的“新基础教育改革”所信奉的四个“还给”：“把课堂还给学生，让课堂焕发出生命的活力；把班级还给学生，让班级充满成长的气息；把创造还给老师，让教育充满智慧的挑战；把精神发展的主动权还给学生，让学校充满勃勃生机”和三个转换：“以生命为核心的教育观念转换，实践层面的转换以及师生生命在生存意义上的转换”。叶澜教授对教学与生命的关系做了如下阐释：

第一，生命价值是教育的基础性价值。教育具有提升人的生命价值和创造人的精神生命的意义，换句话说，对生命潜能的开发和发展需要的满足，教育具有不可替代的重要责任，因而生命构成了教育的基础性价值。

第二，生命的精神能量是教育转换的基础性构成。教育活动就其过程的本质来看是人类精神能量通过教与学的活动，在师生之间、学生之间实现转换和新的精神能量的生成过程。

第三，师生主动、积极地投入学校各种实践，是学校教育成效的基础性保证，是人的发展的重要内在保证，也是人的生命特征的本真体现。

从中国教育学的理论更新的角度看，叶澜教授主张把“生命”作为教育学的原点，把生命体的基本特征作为教育学不能丢失的基点去思考，进而再研究人的生命的独特，提出教育学的人性假设。“教育学的人性假设”即是“具体的人”。作为个体的具体的人是人的生命存在的基本单位。她所理解的教育学中的“具体的人”，是在环境中与环境相互构成的人，是具有自然、心理、社会和精神文化三个层面特质相互渗透、丰富而复杂的人，是既有唯一性又有普遍性的人，是具有内在发展需求和能力，在生命过程中不断实现发展的人。

教育学关注的是生命的主动发展，是以教育这一影响人本身的成长与发展为核心的实践活动为主要的研究对象。教育学不仅是“生命”的学问，或“实践”的学问，而是成为以“生命·实践”为“家园”与“基石”的学问。另外，教育学对“生命”的解读，还应与当代社会“知识”和“知识观”的转变联系在一起。现在的知识是一个过程，是形成中的，需要个体生命主动调动自己的体验去活化和内化；在个人知识生产力的提升中，在个体参与的社会创造性的实践活动中，书本世界与生活世界有了内在的联系。这个联系的过程，就是生命如何在实践中主动运用自己的各种经验、体验，让知识活化的过程。教育学就要研究这一过程。

三、生命性教学的实践策略

作为一种理念，生命性教学尚需要在教学实践中真正实现焕发生命活力，具体说，在实践中应当做到以下五点。

首先，师生应共同经历生命成长。课堂历来是我国实施教学活动的主战场，在课堂上，教师根据教学计划和课程标准，向学生传授知识，以完成教学任务，达到教学目标。课堂的这一价值取向，左右着我国多年来的教学改革，也成为学校教育趋之若鹜的标的。“对于学生而言，课堂教学是其学校生活的最基本的构成部分，它的质量，直接影响学生当前和今后的多方面发展与成长；对于教师而言，课堂教学是其职业生活的最基本的构成部分，它的质量，直接影响着教师对职业的感受、态度和专业水平的发展、生命价值的体现。”① 这一问题，实际上包含着两个方面的内容：一是认为学生在学校学习、在课堂上活动，就是其生命展示与发展的过程，这一过程对于学生现在及今后的发展意义重大，因此，需要我们不再只是将课堂教学看作是对学生的灌输与压制；二是课堂也是教师生命生长的地方，我们常常以教师是蜡烛为荣，强调教师的奉献，却忽略了教师也是作为生命个体的存在。在这一点上，可以认为是传统教学所忽略的教学的重要方面。关注教师的生命成长，就需要教师有着强烈的上好每一节课的愿望，在充分实现促进学生发展的教学价值的基础上，实现自己的生命价值。

---

① 叶澜：《让课堂焕发出生命活力——论中小学教学改革的深化》，《教育研究》1997 年第 9 期。

其次，师生应共同建构知识。在课堂教学中，师生作为拥有不同知识背景的个体，作为现代社会中生存着的人，他们会在沟通与合作中进行知识的共享、心灵的碰撞，共同建构知识的意义。教学最为基本的是知识的授受，并在知识授受的基础上，共同构建知识的意义。因此，简单说，生命性教学不仅关注教师如何传授知识，学生如何学习知识，更为重要的是关注师生对知识所具有的生命意义的解读。而由于知识对个体所具有的意义具有独特的个体特征，教师就应当注重所传授的知识对自己生命活动的意义，更应关注并理解学生对知识的建构。

第三，生命性教学的目标应体现出全面性。在实践上，我们常常将课堂教学目标局限在发展学生的认知能力上，且为培养学生的认知能力煞费苦心，却忽略了任何教学活动都不是为学生的某一方面的发展服务的。从活动的过程看，师生也不是以生命的某一方面投入到教学活动中的，而是以整个生命体参与到教学活动中去的。因此，生命性教学一方面关注的是通过教学使学生获得全面发展，不仅在知识、能力上得到发展，而且在情感、态度、价值观上也得到充分发展，最终形成健康人格；另一方面，通过激发学生的求知欲和学习兴趣，使学生能全身心地投入到教学活动中去，并在活动中体验学习的苦与乐，这也有利于促进学生的全面发展，形成健康的生命观。

第四，师生应交流互动。教学归根结底是一种交往活动，是以交往为载体，以交往为必不可少的手段的。在教学实践中，我们却常常看到教师的教学行为更为主要的是一种表演行为，这种表演以体现教师的教学技能抑或是教师的“塑造角色”的能力与水平为主，缺乏的是学生的参与。交往与互动意味着教师必须实现角色的转换，成为和学生平等的对话者，也意味着教师通过教学设计，适时调动学生的参与积极性，从而真正实现师生之间的互动。

第五，教学设计以关注生命为基础。无论如何，教学都必须以教学设计为基础，但如何设计教学，就涉及设计理念及设计技术的问题。因此，无论是内容的组织、方法的选择，还是师生共同活动的方式与过程，都应加以精心设计。生命性教学应主要考虑：如何启发学生、调动学生思维，使学生的经验、意向和创造性在学习过程中得到充分发挥。任何关注人的发展的教学设计，都会为师生在教学过程中发挥创造性提供条件，会关注学生个体差异，会为每个学生提供主动积极活动的保证。而教学的实际过程，则是教学设计的具体运作，且因背景不同而生成性地得到推进。

四、对生命性教学的评价和反思

总体看，生命性教学就是追求人的生命性，认为课堂教学更应当关注人的生命性成长，使师生共同获得包括知识、能力、人格等的和谐发展。这样的理念，弥补了传统教学中过于关注学生而忽视教师，过于关注学生认知能力的发展而忽略他们多方面发展的不足。生命性教学就是要求教师不仅在思想上顾及学生多方面的成长，顾及生命活动的多面性和师生共同活动中多种组合和发展方式的可能性，生命性教学同时要求师生在这一理念下开展各种教学活动，并从活动中享受生命的流动。这并不是说教学就没有一定的规范，而是强调师生在充分把握教与学的基本规范的前提下，创造性地开展各种活动。这一过程，反对教师对整个教学的控制，而是关注并鼓励学生充分调动自己的经验、意向和创造力去寻求知识的建构。具体到教学过程中，则要求教师通过多样化的教学方法与策略的组织和安排，真正实现生命性教学。

不过，在当前关于生命性教学的各种理论与实践研究中，各种以生命性教学为主题的模式、策略的研究，基本延续我国自改革开放以来的教学改革研究成果，没有取得实质性的突破。而在教学实践中，则容易出现以关注人的生命性为借口牺牲教学的规范性，以教师的生长与发展为幌子忽略教师基本技能的强调，或假借课堂就是生命展示的地方过多关注诸如探究性教学师生活动，而缺乏对教学中知识的强化与传授的现象。总之，生命性教学应当是以师生在课堂中自然地以知识能力培养为基础的一种教学方式。

五、生命性教学的实践成就

以“生命性教学”为主题的“新基础教育”研究是叶澜于20世纪90年代初发起并主持的一项理论与实践互动、中国本土化的综合性课题。这项课题以我国基础教育变革为研究核心，前后跨越15年之久，其中，以5年为一个分期，大致可以划分为三个内在相连的发展阶段，它们分别是探索性研究阶段、发展性研究阶段和成型性研究阶段。

1. 探索性研究阶段（1994年9月～1999年8月）

就实施程序而言，1994年开始“新基础教育”探索性研究时，并没有经过严格意义上的课题规划与认定，仅是一种协商性、自愿式的合作研究。当时，除叶澜外，课题组还有华东师大的卢寄萍、李晓文、吴玉如、吴亚萍等专业研究人员，以及上海外高桥保税区实验小学的校长陈国栋和副校长张瑜等。直到 1997 年，“新基础教育”研究才被批准为全国教育科学“九五”规划教育部课题，课题名称为“面向 21 世纪新基础教育研究”。

这五年间，叶澜先是在 1994 年第 10 期的《教育研究》上发表了《时代精神与新教育理想的构建——关于我国基础教育改革的跨世纪思考》一文。这篇文章以我国基础教育创新为议题，认为应从把握时代发展的精神入手，改革过去的教育观，重视对真正充满生命活力的人的教育，树立与时代精神和新教育对象观相适应的新教育理想。文章着重从认知能力、道德面貌和精神力量三方面对新教育理想的核心——新人形象进行了描述。目前看来，这篇文章可谓是“新基础教育”的奠基之作。后来，在《教育研究》1997 年第 9 期上，叶澜又发表了《让课堂焕发出生命活力——论中小学教学改革的深化》一文。这是一篇从生命视角探讨课堂教学改革的文章，在基础教育领域产生了广泛影响，不少学校将文章复印分发给教师，自发组织学习和讨论。正如李政涛在《追寻“生命·实践”的教育智慧》(《中小学管理》2004 年第 4 期）一文中所描述的那样，通过这两篇文章，叶澜和她引领的“新基础教育”研究走上了世纪之交中国基础教育改革的前台。

“新基础教育”探索性研究阶段的理论成果，集中反映在叶澜主编的“新基础教育”探索性研究丛书中。这套丛书由《“新基础教育”探索性研究报告集》、《“新基础教育”推广性研究教师指导用书（小学部分）》和《“新基础教育”推广性研究教师指导用书（中学部分）》三本构成。仔细研读相关文本可以发现，探索性研究阶段主要集中在课堂教学改革和班级建设模式两大领域，相关论述比较深入和系统，但学校管理模式、学校整体性变革以及重建问题，尚未真正进入研究视野。

2. 发展性研究阶段（1999 年 9 月～2004 年 8 月）

如果说“新基础教育”研究的第一个五年尚处于小型试验阶段的话，第二个五年则进入了推广性、发展性研究阶段，研究的价值取向开始定位在更为广泛的基础教育改革实践上。当然，在推广性、发展性研究之初，也不具有什么规范的课题立项证书，研究主要由华东师大课题组与上海闵行区 17 所学校、崇明县 4 所学校自愿合作开展。到 2001 年时，由叶澜主持的这项研究才获批为全国教育科学“十五”规划国家重点课题，课题名称为“新基础教育理论及推广性、发展性研究”（课题编号为 AAA010008）。当时，试验学校已分布到上海以外的山东、浙江、江苏、福建、广东、海南等多省，近 60 所。

这五年是“新基础教育”内涵日渐清晰、目标日渐明朗和确定的阶段。一个显著标志是，《教育发展研究》2003 年第 3 期上发表了《“新基础教育”的内涵与追求——叶澜教授访谈录》一文，从研究的目的、性质、路径、价值取向以及对学校教育活动的要求等维度，对“新基础教育”进行了界说。另一个标志是，在《教育研究》2004 年第 2 期上，叶澜明确表达了“为‘生命·实践教育学派’的创建而努力”这一自觉意识。通过文本考察发现，在发展性研究阶段，尽管已将“学校转型性变革和创建新型学校”作为主题，确立了创建“新基础教育”理论和 21 世纪新型学校的研究目标，但从核心问题以及对实践的影响来看，研究的落脚点依然在课堂教学改革上。期间，叶澜先是在《教育研究》2002 年第 5 期上发表了《重建课堂教学价值观》一文，认为我国基础教育课堂教学的价值观需要从单一地传递教科书上的现成知识，转移到培养能在当代社会中主动、健康发展的一代新人上来，而且关键在于“拓展学科的育人价值”、“按育人价值实现的需要重组教学内容”、“综合设计弹性化的教学内容”等。同年，叶澜又在《教育研究》第 10 期上发表了《重建课堂教学过程观——“新基础教育”课堂教学改革的理论与实践探究之二》一文，指出：教学过程的基本任务是使学生学会实现个人的经验世界与社会共有的“精神文化世界”的沟通和富有创造性的转换，逐渐完成个人精神世界对社会共有精神财富具有个性化和创生性的占有，充分发挥人类创造的文化、科学对学生“主动、健康发展”的教育价值；教学过程中师生的内在关系是教学过程创造主体之间的交往（对话、合作、沟通）关系，这种关系在教学过程的动态生成中得以展开和实现。不仅如此，到 2003 年时，叶澜还与吴亚萍合作，在《教育研究》第 8 期上发表了《改革课堂教学与课堂教学评价改革——“新基础教育”课堂教学改革的理论与实践探索之三》一文，认为所有教育教学改革都会面临改革与已有评价体系的矛盾、参与改革的实践者与改革之外具有评价权的评价者之间的矛盾，而“新基础教育”研究采取了评价改革贯穿于教学改革研究与实践全过程的策略，改变了评价者在改革之外、评价过程外在于改革过程的传统。

与探索性阶段相比，“新基础教育”发展性研究在学校教育的培养目标、课堂教学、班级建设、教师发展、学校管理等方面，都有了新的认识和突破。2004 年 5 月，“新基础教育”课题组在上海举行了结题评审和大型现场研讨活动，比较全面地展示了这一阶段的理论成果。这些成果集中反映在叶澜主编的“新基础教育”发展性研究丛书中。该套丛书由叶澜主编的《“新基础教育”发展性研究报告集》，杨小微、李家成主编的《“新基础教育”发展性研究专题论文·案例集（上）——学校管理·班级建设》和吴亚萍、吴玉如主编的《“新基础教育”发展性研究专题论文·案例集（下）——教师发展·学科教学》三本构成。以上文本表明，这五年期间，课题组始终坚持“成人成事”的指导思想和原则，并试图通过理论与实践紧密结合、相互依存、相互构成的方式，实现师生生存方式的变革以及学校的整体转型。概括起来，研究内容主要有两大块，一是中小学基础性学科（语文、数学、英语）的教学改革问题，二是学校转型性变革的基本理论与实践路径问题，尤其是学校转型性变革的基本策略以及教育理论与教育实践的互动关系问题。

3. **成型性研究阶段（2004 年 9 月～2009 年 8 月）**

第三个五年是“新基础教育”研究开始对理论、实践进行总体反思和提炼的阶段，课题组很明确地将研究重心由“课堂”转向了“基础教育改革与学校转型性变革”上来。就学校内部的变革而言，主要在三个方面开展了研究：一是课堂教学创新研究，初中围绕语文、数学、外语三门学科，小学则以语文、数学和思想品德课为重点；二是班级建设新模式研究，内容涉及班级组织建设、班级文化建设和班级系列活动创设等；三是学校管理模式研究，内容涉及学校领导管理观更新、学校组织制度更新以及新型教师队伍和学校新文化建设等。在此基础上，价值提升、重心下移、结构开放、过程互动、动力内化，被概括为现代新型学校的特质和整体型态。

在成型性研究阶段，叶澜主持了教育部 2004 年教育部哲学社会科学研究重大攻关项目《基础教育改革与中国教育学理论重建研究》（项目批准号为 04JZD0024），发表了如下文章：

《中国教育学发展世纪问题的审视》	《教育研究》2004 年第 7 期
《21 世纪社会发展与中国基础教育改革》	《中国教育学刊》2005 年第 1 期
《百年反观：为了教育学的未来》	《探索与争鸣》2005 年第 12 期
《推进素质教育：转换思路才能打开新局面》	《人民教育》2005 年第 21 期
《转换思路　进一步开创素质教育新局面》	《中国教师》2006 年第 1 期
《我与“新基础教育”》	《中国教育：研究与评论》第 7 辑
《当代中国教育变革的主体及其相互关系》	《教育研究》2006 年第 8 期
《试论当代中国学校文化建设》	《教育发展研究》2006 年第 15 期
《学校转型性变革中的评价改革——基于“新基础教育”成型性研究中期评估的探究》	（《教育发展研究》2007 年第 7 期）

尤其值得关注的是，2006 年 9 月，叶澜教授的《“新基础教育”论——关于当代中国学校变革的探究与认识》（教育科学出版社）一书问世。这是叶澜教授基于十多年“新基础教育”理论与实践研究撰写而成的一部关于当代中国基础教育改革的全景式力作，该书 2009 年被评为“高等学校科学研究优秀成果奖（人文社会科学）”教育学类一等奖。

2009 年 5 月，“新基础教育”成型性研究成果发布暨现场研讨会在华东师范大学老校区召开，会上推出了“新基础教育”成型性研究丛书，这是“新基础教育”系列研究的第三套丛书，也是反映“新基础教育”系列研究成果的最后一套丛书。丛书由 7 本著作组成，包括 1 本成型性研究报告集，6 本指导纲要，分别涉及语文、数学、外语教学改革，学生发展与教育、学校领导与管理改革、教师发展等方面。该套丛书的简介语执简驭繁、切中肯綮：丛书系统地反映了相关领域“新基础教育”富有原创性的研究成果，深刻揭示了学校教育的价值和办学理念之“魂”，与学校各种机构、活动、人员之“体”的内在关系，建构了“魂体相附”、“形神皆备”的当代中国学校发展论。

总体看来，“新基础教育”研究的最终定位是“基础教育改革与学校转型性变革”，根本目的在于构建 21 世纪所需要的符合时代发展的新型学校。在具体实施的过程中，这项研究以对当代中国基础教育现状的批判性反思为起点，以对基础教育理论与实践进行整体性重建为目标，以理顺基础教育改革与教育学理论重建之间的逻辑关系为行动主线。不得不承认，在理论主体与实践主体交往关系紧张，尤其是在“课题进入学校”面临极大挑战和质疑这一时代背景下，“新基础教育”研究创造了教育理论与教育实践交互创生的独特范式，走出了一条教育理论工作者与中小学领导、教师有效合作的教育改革之路。真正的教育实验改革必然以责任和使命为原动力，而形式主义、功利主义、盲目主义、山头主义则是当代中国基础教育实验改革的大忌。但是，历经 15 年，在“生命·实践教育学派”这面旗帜下，叶澜及其团队坚持“教育即生命实践”这一基本立场，坚持“从理念到行动”、“理论适度先行、理论与实践紧密结合”的研究思路，深入全国上百所中小学校，指导一线教师开展改革，并在实践的过程中不断地提升理论，逐步形成了比较完善的“新基础教育”理论体系。这种求真务实的科学精神和扎根于实践的治学态度，必然对当前和未来的中国基础教育改革，对具有中国特色、中国风格和中国气派的教育理论建设，起到积极的引领和示范作用。①

① 张荣伟：《“生命·实践教育学派”的独特贡献——叶澜及其“新基础教育”研究》，http://blog.sina.com.cn/s/blog_5e54e8b90100hm2p.html

第六章 新课程教学

与前述的各项教学改革具有的草根性质和民间色彩相比，新课程教学改革则是政府行为，是由我国最高教育行政部门自上而下推行的。从关系上讲，新课程教学改革是在上述各项改革的基础上进行的，两者有一定的关联性，从而体现了改革的继承性。本次教学改革是作为新一轮课程改革的一个有机组成部分而进行的，新课程、新教材既为教学改革提供了一个崭新的“平台”、一个很好的支撑点，又对教学改革提出了全新的要求，教学改革因此有实质性的、全方位的推进。

一、新课程教学改革的基本理念

教学是课程实施的主要途径。基础教育课程改革目标的实现有赖于教学领域的改革，教学改革应首先更新教学观念。

1. 教学过程是教师与学生相互交往、积极互动、共同发展的过程，教与学的关系问题是教学过程的本质问题

传统教学观认为，教与学的关系是“教师教、学生学”的关系。教师只负责教，学生只负责学，教学过程是教师对学生的单向培养过程。它的突出表现就是以教为中心，学围绕教转。对学生来讲，教师是知识的宝库，是有学问的人，没有教师对知识的传授，学生就无法学到知识。所以教师是课堂的主宰者，教支配学、控制学；学无条件服从于教，学是被动的，教与学的关系也是不平等的。

新课程教学观把教学看作是一种交往与沟通，教学过程是教师与学生相互交往、积极互动、共同发展的过程。在教学过程中，教师与学生分享彼此的思考、经验和知识，交流彼此的情感和体验，丰富教学内容，求得新的发现，从而达成共识、共享、共进，实现教学相长和共同发展。教师与学生交往的关系也是一种平等的关系，教师在教的同时，也通过对话在学习；学生在学的同时，也同时在教，教师与学生同处一个“学习共同体”。师生的这种互动、互惠的教学关系是本次教学改革的一个重要内容。是对“把教学看成是教师有目的、有计划、有组织地向学生传授知识、训练技能、发展智力、培养能力、陶冶品德的过程”这一传统观点的重大突破。

2. **教学过程中学习结论与过程的统一**

结论与过程的关系是教学（学习）过程中一对十分重要的关系，与其相关的还有：学习与思考、学会与会学、知识与智力等关系。

从教学（学习）角度来看“结论”和“过程”，“结论”是教学（学习）所要达到的目的或所需获得的结果；“过程”是达到教学（学习）目的或获得所需结论而必须经历的活动程序。教学（学习）主要任务之一就是要使学生理解和掌握正确的结论，所以，结论是重要的。但是，结论的获得须经过学生一番艰苦的努力，如果不经过学生一系列的质疑、判断、比较、选择，以及相应的分析、综合、概括等认知过程，结论就难以获得，即使获得后也难以巩固，所以必须经历“过程”。“过程”是学生学会学习所必须历练的一种经历，也是学生学习、成长和发展所必需的。学生将来必然走向社会，由于知识更新速度的加快，学生在学校所学的知识远远不够社会快速发展的需要，所以，“会学”比“学会”更为重要。新课程把过程方法本身作为课程目标的重要组成部分，从课程目标的高度突出了课程方法的地位，目的就在于此。

既重结论也重过程的教学是为了避免重蹈传统教学的覆辙。传统教学重结论、轻过程，把形成结论的生动过程变成了单调刻板的条文背诵，给予现成的结论、论证和讲解，排斥和代替了学生的思考，这实际是在扼杀学生的智慧和个性。

需要说明的一点是，学生在探索新知的过程中必然会经历失败和挫折，学习过程会加长，教师必须要有耐心的指导，因为这也是学生成长所必需的。

3. **教学是关注学科还是关注人（学生），是这次课程改革提出需要解决的问题**

中小学教学是以学科教学为主要教学方式的，过分关注学科教学，有这样两个缺陷：一是以学科为本位，容易把生动、复杂的教学活动固定在狭窄的认知过程中，只注重学生对学科知识的记忆、理解和掌握，而不关注学生在教学活动中的情绪变化和情感体验。二是以学科为本位的教学容易把教书和育人割裂开来，以完成知识的传授和能力的培养为己任，忽视学生在教学活动中的道德生活和人格养成。总之，以学科为本位的教学在强化和突出学科知识的同时，从根本上失去了对人的生命存在及其发展的整体关怀，从而使学生成为被肢解的人，被窒息的人。改革以学科为本位的教学观念就必须进行价值本位的转移，由以学科为本位转向以人（学生）的发展为本位。

关注人（学生）是这次新课程改革的核心理念，要“一切为了学生的发展”，在教学中主要体现在：关注每一位学生；关注学生的情绪生活和情感体验；关注学生的道德生活和人格养成。

4. **教学的预设与生成**

教学的“预设”指的是教师在课前对课堂教学的规划、设计和安排。教学的预设是必要的，课堂教学是一种有目的、有意识的教育活动，预设是保证课堂教学质量的基本要求。教师在课前必须对教学目的、任务和过程有一个清晰的、理性的安排和思考。但是，预设的过度则导致对教学的控制过度，限制了学生的活动和发展。因此，教学需要“生成”。教学的生成性也是指教学的非预设性，这是新课程的教学观，其理论依据有以下几点：一是从人的角度考虑，人的生成性的存在，人的不可预测性。儿童的发展是不可估量的，他是具有主观能动性的人，他带着自己的知识、经验、思考和兴趣参与课堂教学活动，使课堂教学呈现出多样性和丰富性，并带有随机性。二是从课程的角度说，课程不只是“文本课程”，只是课程标准、教科书等文本，更是“体验课程”，是被教师和学生体验到、感悟到、思考到的课程，他们对给定的内容都有着自身的理解，对给定内容的意义都有着自身的解读。他们共同参与课程的创造和开发，从而使课程实施过程成为课程内容持续生成与转化、课程意义不断建构与提升的过程。三是从教学角度说，教学过程是教与学交往、互动的过程，在教学过程中，教师与学生分享彼此的思考、经验和知识，分享情感体验，不断地丰富着教学的内容，求得新的发现。因此，教学过程也是一个生成的过程。

二、新课程教学的基本主张

新课程教学改革作为新课程改革的有机组成部分，在改革的内容和性质上又具有特殊性，从而体现了改革的创新性，突出表现在：

1. 强调教学是课程创生与开发的过程

新课程教学改革是在课程改革的背景下进行的，是对课程改革的呼应。在传统的“专制的”、“封闭的”、以学科专家为本体的课程体系中，所谓教学改革只能是打外围战，“戴着镣铐跳舞”，师生的生命力、主体性不可能得到充分发挥。总之，这种教学改革最多只能在方法上、形式上做文章，难有实质性的突破。

当课程由“专制”走向民主，由封闭走向开放，由专家研制走向教师开发，由学科内容走向学生经验的时候，课程就不只是“文本课程”（教学计划、教学大纲、教科书等文件），而更是“体验课程”（被教师与学生实实在在地体验到、感受到、领悟到、思考到的课程）。这意味着，课程的内容和意义在本质上并不是对所有人都相同的，在特定的教育情境中，每一位教师和学生对给定的内容都有其自身的理解，对给定内容的意义都有其自身的解读，从而对给定的内容不断进行变革与创新，以使给定的内容不断转化为“自己的课程”。因此，教师和学生不是外在于课程的，而是课程的有机构成部分，是课程的创造者和主体，他们共同参与课程开发的过程。这样教学就不只是课程传递和执行的过程，而更是课程创生与开发的过程。这是新课程所倡导的教学观。教学过程因此成为课程内容持续生成与转化、课程意义不断建构与提升的过程。这样，教学与课程相互转化，相互促进，彼此有机融为一体。课程也由此变成一种动态的、生长性的“生态系统”和完整文化，这意味着课程观的重大变革。在这种背景下，教学改革才能真正进入教育的内核，成为课程改革与发展的能动力量，成为教师与学生追求主体性，获得解放与自由的过程。这正是新一轮课程改革所呼唤的教学改革！这是从课程层面上给教学带来的一种“解放”，这种“解放”将使教学过程真正成为师生富有个性化的创造过程。

2. 强调教学是师生交往、积极互动、共同发展的过程

新课程强调，教学是教与学的交往、互动，师生双方相互交流、相互沟通、相互启发、相互补充，在这个过程中教师与学生分享彼此的思考、经验和知识，交流彼此的情感、体验与观念，丰富教学内容，求得新的发

现，从而达到共识、共享、共进，实现教学相长和共同发展。交往昭示着教学不是教师教、学生学的机械相加，传统的严格意义上的教师教和学生学，将不断让位于师生互教互学，彼此将形成一个真正的“学习共同体”。在这个共同体当中，“学生的教师和教师的学生不复存在，取而代之的是新的术语：教师式学生和学生式教师。教师不再仅仅去教，而且也通过对话被教；学生在被教的同时，也同时在教。他们共同对整个成长负责”。对教学而言，交往意味着人人参与，意味着平等对话，意味着合作性意义建构，它不仅是一种认识活动过程，更是一种人与人之间平等的精神交流。交往的前提是，交往的主体之间是平等的、自由的、独立的关系。对学生而言，交往意味着主体性和主体间个性的凸显、个性的表现、创造性的解放。对教师而言，交往意味着上课不仅是传授知识，而是一起分享理解，促进学习；上课不是单向的付出，而是生命活动、专业成长和自我实现的过程。交往还意味着教师角色定位的转换：教师由教学中的主角转向“平等中的首席”，由传统的知识传授者转向现代的学生发展的促进者。可以说，创设基于师生交往的互动、互惠的教学关系，是本次教学改革的一项重要内容。

3. **倡导学生自主、合作、探究学习**

学习方式的转变是新课程改革的重要标志，新课程倡导自主、合作、探究学习。在教与学的关系上，传统教学过分强调教，以教为中心，以教为基础，冷落、淡化、忽视学，学的自主性丧失了，萎缩了，学生越来越不爱学，越学越不会学。基于此，新课程提倡和强调自主学习。通过自主学习，凸显学习的主动性、独立性、自控性（规划性），弘扬人的主体性和自主精神。在学与学的关系上，传统教学过分强调和利用竞争机制，从而造成了同学之间的隔阂、排斥，形成了利己损人的不和谐的人际关系，不但影响了学习本身，而且妨碍了学生人格的健全发展。基于此，新课程提倡和强调合作学习。通过合作学习突显学习的交往性、互动性、分享性，培养学生合作的精神、团队的意识和集体的观念。在接受与探究的关系上，传统教学过分突出与强调接受和掌握，冷落与贬低发现和探究，使学生学习书本知识变成了仅仅是直接接受书本知识（死记硬背即为典型），学生学习纯粹成了被动接受、记忆的过程。这种学习窒息人的思维和智力，摧残人的学习兴趣和热情。它不仅不能促进学生的发展，反而成为学生发展的阻力。基于此，新课程倡导和凸显探究学习。通过探究学习强调学习的问题性、过程性、开放性，形成学生内在的学习动机、批判的思维品质和思考问题的习惯。自主、合作、探究学习体现了时代精神，有助于培养时代所需要的人的品质和素质。正因为如此，新课程倡导和凸显自主、合作、探究。

三、新课程教学的基本任务

新课程背景下的课堂教学应以学生发展为本，它的基本任务是：

1. 全面理解和落实课堂教学目标

改变以往课堂教学过于注重知识传授的倾向，提倡学生在课堂上形成积极主动的学习态度，学生在获得基础知识与基本技能的同时要学会学习并形成正确的价值观。教师在教学中尤其要关注学生的学习过程和方法，以及伴随这一过程而产生的情感体验和所形成的价值取向。关注如何利用学科所特有的优势去促进每一个学生的健康发展；而不仅仅是关心学生对某个结论是否记住，记得是否准确；某项技能是否形成，是否运用得得心应手。课堂教学既是学生获得基础知识与基本技能的过程，也是使学生学会学习和形成正确价值观的过程。

2. 精选适合学生发展的课堂教学内容

改变以往课堂内容过于注重书本知识、过于强调学科中心的现状，加强课堂内容与学生生活以及现代社会和科技发展的联系，关注学生的学习兴趣和经验，精选终身学习必备的基础知识和技能。

课堂教学在致力于为每一个学生的终身学习、毕生发展奠定共同知识基础的前提下，为了满足不同学生的个性特点和多样化发展的需要，教师要善于分层次、分类别地设计多样化的、可供不同发展潜能学生选择的教学内容，以满足不同学生对教学的需求。要增强课堂教学与学生生活和实际经验的联系，重视经济、社会、文化与科技的最新进展在课堂教学中的体现，将知识技能的学习与多方面能力的发展结合起来。

3. 实现学生学习方式的根本变革

改变以往课堂教学过于强调学生接受学习、死记硬背、机械训练的现状，倡导学生主动参与、乐于探究、勤于动手，培养学生搜集和处理信息的能力、获取新知识的能力、分析和解决问题的能力以及交流与合作的能力。改变学生学习方式的目的，是培养具有终身学习愿望与能力的、具有国际竞争力的未来公民。课堂教学要重视改变学生的学习方式，教师要引导学生主动参与学习，善于独立思考，强化合作、探究学习意识，发展学生获取新知识、分析和解决问题的能力。要倡导和帮助学生建立符合自身特点的选修计划，指导学生学会选择学习内容，从而在这一过程中学会规划人生。

4. **强化促进学生发展的教学过程评价**

改变以往教学评价过分强调甄别与选拔的功能，发挥评价促进学生发展的功能。由甄选评价转向发展性评价；由仅关注结果的评价转向既关注结果更重视学习过程的评价；由单一的量化评价转向量化评价和定性评价相结合的评价方式，是我国课程改革的发展趋势。教师在课堂教学中要建立促进学生全面发展的过程评价体系，追求评价方式的多元化，实行学生学业成绩与成长记录相结合的评价方式。综合运用观察、交流、测验、实际操作、作品展示等多种方式，为学生建立综合、动态的成长记录手册，全面反映学生的成长历程。评价不仅要关注学生的学业成绩，而且要发现和发展学生多方面的潜能，了解学生发展中的需求，帮助学生认识自我，建立自信。要积极引导学生在学习过程中进行自我评价，从而促进学生自觉的发展，提高学生自我成长的意识。

四、对新课程教学的反思和评价

新课程的教学改革一方面取得可喜的成绩，另一方面也出现了不容忽视的问题。可以说，成绩与问题就像一个硬币的两面，是新课程教学改革过程中无法回避的一对矛盾统一体。突出表现在以下四点。

1. **三维目标确立与教学目标虚化**

新课程确立了知识、技能，过程、方法，情感、态度、价值观三位一体的课堂与教学目标，这是发展性教学的核心内涵，也是新课程推进素质教育的集中体现。新课程的课堂教学则十分注重追求知识、技能，过程、方法，情感、态度、价值观三个方面的有机整合，在知识教学的同时，关注过程方法和情感体验。这种对人的情感和道德的普遍关注是传统的以知识为本位的课堂教学所难以想象的，也是难以企及的。教师们都有了这样的意识和追求，用他们自己的话说："现在的课堂不能只有知识的授受，还要关心学生是怎么学会的，他们学的过程有什么样的体验。"这实在是了不起的进步。但是，由于对三维目标的设计和操作缺乏理论指导与实践经验，在实施层面上便出现了教学目标的虚化现象。突出表现在：第一，知识、技能目标，该实的不实。第二，过程、方法目标，出现了“游离”的现象。第三，情感、态度、价值观目标，出现了“贴标签”的现象。

2. **课程资源开发与教学内容泛化**

课程资源是本次课程改革的一个亮点。课程意识的确立和课程资源的开发使教学从内涵到外延都发生了实质性的变化。新课程的民主性、开放性、科学性，让教师找到了课程的感觉，形成了课程的意识；以教材为平台和依据，充分地挖掘、开放和利用各种课程资源，已经成为教师的一种自觉行为。教学中再也不以本为本，把教材作为“圣经”解读，对教材的补充、延伸、拓广、重组，并注重教材与社会生活和学生经验的联系及融合，同时鼓励学生对教材的质疑和超越，这是新课程的课堂极其普遍的现象。但是，由于对课程资源的开发和利用缺乏有效把握的经验，在实施层面上便出现了教学内容的泛化现象。突出表现在：第一，教材受到了冷落。第二，为了情境化而设置情境。第三，联系实际变成了一种装饰。第四，搜集和处理信息的形式主义。以上是课程资源开发过程中出现的种种误区，它们造成了教学内容的泛化，直接影响了教学质量。

3. **学生主体性的凸现与教师使命的缺失**

新课程改革坚持以人为本的指导思想，以弘扬人的主体性为宗旨，将实现学生充分的、有个性化的发展放到了突出的地位，尊重每一个学生做人的尊严和价值，关注每一个学生的个性差异，鼓励学生多样化、个性化的学习。应该说，无论从理念还是从实践的角度说，这都是很了不起的进步。但是，这个过程出现的问题也不容忽视。如，强调了学生的独特见解（体验）却忽视了对文本的基本尊重；强调了学生的自主性（自主建构）却忽视了教师的引导性（价值引领）；强调了对学生的尊重赏识却忽视了对学生的正面教育。

4. **教学方式多样化与教学过程形式化（表浅化）**

学习方式变革是本次课程改革的一个亮点。为了促进学生学习方式转变，引导学生主动地、富有个性地学习，教师在教学过程中大胆改革传统教学方式，尝试新的教学方式，教学方式出现了多样化的景观。但不可否认的是，在多样化的背后，透露出浮躁、盲从和形式化倾向，学生内在的情感和思维并没有真正被激活。如，“对话”变成“问答”，有活动却没体验，合作有形式却无实质，课堂有温度却缺深度，有探究之形却无探究之实。

我们认为，新课程教学改革所取得的成绩，一方面体现了新课程理念的先进性、正确性，另一方面反映了教师的实践智慧和改革热情。而新课程教学改革所产生的问题，一方面是由于对新课程理念的理解、领会出现了偏差，另一方面则是由于实施经验和能力不足而导致的失误。对改革出现的问题需要用科学理性的态度来审视，既不能把它绝对化，也不能置之不理。我们坚信，随着改革的不断深入，教师对新课程理念的把握将会越来越到位，越来越准确。与此同时，实施和驾驭新课程的能力及经验也会与日俱增，改革出现的问题将会随着改革的深化而得到有效的解决。方向对了，总有到达目的地的一天。

中国篇（下）——有效教学的典型案例

在改革开放以来我国不同取向的教学改革实践中，有一种被概括为“先学后教”的教学改革应当引起我们的高度关注。以杜郎口中学、洋思中学和东庐中学为代表的“先学后教”的教学改革近些年来在我国异军突起，愈发展示出了它无穷的魅力。其实，早在20世纪80年代，我国就有学者研究和试验了这种教改方法——被称为“指导——自主学习”。不过，由于实验样本较小，且以教师的自愿参与为原则，没有采用学校整体推进的方法，因而其教学成效也难以显著地体现出来，没有引起人们更多的注意。杜郎口中学、洋思中学和东庐中学“先学后教”的教学改革与“指导——自主学习”的改革具有异曲同工之妙，但这三所学校的改革都以全校整体参与的方式推行，且都采取了强制而非自愿的实施手段，最终修得正果，取得了令世人惊羡的教学成就。杜郎口中学、洋思中学和东庐中学三所学校的改革各具特色，但在倡导课堂教学应当在教师的指导下由学生自主学习、先学后教、以学定教、以学促教、教学合一的教学观方面是相一致的。这三所学校的变革是我国基础教育极具中国特色和富有生命力的有效教学改革案例，其成功教改经验值得我们认真总结、借鉴和推广。围绕这三所学校教改而引发的质疑、争议也值得我们认真分析讨论。隐匿在这三所学校教改成功背后的理念、原则以及在特定实践环境下的实践方式更值得我们研究探讨。

第一章　杜郎口中学

杜郎口中学是鲁西欠发达地区的一所普普通通的中学，由于学校基本条件差，这所学校在 1998 年之前是当地远近闻名的薄弱学校，曾经连续 10 年在县里考核居于倒数之列，生员严重流失，教师人心涣散，已经到了将被撤并的境地。然而，始发于 1998 年的一场改革，却给这所学校带来了天翻地覆的变化，不仅学生的精神和学习面貌焕然一新，而且中考成绩在 2004 年已跃居全县第三；2005 年跃居全县第一，并一直保持着前三的水平。

杜郎口中学的课堂变革经过媒体的宣传，迅速引起了全国教育工作者的兴趣和关注，“杜郎口”一时成为国内教育界的流行词，形成了“杜郎口现象”。到杜郎口中学参观访问的人数截至 2008 年已经达到了 26 万人次。

人们对杜郎口经验予以了极高的赞誉。杜郎口中学的教改被誉为“素质教育的突破口”、”教育界的传奇和神话“、“颠覆性变革”、“课堂革命”（甚至是课堂的哥白尼革命）。参观者们纷纷用“震撼”、“颠覆”、“惊奇”、“感动”、“奇观”来表达自己的感受。人们称杜郎口中学是“教改中的小岗村”，是“当前我国基础教育改革大背景下的一项大胆的、成功的探索和实践”。有的认为杜郎口中学的改革是“散发着本土性、原创性方向的教学改革新篇章，充满着民族性、时代性阳光的农村教改好榜样”[①]；有的认为杜郎口中学是中国“原生态、开创性、扎根本土的农村教育的先进

① 刘胡权、周颖：《“杜郎口教改”的“还原”与“祛魅”》，《教学与管理》2008 年 8 月 1 日。

典型”，是农村教育改革的先锋、中国义务教育的一面旗帜。人们对杜郎口中学如此高评价并非空穴来风，而是基于杜郎口中学的改革成就。

一、杜郎口中学教改前后之对比

杜郎口中学是山东省茌平县东部的一所乡镇初级中学，地处田野，曾是全县有名的薄弱学校，学校物质设施十分简陋，教室和学生住宿条件都极为一般。学生普遍厌学，三个年级每班有一半的学生跟不上教学进度，打架斗殴、偷盗现象严重。教师也无进取心，情绪浮动，无心任教，教学秩序混乱，体罚、变相体罚成为家常便饭，师生关系十分紧张。曾连续10年在全县23所初中学校中教学质量倒数第一。学校社会声誉极差，学生流失现象十分严重，辍学率极高，常常是初一年级招五六个班到初三年级只剩下两三个班了。1998年春，60人的初三年级到中考时只剩11人。全校每年进入高中的学生为个位数，而且全部是复读生。县教育局为此发出了黄牌警告，已经将这所学校划入了撤并学校的行列。①

就是这样一所濒于“死亡”的学校经过肇始于1998年的课堂教学改革，发生了令人瞠目的巨变，取得了骄人的成绩：自2002年以来，杜郎口中学的中考名次以及初一年级、初二年级的统考成绩一直稳定在全县21所初级中学的前四名。② 2004年中考成绩跃居全县第三，2005年跃居全县第一。2005年该校有268名学生报考茌平一中，竟然录取267名。2006年聊城高中统考，茌平县共4名学生进入全市前十名，而这4名学生全都毕业于杜郎口中学。③ 而且，杜郎口中学的毕业生在高中阶段所表现出的学习能力和潜力也十分突出。

在学习成绩取得惊人的进步的同时，杜郎口中学的精神面貌也发生了根本性的转变。学生已经完全从过去的不想学和被迫学的状态转变到自觉自愿的学习状态。学习已经被学生视为自己的内在需要和责任所在，如课间休息时间，继续讨论课堂中的学习问题已经成为家常便饭，这与许多学

---

① 刘胡权、周颖：《“杜郎口教改”的“还原”与“祛魅”》，《教学与管理》2008年8月1日。

② 宋宝和、王坦、孟昭星、史兆海：《农村中学课堂焕发着生命活力——山东省茌平县杜郎口中学课堂教学改革探析》，《中国教育学刊》2005年第5期。

③ 郭渝：《形似？神似？——学习杜郎口中学教学改革初探》，《科教文汇》2008年第3期。

校学生上课时就盼着下课的情况形成了天壤之别。曾有参观者发现，早晨上课前，哪怕冰天雪地，都能见到在教室的空地前拿粉笔在地上写英语单词和古诗的孩子，没人强迫他们这么做，都是孩子自发的行为。[①] 上课的时候，即使老师不在，学生们仍然能自觉主动地学习，学生课堂教学参与的热情之高、程度之深在一般学校是很少见到的。这意味着杜郎口中学在很大程度上解决了传统学校中普遍存在的学生学习动力不足的问题。杜郎口中学的学生在课堂发言中表现出来的争先恐后、乐观自信一扫人们对农村孩子土气、羞涩、腼腆的传统印象，他们的大方从容也远远超过了城市学校的孩子，几乎所有的参访者都被杜郎口中学学生的那种主动、张扬、积极、自信的精神所折服。

在杜郎口中学，学生在课堂里的活动形式多种多样，包括表演、辩论、歌唱、讲解、朗诵、演小品、讲相声、独唱、合唱、舞蹈等；学生上课也不像传统的课堂里那样端坐在自己的座位上，而是或蹲、或站、或坐、或跪，地上、课桌上、板凳上挤成一团。学生在活动时聚精会神、全神贯注，课堂的气氛热烈而不失和谐。学生课堂发言参与热情很高，且几乎不用举手，常常争先恐后，没有教师的监督、呵斥，也没有教师的“谆谆教导”，课堂完全是学生学习和活动的舞台。[②] 杜郎口中学所取得的成就并不仅仅体现在学生优异的中考成绩上，而是使学生彻底改变了原有的被动的学习方式，获得自我学习和自我发展的能力，形成了健全的品性，学生的身心得到了较为全面的发展。

杜郎口中学的巨变得益于1998年以来的教学改革。面对改革前学校存在的种种问题，尤其是学生厌学、辍学问题，杜郎口中学的校长进行了调研。在与学生的交流中，学生反映说教师独白式的教学质量太差，还不如学生自己学，这给校长以很大的触动和启示。将课堂还给学生，让学生自己成为学习的主人这一改革思路也由此形成，以后又逐步发展为“以人为本，关注生命”的理念，学校的改革正是在上述理念下进行的。

---

① 李镇西：《杜郎口中学搞的怎么不是素质教育》，《中华教育研究》2008年第2期。

② 许爱红、刘延梅、刘吉林：《农村中学课堂教学模式的重大变革——解读杜郎口中学“三三六”自主学习模式》，《当代教育科学》2005年第11期。

二、打破传统课堂的时空结构——给学生提供自主学习的空间

在课堂时间结构方面，杜郎口中学实施了 0+45 制或 10+35 制的教学时间分割制度。所谓 0+45 制或 10+35 制，是指教师课堂讲授的时间为零，或者为 10 分钟，全部的时间或余下的 35 分钟必须让给学生；由学生自主学习，从而保障学生有充足的自我学习时间。这种把课堂教学由教师的教转化为学生的学的改革是对传统教师一讲到底教学模式的彻底颠覆。

在课堂空间结构方面，杜郎口中学则拆除了象征教师特殊地位和尊严的固定讲台，将学生课桌的“秧式”排列变为“田”字形排列，几十张课桌摆成若干个方阵，一个方阵供一个学习小组使用。学生对面而坐，随时自由组合，以便于开展活动。

杜郎口中学的三面墙壁都是黑板，甚至教室的走廊里也都摆满了黑板，教室黑板的平均面积堪称世界最大，而且它的作用也发生了变化。它主要不是给教师用的，而是学生展示和演算的公共交流“平台”，在成果展示、及时反馈、强化认知、拓宽知识面、练习书法等方面都发挥着自己的功用。

三、“预习、展示、反馈”——改变传统教学的模式与过程

如果说 0+45 制或 10+35 制的教学时间制度以及课堂课桌排列的变化只是教学时空方面的改革的话，那么，“预习、展示、反馈”课程模式的实施则是对传统教学模式和过程的变革。杜郎口中学的教学改革将课分为三个环节：先上预习课，再上展示课，最后每单元（章节）上反馈课。

杜郎口中学十分重视预习课，提出了“没有预习的课不上，预习不好的课也不上”的口号。预习课的任务、目标由教师布置。学生接到任务之后，根据自己的知识基础，结合教材有关资料学习。学生的学习包括自我学习和合作学习两种方式。要求学生用双色笔写预习笔记，学生在自学中遇到问题可以询问同学，也可以向老师求教。在这一过程中，优秀学生发挥着积极的作用，学习遇到困难的学生可以从优秀学生那里得到帮助。即通过自学、生生互动、师生互动等形式初步达成预设的目标，并在此基础上，找出学习重点、难点问题进行深入探究，不断生成新的学习目标，为展示课做准备。杜郎口中学的自学和合作学习是相辅相成的。往往是先由

学生交流，由小组成员在讨论中生成学习目标，然后分组合作完成学习任务。合作时，两两结成对子，根据小组指定的任务，研究课文，研究题目，并做出详细的解答，以备展示课上使用。

展示课要求学生展示和交流预习课上的学习成果，通过生生、师生之间的多向互动，加深对教学内容的理解。展示活动的方式多种多样，包括小组成员在组内展示、小组代表在班上展示以及个人适时自主展示等等。学生在展示中可进行知识的迁移运用和对感悟进行提炼提升，教师在学生展示时可进行及时的点拨和指导。同时，通过展示和交流，学生也可以在学习进程中不断生成自己的新的学习目标。

反馈课要求学生在展示课后对教学内容进行反思和总结，对教学目标的达成情况进行检测。这一模块更为关注学习的“弱势群体”，注重采用学生间合作互助的方式，让学生“教”学生，即采用所谓的“兵教兵”、“兵练兵”、“兵强兵”策略，使学习困难的学生在合作过程学会所要掌握的内容。同时，也让学习优秀者在合作中加深对所学知识的理解，提高自己的表达和交往能力，增进同学间的友情，由此实现全体学生的共同发展。

“预习、展示、反馈”无疑是最能展示杜郎口中学教改模式特点的。这三大模块在教学活动流程中自成一体，构成了杜郎口中学的自主学习模式的主体。其中，预习环节尤为重要，它是展示和反馈环节的基础。值得注意的是，杜郎口中学的预习、展示和反馈模块都是在正式的课时中实施和完成的。各模块所占用的时间有时是一节课，有时是两节，也可能是十几分钟，具体时间根据学生的学习进展情况而定。[①]

杜郎口中学课堂学习扫描

上课伊始，一部分学生就拥到黑板前，先把自己的名字写在最上方（这是承包意识），然后将上节课预习过的知识点和自己小组探究过的题目一一写上。在当地，这叫“爬黑板”。没有爬黑板的学生在座位自己读书，有个别学生蹲在教室墙边的地板上写（黑板不够用）。写好后，老师组织学生交流，各个学习小组轮流讲，每个

① 宋宝和、王坦、孟昭星、史兆海：《农村中学课堂焕发着生命活力——山东省在平县杜郎口中学课堂教学改革探析》，《中国教育学刊》2005 年第 5 期。

> 组先由一名学生读题和讲解答案，然后本组其他同学发表自己的看法，有赞同，有补充，也有表示不同意见的。百花齐放，百家争鸣。教师的话总不多，只是适时点拨一下，一节课就结束了。
>
> 杜郎口的每节课几乎都是这样上的：讨论确定学习目标→由小组分配学习任务→小组自主学习→上课时展示交流。上课时，学生有演说，有陈述，有用歌唱解读内涵，有演课本剧等，形式很多，学生注意力十分集中，很少偷眼注意站在教室中间来回走动的听课老师（因为学生都挤到教室边黑板前了）。学生举手积极、声音洪亮；讨论热烈、辩论激烈；争问抢答、欢呼跳跃；多种角度、创新实践；笑逐颜开、热闹非凡。就像校门口的一块牌子上所说，学生动起来了，课堂活起来了，效果好起来了。学生在自主、快乐地学习，在自主的学习中体验到生命的价值；在快乐的学习中形成了健全的性格；在小组的学习中，又培养了合作的能力和精神。
>
> ——赵春霞：杜郎口，教改中的“小岗村”

“预习、展示、反馈”这三大模块的教学流程在具体的教学过程中可以细分为六个基本环节：预习交流、明确目标、分组合作、展示提升、穿插巩固、达标测评。这六个环节与三大模块的关系表现为：在“预习模块”中预习交流，明确目标；在“展示模块”中分组合作，展示提升；在“反馈模块”中穿插巩固，达标测评。

预习交流，即明确目标的环节，可以通过学生交流预习情况，明确本节课的学习目标；分组合作，即教师口述将本节学习任务平均分到小组内，一般情况下每组只完成其中一项即可；展现提升，各小组根据组内讨论情况，对自己组的学习任务进行讲解、分析等；穿插巩固，各小组结合组别展现情况把自己组没能展现的学习任务进行巩固练习；达标测评，教师以试卷或纸条的形式检查学生对学习任务的掌握情况。

杜郎口中学“预习、展示、反馈”的教学过程具有“立体式、大容量、快节奏”特征，它们也构成了杜郎口中学自主学习模式的三个特点。所谓“立体式”，即围绕“情感、态度、价值观”、“双基”、“过程与方法”多维目标拟定学习任务，并将学习任务分配给每个小组、每位同学来完成，采用多种形式的合作互动，全方位地调动学生的主动性和创造性。注重发挥每个小组的集体智慧，鼓励对问题的不同角度的思考。所谓“大容量”，即以教材为基础，师生共同适度开发课程，实施高效教学。包括对课程的拓展、演绎和提升，使课堂活动多元化（如辩论、演小品、编制课本剧、朗诵诗歌、说快板、唱歌、绘画等等），让所有的学生都以适合自己的方式参与课堂交流和体验。所谓“快节奏”，即在单位时间内，紧扣学习目标、任务以及内容的特点，通过周密安排和及时调整教学方式方法，提高学生学习效率，达到预期的教学效果。

前文所述的自主学习的三模块——预习、展示、反馈，课堂教学六环节——预习交流、明确目标、分组合作、展现提升、穿插巩固、达标测评，加上课堂自主学习三特点——立体式、大容量、快节奏，被概括为杜郎口中学的“三、三、六”自主学习模式。这是由山东省教育科学研究所的研究人员深入杜郎口中学进行教学调研后总结概括出来的，基本反映了杜郎口中学课堂教学的过程和特点。

杜郎口中学语文课教学案例

这里的课堂不再“唯课本”，而是以课本为基本依托，进行了多方面的深度的延伸。其中既有内容的延伸、知识点的扩展，也有过程的展示、思维的发散。学生们连珠炮式的发言，各种各样的感悟，多种信息的采集和运用，甚至奇思妙想，在愉悦的情绪、活跃的思维中迸发出来，令人“耳不暇接”，不但觉得学习内容“大容量”，还感到在这里似乎发生了一次次“思想交锋”和“知识爆炸”。比如语文课——《三颗枸杞豆》（苏教版七年级下册），课文是从《小说林》上选的一篇小说，讲的是“我”因为逃学与三叔在树林里邂逅，三叔用自己的生命故事教育“我”要珍惜时间，持之以恒。

在三叔临终赠送的三颗枸杞豆的启示下，“我”终于成为了生物学家。有的小组截取课文中的“这时，太阳快要西沉”到结尾部分进行集体朗诵。我们对照着课文欣赏着孩子们的朗读，顿时觉得孩子们朗读这一部分课文内容是经过精心选择的。我们通读课文，觉得随着故事情节的深入和一个个悬念的解决，其情感，其寓意，到了这一部分文字，已经达到了高潮，是整个课文中最出彩的部分。他们读得很投入，抑扬顿挫，声情并茂。有的小组把“我”逃学的一部分编成了课文剧，还准备了简单的道具，三个人“粉墨登场”。只见G同学背着一个黄色的小书包上场了。“（旁白）我是一个植物学家。好多人很羡慕我，要我谈谈小时候刻苦学习的故事。其实，那时我是一个出名的‘淘气鬼’。后来，我很不乐意地被爸爸送进了学校，整天在窄小的木桌前盯着书上黑乎乎的汉字。我心里烦躁极了，就在桌子底下胡乱捣鬼，每每被那个尖眼睛女老师发现，被狠狠地批评一顿。”这时，“老师”上场了：“玩的什么东西？交出来！”老师凶神恶煞的样子，把全班同学逗乐了。“没，没什么……”G同学的战战兢兢又引来了一阵唏嘘，估计是很多同学都曾经心有戚戚吧。“（旁白）那时正值三月，春天几乎从山沟里溢出来了。小树林的一切都散发出诱人的魅力。林子里格外美丽。一绺一绺的阳光，像金色的丝绸。一只花蝴蝶冒冒失失撞在我额上，又慌慌张张飞走了。我赶忙追上去，书包在屁股蛋上‘当当’跳，练习本、铅笔、橡皮，从里边飞出来，撒了一路。我顾不得去捡，一股劲儿向前追去。……”G同学在教室的过道里一会儿捕蝴蝶，一会儿扑蚂蚱，渐渐地，我们也仿佛被带到了美丽的小树林，看到了那里的花儿、草儿、昆虫以及藏在草丛里的“三叔”。“可惜太迟了！太迟了——”“三叔”的一声叹息，在教室里回荡，每一个字都仿佛在敲打着我们的心，我们——这些所谓的成年人，在这里也接受了一次深刻的生命的教育。还有两位同学自告奋勇进行独唱。一位男生站起来：“我给大家带来的是《朋友别哭》，希望大家能喜欢。（唱）有没有一扇窗/能让你不绝望/看看花花世界原来像梦一场/有人哭，有人笑，有人输，有人乐/到结局还不都一样/朋友别哭，我依然是你心灵的归宿……”

一位女生也不甘示弱：“我给大家带来的是《突然的自我》，（唱）听见你说/朝阳起又落/晴雨难测/道路是脚步多/我已习惯/你突然间的自我/挥挥洒洒/将自然看通透/那就不要留/时光一过不再有……”虽然他们的嗓音并不那么动听，甚至还有些走调，但是他们对课文准确的理解演绎与升华，以及在众人面前表演的激情与勇气，足以感染在场的每一个人。

——许爱红、刘延梅、刘吉林：《农村中学课堂教学模式的重大变革——解读杜郎口中学“三三六”自主学习模式》，《当代教育科学》，2005年第11期

四、小组合作学习——激发和维持学生学习动机有效方式

小组合作学习是杜郎口中学重要的课堂教学组织形式，根据学生不同的学习基础、性格差异和男女性别，杜郎口中学将每个班级都分成若干个学习小组，通常为每班六组。每个小组自主确定学习能力、表达能力较强的同学担任组长，负责小组的学习和管理工作。

上课时，一个组的同学围坐在一起，或交流，或讨论，或争论。[①] 学生在学习中遇到的不少问题在小组互助学习中就得到了解决，从而解决了传统课堂上一个教师无法面对大班课堂上不同学生的学习需要问题。

在预习中，学生理解和掌握的知识越多，学生在展示环节表现自我的

① 许爱红、刘延梅、刘吉林：《农村中学课堂教学模式的重大变革——解读杜郎口中学“三三六”自主学习模式》，《当代教育科学》2005年第11期。

信心就越强，这对维持学生学习的动力是十分有益的。同时，由于初中生在同辈群体间有攀比、竞争、表现的心理诉求，小组展示对学生个体和小组本身都有维持高成就动机的作用，有助于营造积极上进的课堂氛围。这种气氛不是教师在费尽心思地苦心营造，而是学生自己在创设。在这种气氛中，学生因要考虑自己在同学中的印象和影响力，一般都会竭尽所能表现自我。因此，小组合作学习对激发和维持学生的学习动机具有积极的作用，此外，小组合作学习也有利于培养学生的集体意识和荣誉感。在小组合作学习中，杜郎口中学注重突出关注弱势群体。通常一个班级分为六个学习小组，每个小组都按成绩的优、良、中、差合理搭配，使得每个小组都有有优势科目的同学和劣势科目的同学，以便于同学间的相互帮助。小组合作学习在反馈课环节尤为注重让优等生拔高、待转化生达标的任务，因材施教，使小组合作学习达到最好的教学效果。

小组合作学习在杜郎口中学的课堂学习过程中有着非同寻常的效果。一个再优秀、再有经验的教师在备课过程中所假设的也不过是几种方案和思路，不可能兼顾每一个学生不同的领悟力，也不一定能穷尽所有的解题方法。而在杜郎口中学的课堂上，每个学生都是潜在的教师，尤其是一些优秀学生，他们在小组学习中都在一定程度上发挥着教师的作用。杜郎口中学的小组讨论和集体展示——“爬黑板”更为每一个孩子都有了展示自己的思路提供了机会和平台，有些思路甚至是在老师的设计之外的。杜郎口中学的许多老师都遇见过这样的情况，常被学生给出的解题方法弄得很是“措手不及”而颇为“尴尬”，但他们现在已经习惯于这种“尴尬”，而且这种令人“惊喜”的“尴尬”被认为是值得期待的。在小组合作学习中，学生的个人智慧和集体力量都被充分发挥出来了。

在小组合作学习这种学习氛围的熏陶下，杜郎口中学的学生敢于展示，善于言谈，在综合素养和学习能力的提高方面取得了不菲的成绩。与该校学生接触较多的当地一教育官员曾经感叹道：“杜郎口中学的学生跟别的学校的学生不太一样，我与学生对话，杜郎口中学的学生会主动跟你交谈，别的学校的学生不敢跟你说话，甚至会吓得往后缩。杜郎口中学送入高中的学生入校成绩不一定是最好的，可是高二、高三以后，好多尖子生都是杜郎口中学送来的。”①

---

① 李炳亭：《杜郎口中学“旋风”》，山东文艺出版社，2006年版。

五、"四位一体"和"一谈二警三停"——刚性管理推动和维持教改

教学改革的顺利推行离不开制度保障。杜郎口中学在教学改革的同时，也对学校的管理工作进行了研究，积极改进和完善学校的制度建设，先后研究制定了《杜郎口中学考核奖惩意见》、《杜郎口中学常规管理量化制度》、《杜郎口中学教科研实施细则》、《杜郎口中学双十佳评选办法》等一系列的规章制度，彻底改变了学校工作中常常存在的"教好教坏一个样、多干少干一个样"的局面，保证了改革的顺利进行。

为推动教学改革，杜郎口中学还建立了由校领导班子、学科主任、年级主任、班主任构成的"四位一体"的管理体制。校领导班子以校长为首，全面负责学校工作；学科主任负责全校各个年级的本学科教师工作、教学工作；年级主任分别负责各个年级所有教师的管理工作；班主任则分别负责各个班级，班主任有权聘教师，从只管理学生变为既管理学生，又管理任教本班的教师。这一管理系统容纳了传统的线性垂直管理维度，又增添了立体交叉管理路径，在杜郎口中学的学校管理尤其是课堂教学管理中发挥了强有力的作用。

杜郎口中学的教学改革的启动和顺利进行，在很大程度上要归功于校长及他率领的领导班子的强有力领导，归功于这个领导层在推行教学改革时所采取的近乎"不合情理"的强制手段。杜郎口中学的领导也为行使自己的职责付出了令人难以想象的时间和精力。校长每天工作 12 个小时以上。下面是由某记者观察记录的杜郎口中学校长某日工作日程表，颇能说明这一问题。

杜郎口中学校长一天工作时间表 *

时段	工作内容
早上 5:15	起床，然后去校园里转一圈（学生是 5:50 起床，6:00 上操）
8:00	准时召开全体老师参加的"碰头会"，对前一天下午老师课堂以及晚上孩子休息情况进行反馈
会后～12:30 前	与来自黑龙江、河北，山东德州、兖州的参观团进行座谈、合影，中间穿插接待记者的采访

* 车振军：《问渠哪得清如许，为有源头活水来——杜郎口中学考察报告》，《山东教育：中学刊》2008 年第 1 期。

12:30	吃午饭
13:50	召开又一个全体老师上课情况的反馈会
会后～18:30	有厂家来学校与他商谈换黑板的事，之后和几个有课堂问题的老师一一交流，其间县、市教育局各来人，他一直上楼下楼，奔忙不已
18:30	在妻子的督促下回家吃饭，还顺便去几间教室看了看
19:00～21:00	给兖州一中老师作讲座
21:00～凌晨 1:00	到酒店接受采访
凌晨 1:00	回学校准备图书招标会的资料

为保障教学改革，杜郎口中学明令禁止不符合课堂自主学习教学理念的教学行为及无效的教学行为，并为此建立了严格的惩戒制度。如学校规定：教师讲解时间不得超过十分钟，不准站讲台，不能出现“好不好、是不是、对不对”之类的“假互动”以及“啊、嗯、这个、那么”之类的无效话语，必须使用普通话等。这些都是硬规定，其执行没有商量和通融的余地。对违反者进行严厉的惩罚，包括经济罚款和停课两周等等。

杜郎口中学之所以实施如此严厉的处罚制度是有他们自己独特的考虑的。应当说，一种职业行为一旦形成，总具有一定的惯性。尤其是像教学这样年复一年重复性较强的工作，很容易形成教师喜欢按部就班、拒绝创新变革的惰性心态。因此，杜郎口的教学改革在初期是遭到许多教师的激烈抗拒的，不少教师和家长不理解“教师怎能不讲课”，有些教师舍弃不了讲授，常常是学校不让明讲，就偷着讲；来检查时不讲，等检查走了再接着讲；不让在讲台上讲，就在台下讲，怕别人发现就小声讲。面对上述情况，杜郎口中学的领导者意识到，在教师新、旧教育理念和教学方式发生激烈冲突的“转轨”时期，必须采取多种措施，给予教师一种强大的外驱力，其中，不排斥逼迫手段。这种外驱力促使教师无论在思想上是否真正接受教改的新理念，都不得不先在实践层面上展开，以保障教学改革的顺利实施。[①] 为此，杜郎口中学明确规定，一旦课堂上发现有教师超规定讲课，除了其本人要接受重罚外，还实行“株连惩罚”。校长和学校领导干部也都到课堂听课，以监督教师执行教学改革的实际情况。校长曾创下过一天穿插听课 20 节的纪录；10 年里，校长每一年听课都在 1000 节以

① 许爱红、刘延梅、刘吉林：《农村中学课堂教学模式的重大变革——解读杜郎口中学“三三六”自主学习模式》，《当代教育科学》2005 年第 11 期。

上。杜郎口中学的成功在很大程度上正是这些非常规举措带来的。

在对违规教师进行严厉处罚的同时，杜郎口中学还推出了“一谈二警三停”的教学管理制度，对那些虽然没有违规行为但教学过程组织和教学效果不达标的教师进行监督、指导和处罚。“一谈”即对第一次课堂不达标者，由校长本人或其他领导先与其个别谈话，所谈内容依据被谈话者存在的具体问题而定，通常涉及课堂要求、教师角色、学生表现、课堂秩序、教改意图等等，点出其问题症结所在，指明改正的方向。所谓“二警”，就是对第二次听课仍然不达标者，在学科组会上予以警告。所谓“三停”，就是如果第三次还不达标，就让该教师停课一周，学校为其安排专人作辅导教师，被停课者一边听优秀老师的课，一边研读教改理论，学习组织发动学生的方法。

在教师和教学管理上，杜郎口中学的有些措施虽然有些矫枉过正，但却有效遏制了传统教学方式的回潮和蔓延，不可否认，这为确保新的教学模式的顺利实施创造了条件。这一强制性的过程，从长效上看，对教师也产生了积极的作用。教师逐渐熟悉了新的教学理念和方法后，就会在课堂自主学习的教学实践中，逐渐有了新的感受和体会。许多教师都对学生们成为学习主体后所释放出来的无穷能量和出色表现感到惊讶，并对新的教学方法乐此不疲。教师们从一开始的怀疑、排斥到试试看、觉着还行到尝到教改的甜头、深信不疑，这一转变过程，如果没有改革之初的刚性管理手段，是不可能发生的。

六、平等中的首席——改变教师的角色和作用

杜郎口中学的指导——自主教学模式彻底颠覆了传统教师的角色和作用。教师在课堂里不再是滔滔不绝的宣讲者，而是课堂活动的引领者、组织者、帮助者。教师把权利、兴趣、自由与空间都还给了学生。教学中，问题要让学生自己去发现，方法让学生自己去寻找，步骤让学生去实验，问题让学生去总结。教师的责任更多的是倾听、了解、指导、帮助而不是监视、监督、指责、批评。教师的责任在于开拓学生的思路，提高学生的学习能力，最大限度地为学生的学习提供空间与环境。

在杜郎口中学的课堂上，教师的角色发生了彻底变化：从主演走向了导演。课堂由独演走向了合演，由现成走入了生成，教师有时也变成了学生。在这一教学过程中，教师与学生建立起了平等与和谐的新型师生关

系，每一名学生都感觉到自己的人格和尊严受到了充分尊重，教师的角色转化为学生的指导者和朋友——平等中的首席。①

在这种新型师生关系中，随处可以进行师生交流互动。无论是学习优秀者，还是学习困难者，都能大胆地、自然地发表自己的见解，而不必担心教师生气；即使有时一个同学否定了另一个同学的正确答案，也不会招来非议和嘲笑。例如：口吃的学生在数学展示课上结结巴巴地讲解自己与众不同的问题解决方法时，毫不羞怯，其他同学听得很认真，没有任何不耐烦的情绪。生理有缺陷的同学与其他同学一样自信、快乐，毫无身残带来的郁闷和自卑。这是杜郎口中学教师的角色和作用发生变化后的现象，已经成为了常态。

教师的这种角色变化也在教学的各个环节表现出来。在预习阶段，教师的作用主要在于激发学生学习的自主性，有效合理地安排学生的学习任务；在展示阶段，教师的责任主要在于激发学生的学习激情和活力，引导学生有效开展合作学习；反馈阶段，教师的作用主要体现在对学生遇到的学习问题进行提示、指导和解答等方面。以备课环节为例，杜郎口中学对教师提出了特有的要求——在以下“六背”方面下工夫：第一是背知识；第二是背对知识的分析、解读；第三，对规律的总结；第四，方法技巧；第五，应用；第六，生成。

杜郎口中学 1999 年对教师的课堂教学的要求

1999 年秋，为解决“学生不爱学、学不懂”的问题，杜郎口中学对教师上课、备课、业务学等方面有了新的规定。上课要求：

1. 课堂气氛：A. 微笑授课；B. 学生积极主动、情绪高涨、勇于自我表现。

2. 活动形式：形式多样、情趣浓厚、寓教于乐；能体现学生动脑、动手、动耳、动口，培养学生的创新意识、实践能力；

3. 学生活动量：学生活动 35 分钟以上（优），30 分钟以上（良），29 分钟以下（一般）；

4. 教师基本功：A. 板书条理，能把本节课的主要知识点归纳在黑板上，版面设计美观科学；B. 讲普通话。

① 郑彩华、马开剑：《薄弱落后学校：成功发展何以可能——杜郎口中学教改经验深度透析》，《中国教育学刊》2007 年第 5 期。

> 备课要求：杜绝抄袭教学参考及现成的教案，主要把上课的措施显现出来，体现学生为主体，活动的形式多样，反映出学生的创新意识、实践能力。
>
> ——许爱红、刘延梅、刘吉林：《农村中学课堂教学模式的重大变革——解读杜郎口中学“三三六”自主学习模式》，《当代教育科学》，2005 年第 11 期

七、开展校本教研——实现教师达标

教师转变角色的目的乃在于使教师能够有效地开展“先学后教”模式的教学，为使每一位教师都能达到这一要求，杜郎口中学在实践中大胆探索，采取不少制度化的措施，逐渐摸索出了一些自己的经验。对杜郎口中学在引导教师角色转变和实现新型课堂教学达标方面所开展的工作，可概括如下。

1. 建立“四位一体”的教研管理制度

杜郎口中学充分发挥教师骨干的作用，赋予不同类型的教师以不同的教研责任，建立了“四位一体”的教研制度。使他们既有分工又有合作，共同推动学校的教研工作。

（1）班主任的把关课。班主任不仅是学生纪律、卫生、学习、文明礼貌等的管理者，更是班级教育教学的管理者。班主任具有在自己班级内聘任、考评、奖励、辞退教师的责任，每周听评课在 5 人次以上，坐班听评课是班主任的基本工作。除此之外，班主任还要召集本班教师进行听评课，对共性问题进行研讨，调度相关教师进行整改，推出优秀教师上示范课。年终对班主任的考核主要依据本班教师的教育教学工作情况。

（2）级部主任的反馈课。级部主任聘任班主任，每周在本年级听课 7 节以上，把教师的课堂情况及时地反馈给班主任、学科主任。级部主任通过对教师课堂的评价，分别对班主任进行量化，听的是教师的课，评价的是班主任，这样进一步促进班主任对教师课堂的管理，强化以班为单位的团体合作精神的形成。

（3）学科主任的科研课。在杜郎口中学，教务处的职能被转化为了学科管理，因为教务处对教师的教育教学管理力不从心，改由学科主任承担全校本学科的教学管理工作。学科每周例行 3 节公开课，分别为优秀教师的示范课，一般教师的研究课，薄弱教师的提高课。除此之外，学科主任还主持三个方面的教研工作：一是学科内的业务论坛，针对共性问题，群

策群力想办法找措施攻克；二是结合本科特点创新课堂，打造自己的特色课；三是做好帮扶工作，优弱结成对子，制订以周为单位的提高计划，选好突破口进行提升。

（4）验评组的考核课。验评组是验收评估小组的简称，业务校长是组长，文理两科各有 4 名成员，每天听评课在 5 人次以上，利用每日上、下午课前的反思会，及时反馈教师课堂情况，每周把教师的上课情况对年级、学科进行量化评比。

班主任负责本班任课教师的教研工作，级部主任直接领导班主任，学科主任负责本学科教师的教研，验评组既负责年级教师的教研考核，也负责学科教师的考核，四位一体的教研管理制度确保了教研工作的有效开展。

2. **组织教学反思**

杜郎口中学十分重视反思在教师成长中的作用，在实践中开展过多种形式的教学反思活动。

（1）课前反思。每天开两次反思会，分别在上午和下午第一节课前，10 分钟左右，学校提倡教师在反思会上，讲事实、讲真事，杜绝假大空，要求没有说清优缺点的，不准讲话。教师每天写一篇拓展记录，写下课堂教学的点滴体会。

（2）板书反思。杜郎口中学每位任课教师都有一块属于自己的反思黑板，每上完一节课，教师都要写出课后反思。每三天反思一次，思考并记录下自己在教学、管理上的收获和不足，在黑板上必写的 3 点内容包括：收获、失误、措施。

（3）周末反思。每周六下午都要组织全体教师参加业务论坛，进行教学专题讨论。论坛由校领导指定班主任组成评委，随讲随评，即时宣布结果，以学科组形式排序，计入本人考核。杜郎口中学早期的论坛话题，主要由教师个人自定。随着教学改革实践的不断深入，业务论坛话题逐渐变为由校委提前一周确定，并公示在学校办公楼大厅的黑板上。话题所涉及的范围十分广泛，如："我的课堂程序与学生活动"、"听课评析"、"谈预习"、"有感于学生评教"、"我的工作态度与质量观"、"怎样看待别人提不足"、"我与榜样的差距与对策"、"我对上过的一节课的回顾与反思"、"我的课堂优与缺"、"我对大容量、立体化教学模式的理解与操作"、"我的教改之路”等等。[①] 教师每周就此写一篇业务论坛稿。

(4) 教学实录反思。为拓广反思资源，提高反思效率，杜郎口中学专门购置了摄像机和液晶电视，跟踪拍摄课堂教学，定期抽时间将课堂录像反馈给教师，结合实例，点评课堂。这种借助现代技术手段的教学反思对教师尤其是被拍摄教师的教学改进具有很大的促动作用。

(5) 集体反思。结合反思会上提出的问题，学科组、年级组、备课组围绕问题进行反思，并讨论解决方案。

(6) 月末反思，教师每月写一篇论文，提升自己的反思成果，形成教学智慧。

杜郎口中学教师的教学反思日记

初一数学　吴新军　07.5.18

收获：（略）（字有点看不清，大意是黑板板书效果方面的成绩的。）

不足：本周对学生有点着急，分析原因主要是对学生期望太高，没有换位想下就对学生发火，以至于学生有点害怕。这样对学生的成长产生很大的影响。

措施：对学生发火并不能对学生有帮助，不一定起到有助他学习的作用，因此我决心改掉自己的不足，与学生沟通，以便了解学生的变动，更好与他做思想工作。

收获：1. 通过听我的课、评我的课，我知道了一节好课应具备的条件。2. 在预习课的上课中，我学会了大容量，学会了让学生动脑、动手分析问题，解决问题。3. 通过听优秀老师的课，我体会到了多媒体用好对课很重要。

不足：1. 课堂上我感到还是不紧凑，设计课堂不严密，对学生的管理不到位。2. 在备课方面，思维还是太保守，设计问题不开放，致使课堂不积极，学生的兴趣低。3. 课堂上学生对规律的总结、学习方法的归纳还不太理想。

措施：1. 备课要严密，在课堂方面要多与李洁交流，多借鉴优秀老师的做法。2. 在学生管理方面，要向李洁、红艳学习，严格要求，及时纠正，多做学生的思想工作。3. 尽量用多媒体或让学生手绘板图，体现地理教学特点。

听课评课：

5月17日，理化生组，对李彩云老师课堂的评价：存在不足：（1）教师的课堂组织还须进一步强化，自由汇报环节，学生不够严谨；（2）合作交流环节师生对

---

① 许爱红、刘延梅、刘吉林：《农村中学课堂教学模式的重大变革——解读杜郎口中学“三三六”自主学习模式》，《当代教育科学》2005年第11期。

> 知识挖掘拓展不够，导致在展示时学生有出现错误的现象；(3) 教师课堂语言要精练。
>
> ——何晓晖：《杜郎口中学考察报告——感受杜朗口》
>
> http://www.rzgz.net/Article/ShowArticle.asp? ArticleID=1511

3. **注重教学示范**

杜郎口中学的教学改革是由学校领导者发动的，而不是来自学校外部的“专业引领”。作为前无来者的创新性改革，杜郎口的教学改革没有现成的“榜样”可以模仿，必须走自己的路。这意味着杜郎口中学校长和领导班子不仅要向广大教师宣讲改革道理及推行相应的制度措施，还必须以身作则，率先开设示范课，让教师在实际的观摩、学习和讨论中理解什么是先学后教，什么是学生自主学习的课堂，帮助教师适应如何按预习、展示、反馈新模式授课。杜郎口中学在学校文件中明确规定，学校领导班子成员必须是优秀教师，学科主任等也从最优秀的教师中选拔，以保证学校领导班子成员都能开设面向全校教师的示范课和标杆课。同时，充分发挥骨干教师和学科带头人的作用，让他们率先改变教学观念，努力使他们成为课堂教学改革的排头兵，造就示范课和标杆课的骨干队伍。骨干教师和学科带头人的示范课可为教师提供更多直观、具体、可操作的实际教学案例，从而更有效地带动其他教师的教学改革。在杜郎口中学，除优秀教师要上示范课外，一般教师要上达标课，教学能力较弱的教师上过关课和改进课，并辅以必要的奖惩制度。

4. **促进教师专业发展**

为帮助所有的教师都达到课堂教学改革的要求，杜郎口中学还采取了定量听课、帮扶结对、检查评比、竞赛奖优等各种措施。

(1) 全校所有的教师都有听课任务，普通教师每周听课 3 节以上，班主任每周听 5 节课以上，领导班子每周听课 7 节以上。

(2) 帮扶结对。领导班子成员、学科带头人、教学能手都必须开展一对一的帮扶活动，定期听被帮教师的课，给被帮扶教师以教学上的指导。对帮扶者的考核与被帮扶教师的表现挂钩。

(3) 检查评比。教师必须过“三课”：示范课、过关课和跟踪课。对上课情况要进行“三评”：自评、他评、领导评。每学期都对全体教师的课堂教学进行验收，优秀者可获得奖励。

(4) 教学比武。杜郎口中学多媒体教室几乎每天都上评比课，有的是校委组织的，有的是学科组织的，有的是年级、班组组织的。每周六下午对本周评比活动进行评析、总结。

（5）评选教学能手。对各学科推荐上来的教学能手参评人员，学校验收评估小组可事先不打招呼听课。对当选教学能手者，发放教学能手津贴，奖励考核分数。

八、以评促学——教学评价理念与方法的更新

杜郎口中学的教学评价十分注重对学生学习的促进作用。在以评价促进学生的学习方面，我们可从杜郎口中学的学生学习评价和课堂教学评价两个方面加以考察。学生学习评价在杜郎口中学已经成为日常教学过程的重要组成部分，这种评价既有监控的功能，又有纠错和改进的功能。

杜郎口中学主要是通过反馈课和课堂激励两种方式实施评价的。反馈课也是杜郎口中学的教学评价形式之一，一单元或一章节一次，一般是将学生学过的知识编成各种可供考核的题型，让学生当堂做，当堂评。反馈课的容量一般都很大，有时一堂课能练习和评议二十几道、三十几道题。供学生考核用的题目，在杜郎口中学可以是根据以往的学习内容自编的，也可以是从其他教辅书上直接找来的，还可以是老师提供的现成的试卷。

反馈课也以小组合作学习的方式开展，一种方法是：一个小组抽取几名学习较差的同学到黑板前检测，相邻的同学不做相同的题。另一种方法是：以小测验的形式检查展示课上的重点题目。教师可根据反馈的情况安排教学内容。反馈效果好，便进入新的学习内容；若出现的问题较多，教师就针对做错的题目再进行小组讨论交流，讲解点评，直至学生彻底掌握。①

开设这样的反馈课具有多方面的意义。一是帮助学生巩固以往学过的知识内容；二是训练学生的解题技能，毕竟学生今后都要面对中考；三是检测学生的知识掌握的实际情况，为学生和教师了解学习情况提供信息，以便补差补漏；四是褒奖优异，让知识掌握牢固的学生通过这样的反馈练习进一步增强自信心。

学生学习评价的另一种形式是激励。激励的形式多种多样，如：让每

---

① 王长江、李新乡、张洪梅：《杜郎口中学小组合作学习初探》，《上海教育科研》2007年第2期。

个学习标兵、学习能手编写一句属于自己的名言，如“积极是课堂的主宰，活跃是课堂的灵魂”、“奋斗与拼搏铸就成功与辉煌”、“勇敢的尝试是成功的一半”等等，配上照片，印成精美的挂屏，布置在教室外的每面墙上。[①] 与传统的评课注重评判教师的教学基本功、教材挖掘程度、个人风采展示等做法不同，杜郎口中学的教学评价标准侧重学生的学而不是老师的教，不是看教师讲得是否精彩，而是看学生学得是否主动、高效，看教师是否有效激发了学生学习的欲望和动力。

杜郎口中学的课堂评价对课堂气氛、学生和教师等方面都提出了要求。

（1）在课堂方面，要求学习气氛紧张热烈、和谐民主、踊跃上进。要求课堂教学形式多样，读、说、议、评、写贯穿始终的课堂学习氛围；男女生竞赛、擂台比武、讨论辨析等，都可以走进课堂。

（2）在学生方面，既有对学生参与课堂教学的人数和密度上的要求，也有对学生参与程度的要求；注重评价学生在参与课堂的过程中的表现，如：学生上课发言是否积极，发言的声音是否洪亮；课堂表达是否流利，板书是否认真规范；学生是否有自己的思想与观点，思维是否具有独创性；学生的表达是否精彩到位（包括语言、表情、动作和才艺表演等）；学生对知识的深化、拓展的程度如何等等。

（3）在教师方面，评价侧重看教师是否每节课都力争使每个学生都有表达自己情感与观点的机会；教师对文本的挖掘，有没有形成自己的观点、方法；教师在发动学生投入学习、指导学生构建和发现文本意义等方面的表现如何等等。

以上三方面只是为了剖析上的方便而进行的层面划分，在实际的教学评价中，以上几个方面都是以学生的“学”为中心联为一体的。如教师评价方面的所有指标都是为了学生的“学”，课堂气氛方面的所有评价尺度也是为了学生的“学”，充分体现了“以评促学”这种形成性评价的理念。

九、杜郎口经验的推广——“全国教师培训基地”和“中国名校共同体”

随着杜郎口中学的声名鹊起，前往参观、取经的单位和个人络绎不

---

① 赵春霞：《杜郎口，教改中的“小岗村”》。

绝。2006年《中国教师报》将杜郎口中学设定为“全国教师培训基地”，有组织地召集教师进行现场教学观摩和研讨活动。该基地目前正积极以杜朗口中学为依托，开展多种层次、多种形式的师资培训，包括：教师岗前培训班、骨干学科教师培训班、校长高级研讨班，各种短期培训班、研讨会、讲习班，同时也接受国内访问学者和省内研修学者，并开展师资工作专题调研及其师资培训的咨询服务等。目前已经开设的课程包括：杜郎口课堂教学七日研修班、中国中小学校长创新管理“杜朗口成功办学”案例高级研讨班等。将“杜郎口实用的课堂教学技术及学校管理经验”与全国各地一线教育工作者共同分享，解决教师的课堂困惑。这种培训课程在设计上力图最大限度地贴近教师教学实际，突出研修主体的体验性、课堂技术的操作性，重视现场教学观摩考察和案例点评，并注重对学员训后跟踪调研。诚如是，这将是我国教师培训值得期许的改革尝试。

为进一步研究和推广杜郎口教学改革的经验，“全国教师培训基地”还于2009年发起组建了“中国名校共同体”，成员单位目前有几十个，主要来自全国各地教改颇有成效的中学，包括杜郎口中学在内。“中国名校共同体”是为解决高效课堂和教学机制等问题而自发组成的研究性团体，其宗旨是：“深入贯彻落实科学发展观，深化素质教育，紧抓规范化办学，促进基础教育一线教师知识的补充和提高，及时掌握相关的新的教学技巧、科学成果和管理知识，开发一线教师的创新能力和创造性思维，提升一线教师队伍整体素质。”① 其职责是“围绕着新课程所倡导的课程革命这一共同命题，整合共同体教育资源，实现课堂聚义，成员校之间搂抱发展，在打造高效课堂的路上相互借道，最终达到共同体成员校共同发展的目的，为全国的教育发展服务”。② 该机构目前已经在整合共同体教育资源的基础上，创办了被称为“国内首创”的视频杂志——《解读高效课堂》。该杂志围绕着高效课堂的“途径和方法”，用模块和范例指导教学。其课例全部来自“共同体”成员学校，涵括初、高中教学。同时，该组织还创办了“原创高效课堂”网站，以更好地服务基础教育。

---

① 中国名校共同体：“中国名校共同体机构简介”，http://www.ycgxkt.com/Html/About.asp? ID=26

② （同上）

第二章 洋思中学

洋思中学位于江苏省泰兴市，与杜郎口中学迅速成为中国名校不同，洋思中学的发展和成名经历了一个较长的过程。但它所倡导的教学理念和实施的教学改革与杜郎口中学极为相似。洋思中学坚信“没有教不好的学生”，实施了“先学后教，当堂训练”课堂教学改革，取得了良好的教学效果。

一、洋思中学的教改历程与成就

洋思中学 1980 年由当地两所办学条件极差的学校初中班合并而成，曾是一所普普通通的乡办学校，十亩荒地、两排平房，两个教学班，200 多名学生，6 名教师，没有任何教学设备。就是在这样的艰苦条件下，洋思中学开始探索自己的教学改革和创新之路。1982 年，提出“当堂教，当堂学，当堂巩固”，并推行“课堂完成作业”。

1983 年，开始进行“先学后教，当堂训练”的教改实验，初步取得了良好的教学效果。1985 年，泰兴市教研室的教研员发现了洋思中学“当堂基本完成作业”的经验，泰兴市教育局随即开始了宣传和推广工作。到了 20 世纪 90 年代，洋思中学已经形成了“先学后教，当堂训练”教学改革的完整思路并系统付诸实施，教改成效也因此进一步凸现，并呈稳定发展的态势。1993 年，扬州市教育局称洋思的做法是“当前农村教学改革的一大创举”。1997 年，被江苏省教委主要领导人称为江苏省“初中教育的一面旗帜”。此时，洋思中学全校共有 9 个教学班。次年，江苏省教委和泰州市政府予以洋思中学“面向市内外招生”的政策。1999 年江苏省教委专门下发了《关于学习洋思初中改革课堂教学模式，全面提高课程实施水平的指导意见》的文件，要求全省中小学推广这种教学模式，大江南北掀起了学洋思的热潮。

洋思中学蔡林森校长谈学校创业

20 世纪 80 年代初，学校刚创办时，设备简陋，生源差，教师多数是代课教师、民办教师。他们上课“满堂灌”，从上课一直讲到下课，作业压到课外。学生从上课一直听到下课，似乎在看戏，听说书，始终处在压抑、被动的状态，学习积极性调动不起来，有劲使不上，主体作用得不到发挥。再说作业压到课外，就导致课外作业负担过重，恶性循环，影响了课外活动的开展，影响了学生全面发展。当时，我想我的三个孩子由“差”转为“优”，不是靠“讲”出来的，而是靠引导他们自己学出来的。那时，我既当校长，又教两个初中班的语文，课上讲得少，学生练得多，教学质量一直在全镇冒尖。我体会到：课上只有让学生紧张地学习，才能提高质量。于是，我就狠抓了“当堂完成作业”这第一步，逼着老师少讲。那时，有人反对，说什么“当堂完成作业，课怎么讲得完?”“质量搞不好，你要给我恢复名誉……”我引导大家反复学习、讨论，有时通宵开会，争论得面红耳赤，经过不屈不挠的追求，初见了成效。1985 年 11 月，泰兴市教研室 9 位领导，突然进我校听随堂课，对我校能够当堂完成作业给予充分的肯定，并竭力推广。以后，每学期教研室的领导都到我校听课、指导。1987 年，我们又把课上得特别好的教师提拔为教导主任。1991 年，泰兴市教育局排除种种干扰，让我这在镇中心初中领导下的一般初中的校长，登上泰兴市教学工作会议的主席台，作了题为《提高课堂教学效率，保证教学质量》的报告。从此，全市各校老师开始进我校听课。接着，市教育局领导帮助我们制订了《改革课堂教学，建设特色学校》的三年规划，使课堂教学改革步入教科研的轨道。

——滦平教育信息网：《洋思中学成功之道》

http://www. lpxedu. com/Article/UploadFiles/200703...34K2007-3-15

到 2007 年，洋思中学已经发生了翻天覆地的变化。占地面积 207 亩，64 个教学班，3000 多名学生，教职工 300 多人。校舍 7.2 万平方米，10 个物理实验室、4 个化学实验室、6 个生物实验室、4 个微机房。有一流的图书馆、电子阅览室、网络中心、电子监控系统，每个教室有多媒体设备，每个教师配有手提电脑。学校食堂宽敞明亮，学生公寓六人一间，每间都有电话、空调、卫生间。生活老师给学生洗衣服，指导生活。学校有足球、篮球、排球、网球等各类球场及乒乓球馆、塑胶跑道、人工足球场。[①]

对一所农村中学来说，学校如此大规模的扩张和发展并不是轻而易举的事情，洋思中学是凭借自己令人惊讶的办学质量和良好的社会声誉实现了这一转变的。在洋思中学基本不存在后进生问题，全校学生的每一门课考试成绩都在 90 分以上。学校如今已经连续 20 多年入学率、巩固率、毕业率、合格率、升学率均为 100%。其中，升入重点高中的学生达 60%以上，综合考核连续多年名列全市第一。有 1000 多名学生在全国、省、市举办的数、理、化、生奥赛以及音、体、美、作文、科技小制作竞赛中获奖。体育达标率超过 97%，而学生的近视率控制在 10%左右。学校连续多年无一人违法犯罪，校园常年达到“七无”，做到了“桌上无一刀痕，地上无一纸屑、果壳，墙壁上无一污迹，花木无一掰折……”，特长学生不断涌现。许多外地区、外省市的家长都慕名把孩子送到这所农村学校就读。3000 多名学生中，80%是全国各地到洋思中学求学的外地学生。

洋思中学也因此获得了巨大荣誉。先后获“江苏省德育先进学校”、“江苏省模范学校”、“江苏省文明单位”、“江苏省先进集体”、“江苏省现代化示范初中”等称号，其校长也被评为“全国教育先进工作者”、江苏省首批名校长，曾两次受到江泽民等中央领导同志的接见。多名教师获得省优秀教育工作者、省劳动模范、省特级教师、省名校长和全国优秀教师、模范教师等荣誉称号。与杜郎口中学一样，洋思中学也被誉为全国基础教育的一面旗帜、全国实施素质教育的成功典范。

随着洋思中学的声名日隆，来自全国各地教育界的干部、教师、专家纷纷前往考察、参观、研究、学习。每天不下几百人，现已达到了几十万人次，并以每年 20%的速度递增。2001 年暑假，全国各地 2000 多名家长送孩子来洋思报名，开来的小轿车在门外停了 4 公里长。

一时间，中国大地刮起“洋思旋风”，有人称“洋思热”，有人称“洋思现象”，洋思中学成了一个谜。人们在用各种目光打量洋思，不少人也带有各种疑惑，有人赞叹，有人惊讶，有人说：“中国的学校不要说都办成这样，要有一半这样，哪怕只有十分之一这样，中国也就会成为教育强国了。”

---

① 泰兴市洋思中学，http://www.jsy.cn/edu/yangsi/honor.htm

不管人们评价如何，洋思中学能够从一所地处偏僻的农村初中发展成如今的规模，在三流的设备和三流的师资条件下取得如此辉煌的成绩，是值得认真总结和反思的。

洋思中学令人瞠目的成绩到底是如何取得的，已经引起了广大教育工作者的极大兴趣。从洋思中学累计几十万人次的参观、访问的数字中，我们已经感受到了人们对洋思中学教改经验的关注程度。从大量的有关洋思中学的参观体会、调研报告、学术论文以及洋思中学的自我总结中，我们可以归纳出洋思中学取得如此成就的主要原因。

二、核心教育理念——“没有教不好的学生”

“没有教不好的学生”是洋思中学的基本教育理念之一，它不仅是一种不同凡响的教育标语，被张贴在洋思中学的教学楼墙面上，而且也是洋思人实实在在的教育追求，并在实践中被不断践行着。它已经成为洋思中学品牌式的教育口号。正如一听到“做中学”，我们就知道这是杜威教育思想的核心内容一样，一看到“没有教不好的学生”的口号，我们就知道这是洋思中学的教育精髓所在。

洋思中学的“没有教不好的学生”至少包含着三层含义：第一，学生固然有方方面面的个人差异，但对基本的学习内容和任务而言，每一个学生都是能学好的，都是能够达到基本的教育要求的。第二，既然每个学生都能学好，把每个学生都教好就成为教师的基本责任。教师应当面向每一个学生，尤其是面向学习落后的学生，让所有的学生都能达到基本的教育要求，实现自己的教育潜能。第三，学校中是存在让每一个学生都学好的基本条件和合适环境的，适当的方法总能让每一个学生学好。这里有必要说明一下“没有教不好的学生”中的“好”的含义。“好”作为一种教育方向和教育价值的判断，具有主观色彩，不同的人，不同的国家和不同的文化都有不同的理解。从洋思中学的教育理念和实践来看，洋思中学所称的“好”，至少包括两层含义：一是指学习成绩的不断提高，并达到一个较高的层级；二是形成学生良好的生活和学习习惯，提高学生的综合素质。

也许，从中立或客观的角度看，“没有教不好的学生”不是一个准确的事实判断，有着过于主观、绝对和不切实际的色彩。不过，教育工作并非仅仅是关乎事实判断的，教育工作本身就是一种信念、一种态度，需要有教育工作者的精神追求和情感付出。“没有教不好的学生”充分表达这种精神和情感属性，它有助于教育工作者树立一切为了孩子的责任心，有助于树立教师坚持教好每一个孩子、永不言弃的精神理念。“没有教不好的学生”这句话所表达的教育追求是任何一种负责任的教育所必需的，这也是教育的艺术魅力所在。当这句话遭到他人的质疑时，洋思中学校长的一句解释虽然朴实，却道出了真谛：只有这样认为，才能教好学生。

洋思中学并没有将“没有教不好的学生”仅仅搁置在理念上，而是在学校实践中大胆探索，勇于创新，建立了一套行之有效的制度和方法。洋思中学多年来一直能保持各门功课都在 90 分以上，优秀率名列全市之首，这与洋思人将“没有教不好的学生”的理念落到了实处是分不开的。

1. **把握教育时机，一切从起始抓起。**为让所有的学生都有良好起点，洋思中学对学生的教育注重从起始年级抓起，从起始学科抓起，从新生入学的第一天抓起，从最后一名学习基础差的学生抓起。为此，学校尽量都把最得力的教师安排在初一年级。为树立“没有教不好的学生”的信念，每学年开学之初，洋思中学都要围绕着“没有教不好的学生”这一主题，举办至少三场全校性演讲大会：学生演讲会、新同学演讲会、教师演讲会，请有亲身经历的学生讲述自己由后进变先进的故事，请教师讲述帮助后进生变先进生的心路历程。平时也经常通过班会、学校各类媒体和其他各类活动，树立和宣传后进转先进的典型事例。在宣传发动、解决了学生的信心问题的同时，洋思中学注重针对每个学生的具体情况，有针对性地采取各种措施，让他们得到自己所需的教育。如，知识基础薄弱的重在补课；学习习惯没有养成的重在形成良好的学习习惯。总之，不仅要把握时机，树立信念，而且还要善于将信念转化为信心和行动，使各项具体工作从一开始就落到实处。

2. **精心编班分组，发挥竞争与合作力量。**洋思中学不分快慢班，但对平行班如何编班、分组、排座十分讲究。从新生入学开始，学校就将学生按优秀、中等、后进，平均分配到各班，以便于学校对教师的管理和考核，促进教师间的公平竞争。且一年一分班，以增强教学竞争的活力。同一个班级的学生也组成不同的学习小组，每个学习小组的构成也同样按优秀、中等、后进三个层次的学生搭配。同一个学习小组的学生尽量被安排在前后桌，后进生尽量被安排为与优秀生同桌，让他们结成学习对子，减少后进生的“求助”难度。后进生也被尽量安排到靠前的座位，以便于各科教师能及时了解他们的学习情况。这样的编班分组可以最大限度地调动竞争的力量，促进学生的结对帮扶、合作学习。

3. **注重课堂教学，重点关照后进学生。**在课堂教学过程中，洋思中学始终坚持将“后进生”作为重点教学对象予以特殊的关注。课堂变成了“补差”的主阵地。教师讲课起点、提问的重点、巡视的重点均为后进生。在课堂教学中，教师提问、板演最多的是“后进生”；教师巡视时，解释、点拨最多的也是这些学生；课后谈心交流最多的还是这些学生。每天早晨，文科教师跟基础差的学生一起学习单词、背诵课文；每天中午，理科教师帮助基础差的学生纠正错误、演练习题。教师不仅关心后进生的学习，而且也关心他们的生活、思想和情感，注重恢复他们的自尊、自信，鼓励他们奋发向上。

4. **以评促教，建立后进生验收制。**洋思中学在分班编组的基础上，建立了后进生验收制度。各任课教师要分别与校长和班主任签订“目标教育责任状”，对在本学科内转化后进学生提出目标，学校定期对后进学生的转化情况进行验收；对达到教育责任状目标的教师予以奖励，对未达到目标的予以惩罚。

三、先学后教，当堂训练——课堂教学模式的创新

“先学后教，当堂训练”的教学模式可具体化为：提出目标，指导自学，互学互教，当堂反馈。每门课都是教师先提出学习内容和要求，限定时间让学生自学教材，再做课本上的练习题。教师当堂布置作业，当堂检查，课后不留作业。

1. **“先学后教，当堂训练”的内涵。**洋思中学每堂课教师讲授不超过4分钟，其余的时间全部让学生自学。“先学”，即教师简明扼要地提出学习目标和自学要求，学生带着思考题，围绕课堂学习目标，凭借工具书，按教师的自学指导，在规定的时间内自学相关内容，完成检测性的练习。学生自学的形式多种多样、灵活多变，可带着问题看例题、读课文、看注释、做实验、发现疑难做记号、做与例题类似的习题等等。如语文课，学生可自读课文、自己分析课文；数学课，学生可自学例题、自己做练习题；理化课，学生可边看书边做实验等等，教师一般不作讲解或演示。

在洋思，课堂上的每一个环节都让学生自学，但自学并不只是单纯地看书，在自学的过程中，学生可以动手操作、动眼观察、动脑思考、动口

交流，教师引导学生投入到这些活动中，让他们亲身感悟知识的产生和发展过程。

除在课堂中的“先学”外，洋思中学还鼓励学生进行三级预习。“大预习”——要求学生在寒暑假抽出部分时间预习下学期各科教材，对下学期的教学内容有大致了解；“中预习”——要求学生在双休日利用一定时间预习下周的教学内容，初步找出教材中的疑难问题，也称“同步预习”；“小预习”——要求学生在晚间用一定时间预习次日要学的内容。不过，相对而言，洋思中学更为重视课堂中的“自学”，对预习的要求较为简单，不要求学生花过多的时间。

2. **“后教”。**“后教”是针对学生自学中暴露出来的问题及练习中的错误而进行的教学活动，可分两个层次。首先是学生教学生，即在先学的基础上，对学生没有理解和掌握的问题，尤其是疑难问题，让学生通过讨论、质疑、交流，掌握自学环节中没有解决的问题，开展学生与学生之间的互动式学习，这一过程也被生动地概括为“兵教兵”的过程。其次才是教师的教。教师的教主要针对“兵教兵”过程也无法解决的问题，由老师进行点拨引导，开展学习。这一过程也被形象地概括为“官教兵”。在这一过程中，教师将“后进生”作为主要关注对象，提问、板演，都重点关注“后进生”。

洋思中学的教是在学生的学之后发生的，这种教是一种具有独特艺术的教。教师在教学过程中需要把握好如下三方面的要点。

（1）教的内容应该是学生自学后未能掌握的，对学生通过自学已掌握的学习内容，一概不教。

（2）教师的教并不只是就题讲题，让学生得出答案，而是要寻找出规律性的联系，真正让学生知其所以然，并通过引导，对学生在学习中可能出现的问题做出预防。

（3）教的艺术在于让学生自己学起来，并能够通过同伴间的合作学习，学到东西。对“兵教兵”过程中学生自己能够正确把握的学习内容，教师只需肯定，不必重复；对学生讲得不完整、达不到深度的知识内容，教师要作补充；对学生讲错了的，教师则要更正。这样，教师讲的时间就大大减少了，一般不超过5分钟，但能通过补充、更正的方式达到解决疑难问题的目的。

各科教学中的“先学后教，当堂训练”

数学课上，先引导学生按照自学指导看例题、找规律，再让学生做与例题类似的习题，然后引导学生更正、讨论，解决疑难问题，最后让学生当堂完成作业。作文指导课上，先让学生独立审题、立意、选材、编写纲目，同时，教师巡视，发现问题，及时引导学生讨论；教师只作很少的必要的点拨，很快解决了作文中的主要倾向性问题，最后再让学生独立作文。物理、化学、生物课上，教师先引导学生边看书边按照课文中的说明做实验，再点名上讲台做汇报实验，最后，引导学生归纳结论。政治、历史、地理课，都让学生按照老师的指导，认真地看书、思考问题，展开讨论或争论，教师略加评定后，学生当堂完成作业。复习课，也采用“先学后教，当堂训练”的课堂教学结构，有时一课时一个循环，有时几课时一个循环。

——苟灵富：《洋思，一个朴素的奇迹——洋思中学考察报告》

http://www.ltyz.org/jytd/jydt/200705/329.html

“当堂训练”是巩固学生所学知识和技能的过程。洋思中学要求每堂课都必须留15～20分钟给学生完成当堂作业，让学生独立完成一定量的习题练习，用所学知识和技能解决问题，巩固当堂所学的知识和技能。

3. **“先学后教，当堂训练”的主要环节**

从全程看，洋思中学的“先学后教，当堂训练”包括如下主要环节：

(1) 出示课堂学习目标。教师在课前准备好出示内容，利用小黑板、投影仪及其它媒体手段上课时出示给学生，让学生明确本节课的学习任务和要求。(约1分钟)

(2) 提示学生自学。让学生按照学习目标，知道自学什么，怎么学，用多长时间，达到什么要求，如何检测等。(约2分钟)

(3) 学生自学，教师巡视。教师通过观察，了解学生自学情况，注意端正学生自学态度，使每个学生都积极动脑，主动学习。学生在学习过程中既可以是独立学习，也可以同桌合作或小组讨论探究，还可以请教老师。(约5～10分钟)

(4) 检查自学效果。让中等生尤其是后进生回答问题或板演，最大限度地暴露和发现学生自学后存在的疑难与问题。(5～10分钟)

(5) 学生讨论、更正，教师点拨，指导学生运用。通过学生观察板演、听证答案，找出错误或比较与自己的做法、结果是否相同，学生自行改正。让学生各抒己见。引导学生讨论，说出错因及更正的道理。指导学生归纳，上升为理论，总结出规律，便于以后再运用。凡是学生能解决的，就放给学生自己解决，真正找出哪些需要教师引导、点拨的问题。通过学生讨论、教师点拨，学生进一步加强对所学知识的理解，最终形成运用所学知识去分析问题和解决问题的能力。（5～10 分钟）

（6）当堂训练。布置课堂作业，督促学生像考试一样独立完成，并由学生或教师批改部分已完成的作业。（10～20 分钟）

“先学后教，当堂训练”的课堂教学结构并不是一成不变的，可做灵活安排，有时一课时一个循环，有时几课时一个循环。比如，单元复习就可以作如下安排：让学生在第一课时阅读、思考、讨论；第二课时，按照本单元的训练要求，让学生进行综合练习；第三课时，引导学生更正训练中的错误，再针对问题进行当堂强化训练。

洋思中学要求学生的练习必须快节奏地独立完成，教师不做辅导，学生不得抄袭，就像考试一样严格认真，按时完成。“上课要像考试一样紧张”这句洋思中学的口号就正是其印证。以这种当堂的联系取代平日的考试，融考试于日常的课堂之中，这也是洋思中学提高课堂教学效率、减轻学生学习负担的重要手段。

“学生会的不教，学生不会的尽量让学生自行解决，教师少讲精讲，只作点拨性的引导”，这是洋思人摸索总结出来的教学策略。洋思中学校长在分析自己学校的这一教学过程时曾指出，先学后教的过程对学生来说，实际上隐含着三次考试；先学就是一次自我摸底性考试，后教是合作性考试，当堂训练，是个体检测性考试。

四、“四清”运动——“让每一位家长满意”的保证

“没有教不好的学生”是洋思中学的教育理念，“四清”则是实现这一理念的重要措施之一。洋思中学的“四清”指的是“堂堂清，日日清，周周清，月月清”，它来自洋思中学校长成功改进了其女儿学习状况的一套思路和方法。

“堂堂清”——要求学生做到“课堂上能掌握的绝不留到课后”。每堂课所学的知识内容，学生必须当堂巩固，并独立完成每堂课的达标测试，教师要当堂批改。对优秀学生来说，这并不是多么艰巨的任务，但对后进生来说，由于学习习惯和知识基础等各方面的问题，要做到“堂堂清”并不容易。因此，洋思的课堂常常变成了帮助后进生学习的课堂，课堂也因

此成为达到“没有教不好的学生”这一目标的主战场。课堂中没有通过达标测试的“未清者”，将被转入“日日清”。

“日日清”——要求学生“今天能掌握的绝不留到明天”。“日日清”包括课内清和课外清。对当日未“清”者，课内，由学习小组在讨论时予以帮扶；课外，学习小组成员进行内部分工，分项负责。如有的分管例题、习题，有的分管单词、背诵等等。群策群力，助其过关。根据洋思的经验，这样的过程一般经过两三次，未“清”者也“清”了，极个别还“清”不了的，由教师在当天的课外或自习时间进行补课辅导。

“周周清”——要求学生“本周能掌握的绝不留到下周”。这主要是一个适时温故知新、巩固提高的环节。洋思中学建立了周五验收制度。备课组长一般在每周的第一个工作日就布置好工作，通过任课教师，让每一位学生都知道本周五或周四需要“清”的内容，并将这些内容以试卷的形式编制呈现出来。在洋思，学校周五主要验收数学、英语。单周验收数学，双周验收英语。教导主任、教研组长任验收组长，验收员由任课教师和班上学习尖子担任。为尽可能避免“人为”因素的干扰，洋思中学创设了班与班对调验收制度，较好地保证了验收的客观公正性。对在这一过程中仍然“清”不了的内容，任课教师将利用双休日时间，进一步实施补救措施，再接受验收。

“月月清”——要求学生“本月能掌握的内容绝不留到下月”。它是对学生在本月内的学习内容进行温习和巩固，实际上就是月考。“清”的方法与“周周清”采用的大致相同，只是由于一个月学习的内容大大多于一周的内容，“清”的难度会大些。洋思中学对“月月清”十分重视，建立“月月清”奖励制度，对完成“月月清”任务的学生授予奖状。

洋思中学的“四清”时间安排是灵活的，对象的目标要求也是富有弹性的，不搞一刀切，对不同的学生可以提出不同的要求。同样的需要“清”的内容，有的是100分算清，有的85分算清，有的是60分，还有的可能只要20分。但就每个学生而言，这个标准应当是一个不断提高的过程。

洋思中学的“四清”运动为检验学生的学习成效设立了四道连续的“关卡”，从每堂课的不足一小时到每天，从每周到每月，环环相扣，对保障学生学习的成效具有积极的意义。正如人们所评论的，“四清”运动就像是四道防泄大坝，阻止了学生学习的后退之路。这也是洋思中学实现自己“让每一位家长满意”的“秘密”所在。

五、兵教兵——同伴间的互助与合作学习

前文已述洋思中学的编班分组情况。洋思中学建立学生学习小组的目的就是要实现学生教学生——“兵”教“兵”的过程。对学生在自学中暴露出来的问题以及练习中的错误，首先引导学生讨论，让会的学生教不会的学生，教师只作评定、补充、更正。对那些在学生合作学习中仍然无法解决的问题，才由教师帮助解决。“兵”教“兵”在洋思中学并不仅仅限于课堂内，更多的还是体现在课后。在洋思，入学之初，“有困难”的学生较多。这些学生对课堂所学知识的理解往往很不充分。而洋思的学生多半是寄宿的，平时学习和生活都在一起，这就为洋思中学开展同学间的课外“帮扶”活动提供了条件。“兵”教“兵”、“一帮一”既是解决后进生学习问题的有效方法，又能促进优秀学生的发展和提高。优秀学生要想帮助他人，必然自己也要充分理解所授知识，学会清晰、流畅地把自己理解的知识表述出来，这对优秀生来说，本身也是一种发展和提高的过程；正所谓“教学相长”，这也是“兵”教“兵”的魅力所在。

洋思中学课堂内同伴互助学习案例

这是一堂化学课——“化合价”，学生在自学之后，教师出示检测题：标出氯化钾、氯化镁、铁、氢氧化钠中各元素的化合价。4 名学生板演，教师则在下面巡视，了解学生做的情况。几分钟过去了，教师鼓励学生：“看看板演的同学有没有错误的地方，有的话请上来更正，并署上自己的名字。”课堂上气氛顿时活跃起来，学生争着上去改正错误。对铁的化合价到底是多少产生了 3 种不同的意见：+2，+3，0。教师在评到这题时，让他们分别说出理由，写“0 价”的学生回答：“我认为他们说得都不对，因为铁不是化合物而是单质，而单质中元素的化合价规定为零价。”教师进行表扬。在活跃而热烈的讨论中，教师不费一字一句，不会的学生理解了，会的学生通过自己的语言向不会的学生做了清楚的解释，也得到了一定的提高。

——沂南教研室：《洋思中学经验——教学篇》，
http://www.zsfz.org/web1

洋思中学课堂外同伴互助学习案例

初一（9）班的张春霞，家里比较贫困，学习习惯不是很好。老师让班长、数学科代表和学习委员坐在她的周围，一起负责“补差”。刚开始学英语单词时，由于学习不得法，她老是记不住，负责英语补差的学习委员利用点滴时间帮助她过关，还组织全班同学每人教会她一个单词。另外，班级成立助困组，每两个星期到她家去一次，看望安慰她的家人。她被深深感动了，各方面的表现都好了很多。

冯璇是初三（1）班的插班生，刚进来的时候物理只有三十几分。教师帮他找了物理成绩较好的黄磊当他的“师傅”，“承包”他的学习。黄磊立即制定了“扶贫”计划，先让冯璇对学习产生兴趣，然后从学习的各个环节去帮助他。一堂课下来黄磊会随时抽查课上的内容。一天下来，他们又会在一起回忆当天所学的内容。天天如此，一段时间下来，冯璇的物理成绩有了很大的提高。

六、从习惯抓起——让生活课程发挥作用

洋思中学不仅重视学生的学习成绩，而且也十分注重学生良好生活和学习习惯的养成。尤其注重在衣、食、住、行等日常活动中，培养学生良好的生活习惯和精神风貌。洋思人认为，生活是一本书，生活也是一门课程。在洋思中学的生活区，随处可见“学会吃饭”、“学会睡觉”、“学会洗澡”等标语。新生一入学就要接受校纪校规教育，背诵学生守则，学习如何整理房间，如何就餐，如何在校与同学相处，如何叠被子等等。比如，新生刚进校，宿舍里垃圾较多，他们就开有关解决宿舍垃圾的会议，要求学生少吃零食，并组织学生比赛，看哪一层宿舍的垃圾少；吃饭时，桌上只要有一粒米，全桌的人都不能离开；天气有了变化，要求学生注意增减衣服，生活指导老师在宿舍门前逐一检查；遇到外来客人，必须笑脸相迎，彬彬有礼。对做得好的学生，洋思中学注意及时表扬，并树立典型。宿舍、餐厅都有广播，及时宣传。此外，洋思中学还把“生活课程”的实施情况作为“三好生”的评比条件，“三好生”所在宿舍必须是文明宿舍，所在的餐桌必须是文明餐桌，否则就不能评上“三好生”。

早晨起床铃响后，先醒的同学必须叫醒同室所有同学，然后上铺的同学先整理床铺，后到水池上洗漱，下铺的学生则反之，以保证 3000 多名学生都能在 20 分钟之内整理好床铺；洗漱完毕，准时到操场上集中参加早锻炼。洋思 3000 多名寄宿生的零用钱都由生活指导老师代为保管，学

生动用零用钱需向老师申请，并说明用途。无特殊情况，一次支取的金额不得超过10元。洋思的生活指导老师并非一般的临时工，而是一个责任心强、工作认真细致、有一定育人技能的高素质群体，是向社会公开招聘的，待遇优厚，考核严格，录用比例很低。学校对生活指导教师也有严格的管理制度，如宿舍少了东西，生活指导老师必须赔偿。

除生活教师管理学生的生活、负责学生的生活教育外，洋思还赋予学校领导、班主任、科任教师在学生生活管理和教育方面的权利与责任。如班主任和科任教师如果没有对学生进行必要的教育与采取应有的措施，导致学生发生偷窃行为，班级考核就要被扣分，相关老师也要被扣奖金。同时，年级负责人（分校长）也要受到相应的处罚。

洋思中学学生文明就餐的标准

学生吃午饭的情景：11点30分，下课铃响后，全校学生同时走出教室，有秩序地走进餐厅，等本桌的8名同学都来齐了，值日生负责分饭、分菜。楼上楼下3000多名学生同时用餐，听不到任何喧哗，没有人乱跑乱蹿。20分钟左右，所有学生全部吃完，并将餐桌、碗筷擦洗干净。不少餐桌上都有一个插着一支绢花的精致小花瓶。司务长告诉我们，那是文明餐桌的标志。文明餐桌有4条标准：1. 分菜公平；2. 桌面整洁；3. 无剩饭剩菜；4. 不讲闲话。要求在分菜时，学会关心人，先人后己，不厚此薄彼；吃饭时，先多吃饭少吃菜，再少吃饭多吃菜，最后喝汤，保证不剩一粒米。

七、集体备课制——发挥教师的群体智慧

洋思中学坚持集体备课，实施备课的“六个统一”：统一教学进度，统一自学指导，统一教学目标，统一思考题，统一作业，统一教学过程。集体备课的工作主要由备课组长负责。备课组长与学校签订承包合同，并领有专项津贴，对本组教师的备课、教学、作业批改、辅导、考试合格率等方面的表现负有全面的责任。

每周初，洋思中学同年级中执教相同科目的教师都要集中到一起，讨论学生的学习情况和引导方法问题，共同研讨下周各课时的教学方案，确定学生的自学范围、自学内容、自学方式、自学时间以及自学要求等。商讨的内容还包括学生自学时可能遇到的问题，以及如何引导学生解决这些问题等等。

洋思中学的集体备课主要有如下几种方法。

（1）全年级教师每两人组成一组，就同一个课题备课，编制教学方案或课件，按指定时间上交给备课组讨论修改。

（2）把上一年最好的教案印发给教师，由老教师给大家讲解教案。然后组织教师修改教案，修改完后交由集体讨论；再由老教师博采众人之长，执笔形成最后教案，并发给大家。教师拿到教案后还可以根据班情，作适当调整。课后须写教学心得。

（3）一人一课，小组成员每人都要负责计划下周所学内容中的一堂课，然后交给小组讨论，最后由备课组长负责教案把关。

（4）开展“两课一评活动”。即由两位教师（一优一劣）进行相同内容的授课，这两位教师被要求独立备课，全组教师听课、评课，比较课堂教学的优劣。不排除“好中有劣、劣中有好”的现象。

八、教师的“无为”与学生的“有为”——教师在课堂教学中的作用

洋思中学课堂教学的全程，几乎都是让学生自学。它提倡课堂要“活”起来，学生要“动”起来，教学效果要“好”起来，但教师却要“懒”起来。洋思中学所提的教师的“懒”，并不是要将教师变成课堂上可有可无的角色，而是要求教师转变为教学的组织者和辅导者，发挥教师在课堂中的关注、监督、发现、引导和鼓励的作用，以教师的“无为”换回学生的“有为”，使学生由被动的接受者转变为主动的探究者和建构者，真正成为课堂学习的主人。

在洋思的课堂上，教师在教学中也发挥着重要的作用，体现在教学的各个环节。首先，在学生自学前，教师就要对学生提出明确的自学要求，包括自学什么内容，用多长时间，届时如何检测等等。同时教师还要善于给学生以自学方法和思考方向上的提示。其次，在学生自学过程中，教师的主要任务是通过巡视、个别询问以及让学生板演、练习等形式，检测学生特别是后进生的自学情况，尽可能地创造条件，让学生最大限度地暴露出学习中的问题，并对这些问题进行梳理、归类，为“后教”做好准备。第三，学生自学结束后，教师要发动学生讨论、质疑、交流，让已会学生来教不会的学生，促使学生相互合作、相互帮助。

洋思中学强调，在上述过程中，教师应注意把握以下三个要点。

（1）教的内容应该是学生自学后还无法掌握的；对学生通过自学已学会的，一律不教。

（2）教学不是就题讲题，也不仅仅是找出问题的答案，而要寻找出规律性的联系，知其然，更知其所以然。

（3）教学应当发动学生自己进行，对学生自己就能教会同伴的内容，教师只需做正面肯定，不必重复；对学生讲得不完整或达不到深度的，教师要做补充；对学生讲错了的，教师则要更正，通过补充、更正的方式达到解决疑难问题的目的。最后，教师还要引导学生当堂完成作业，进行严格训练。

九、校本培训——让教师在实践中成长

洋思中学为充分发挥教师的引导者和组织者的角色，大力强化了教师培训，引导教师在实践中实现自己的专业成长，并为此建立了特有的制度，让教师“从教学中学习教学”。学校规定教师每年都要接受不同形式的培训。中等以下水平的教师在校内培训，由学校领导和骨干教师负责指导。培训有补贴，但要通过考核。骨干教师则外出观摩学习和培训。外出培训的教师必须写出培训收获或感想，且要达到一定的字数和质量，差旅费才能给予报销。洋思中学的校本教师培训具有以下特点和形式。

1. **师德至上**

洋思中学将师德视为学校文化的灵魂，不仅将师德的形成置于教师队伍建设的首位，而且还注重将师德建设落实到学校各项具体工作中去，建立了保障落实师德建设的规章制度。制定了《师德考核 37 条》，设立了师德考核奖，每月考核一次。师德考评占教师年度目标考核总分的 30%。对没有违纪的教师每月奖励 200 元，一月一结账。学期总考核低于 90 分的教师，不能参与评优评先；低于 60 分的，要待岗停职或转岗。每年暑假，洋思中学都要举行新教师师德培训班，让优秀教师作事迹报告，让老教师介绍学校创业的艰辛历程，使新教师一进校首先受到洋思精神的熏陶。平时工作中，老教师也注重用自己的一言一行对青年教师产生积极影响，培养青年教师艰苦奋斗、无私奉献、团结协作、创新进取的精神。

2. **师徒责任制**

洋思中学为促使年轻教师快速成长，建立了师徒责任制，即师徒结对，捆绑承包。学校要求有经验的优秀教师在新教师的培养中承担自己的

责任，组织师徒结对签订协议，所有的新教师都有自己的“师傅”。师傅和徒弟处于同一个教学小组，师傅要对徒弟的备课、讲课和教学质量负责。具体来说，就是每学年初，学校都要将刚毕业的新教师派给骨干教师做徒弟，学校给当师傅的骨干教师以专门的报酬，并适当减免师傅的常规工作量。新教师要坚持先听师傅的先行课，师傅也要听徒弟的汇报课，予以及时的指导。

对师傅的考核与对徒弟的考核被捆绑在一起，徒弟有了成绩，获了奖，学校将拿出相当于徒弟奖金数额的 2/5 给师傅。徒弟没有带好，师傅也要受罚。为便于指导，洋思中学还规定，徒弟的教学进度必须比师傅慢一两节课。校长、教导主任坚持天天听课，发现问题，及时纠正，并通过评课会、计划会、总结会、考后分析会等各种方式，认真分析和解决教学中存在的问题。

3. **暑期培训制**

每年暑假，洋思中学都要组织 30 多天的校本教师培训。洋思中学规定，每年暑假的 7 月份，新教师必须完成两项任务：一是自学，即学习任教学科知识以及教育教学理论知识，理解洋思的办学思想和“先学后教，当堂训练”的教学模式。

二是备课，即备下学期自己将要上的课。在暑假放假前，学校就安排好了后一个学期每位教师的教学任务。到 8 月初，所有教师返校，以备课组为单位，参加学校组织的考试。考试的内容包括以下五个方面：(1) 任教学科的知识。考初中教材上的内容，通常是教师教什么，便考什么，试卷类似于中考试卷。(2) 教育教学理论，指定考试内容。(3) 普通话。(4) 粉笔字、钢笔字。(5) 说课比赛，按年级分科进行。9 月份还进行一场教学比武。即，在暑假培训的基础上，以备课组为单位，每个教师都要上一堂课参加预赛，每科选一名参加年级部的半决赛，每年级推选 4 名教师参加全校的决赛。这是洋思中学培养“精锐”教师的方法。

三是赛课、评课。暑假期间组织百余名老教师逐一上课、评课，相互间指出存在的问题，并分析原因，研究解决办法，最后评选出优秀课获奖者。新教师也要赛课，对其中好的给予合格课奖励，对不合要求的，则引导他们反复上，直到过关才能上讲台；并进行教学评奖。

第三章　东庐中学

东庐中学位于江苏省南京市溧水县永阳镇，也曾是典型的乡村薄弱初中。在实施有效的教学改革之前，学校同样存在着师资水平不高、学校设施设备落后等农村学校普遍存在的问题；教学质量十分低下，在当地行政区域和教育布局调整中，曾一度被当作撤并对象。困境中的东庐中学积极寻求变革，经过不断的探索，于1999年推出了以“讲学稿”为载体的课堂教学改革。几年后，学校面貌发生了令人瞩目的巨大变化：教学质量稳步提升，学生的巩固率、合格率、优秀率逐年提高，升学率达100%，中考成绩连续多年名列南京市中学前茅，中考总均分年年超重点高中录取分数线。东庐中学不仅文化课考试成绩一直在市县名列前茅，而且所有学科教学规范有序，音乐、体育、美术课也受到学校的重视，这些课程在中考前一直保持正常授课，学校在艺术教育、科技教育、体育等方面都获得不少从县级到国家级的各类奖项。此外，东庐中学在其他方面的一些表现也令人称道，如，学校无一学生违法犯罪，无一重大安全事故发生，无快慢班，无不开课程，无加班加点，无练习册；没有厌学、逃学、辍学的学生；不违规补课，不买教辅书。东庐中学的改革成就也为它带来了巨大的声誉，曾连续多年被溧水县评为教学质量一等奖，2003年东庐中学被授予南京市教育教学突出贡献奖，校长被评为南京市名校长。同年，学校顺利通过省示范初中的验收。[①] 东庐中学还先后获得了多项荣誉：“南京市教育教学突出贡献奖”、“南京市素质教育创新奖”、“南京市师德先进集体”、“南京市德育先进学校”、“南京市基础教育课程改革实验基地”、“江

① 百度百科：“南京市东庐中学”，http://baike.baidu.com/view/1072982.htm

苏省青少年科技活动先进学校”、“全国读书育人特色学校”、“全国优质品牌学校”、“国家级教育改革特色学校”。近年来还被授予“南京市基础教育课程改革实验基地”和南京市“合融教育项目研究中心”。

一、东庐中学以“讲学稿”为载体的教学改革的起因与过程

以“讲学稿”为载体的课堂教学改革是东庐中学为了解决学校自身的问题而推出的，经历了一个反复探索的过程。作为一所普普通通的农村初中，此前的东庐中学也曾采取过种种变革措施，虽然没有取得显著的成效，但为此后的变革探索了经验，奠定了后续发展的基础。如，就如何才能提高课堂教学的实效问题，东庐中学就曾从抓备课组建设入手，进行集体备课的探索；为培养青年教师，东庐中学也曾实施过“师徒结对制”；为提高学生的学业成绩，从 1996 年起，东庐中学在数学和化学学科上进行了“目标教学”实验；[①] 为有效使用教辅资料，1998 年尝试进行了自编“同步练习”和“单元测试卷”的改革；此后还进行了运用“导学卡”让学生进行预习的尝试。[②] 在尝试上述改革期间，东庐中学的校长还曾带领学校骨干到洋思中学取经。

从教师备课的教案到学生学习教案的两案合一，在东庐中学是从数学学科组的教学改革开始的。他们认为，教师使用的教案，如果适当加以改动，让学生也拥有一份，既能明确学习目标，又可以减少课堂笔记和减轻学生的课后作业负担，还能更好地发挥投影仪等电教设备的作用，一举多得。于是，数学学科组率先在同一年级实行“统一教案，师生共用”的备课教学改革，其后，化学学科组也进行了同样的实验。他们将师生共用稿称之为“讲学稿”，将教师的“教”和学生的“学”结合了起来。

数学和化学学科组的教学改革不久便出现了令人欣喜的结果．两个学科组的青年教师整体教学成绩明显提高，教学水平低的教师进步较快，学生的成绩由原来在全县排名中下游上升到了上游。随之，“讲学稿”开始

---

① 绵阳五中：更可贵的是讲学稿背后，http://www. mydwzx. com/Article/ShowArticle. asp? ArticleID=142，2009 年 4 月 14 日。

② 赵小雅、张滢等：《不一样的课堂》，http://sj. jm. e21. cn/bencandy. php? fid-37-id-543-page-1. htm，2008 年 12 月 12 日。

逐步在全校各门学科中推行。此时，正值2001年新课改启动实施，东庐中学的教改理念有不少与新课改相耦合，这就更坚定了东庐中学把自己的课堂改革推向深入的信心。在数学和化学学科组取得经验的基础上，以"讲学稿"为载体的教学研究先后推广到语文、英语、物理、政治，再到历史、地理、生物学科组，成为全校性的课堂改革。与此同时，讲学稿的定位、研制、使用等专题研讨也开始逐步深入。

二、讲学稿的性质和设计原则

东庐中学的"讲学稿"是集教案、学案、笔记、作业、测试和复习资料于一体的师生共用的教学文本，一般为8开或16开张纸大小，既是教师的讲稿，也供学生课前预习使用，并留有专门的空白处供学生记笔记和做练习。整个教学过程都是依托这一文本进行的。在东庐中学，各门学科都有自己的讲学稿。无论哪门课程，讲学稿主要涉及以下内容：教学目的、重点难点、析解、对概念的理解、知识准备、联系、相关链接、拓展、归纳小结等。东庐中学的"讲学稿"不仅中考学科使用，而且在音乐、美术、体育等小学科中也广泛使用，有明确的制度保障。由于各学科的内容和教学要求不同，不同学科讲学稿的篇幅也不一样。数学学科大约每天一张纸，语文、英语学科大约每天半张纸，其他学科也各不相同。①

"讲学稿"的设计和编写要求教师深入、透彻地把握学生和教材两方面的情况，并真正地将两者结合起来。学生方面，着重了解学生的学习基础、学习意向、学习兴趣、学习能力以及学习障碍所在，这是讲学稿设计的出发点。教材方面，要立足学生的全面发展，充分了解教材的编写意图，把握教材的知识体系和重点、难点所在，吃透让学生参与知识发生、发展与应用全过程的脉络和布局，把握住知识的停靠点、能力的生长点和思维的激发点，解决学生思考、参与、探求的问题。尤其要注重钻研知识体系的掌握对不同层次学生的具体要求，因材施教，使教育更具针对性。

东庐中学在讲学稿编写过程中，注重以如下原则作为指导：（1）主体性——将学生的学习置于主体地位；（2）导学性——对学生的学习过程予

---

① 沂源县职教中心教务处："教师教育理论学习材料（杜郎口、东庐中学教学模式）"，http://www.yyzjzx.com/jxjy/Show Article.asp? Article ID=368，2009年2月17日。

以有效的指导；（3）探究性——设计有助于学生进行探究性学习的结构和内容；（4）层次性——尽量考虑不同层次学生的学习需求；（5）开放性——为教与学活动进一步完善和查漏补缺提供“留白”空间；（6）创新性——有意识地培养学生的创新能力。

在以上原则的基础上，东庐中学还对讲学稿的编写提出了一般性的要求：首先是“讲学稿”应该明确学科的学习目标；其次，应对学生梳理及掌握知识结构和学科体系有帮助；第三，在学习方法和学习策略方面为学生提供指导；第四，提供检测学习效果的适当材料；第五，注重教与学过程的融合，即“教学合一”；第六，不同学科、不同类型知识和不同课型的讲学稿都应该注重形成各自的特色。此外，东庐中学还要求注意区分“讲学稿”和一般教辅材料的区别，强调不能把“讲学稿”写成类似的学习辅导用书。

作为教学文本，东庐中学“讲学稿”的编制需要经历“提前备课、轮流主备、集体研讨，优化学案”四个阶段。具体备课过程如下：

（1）寒暑假备课。寒暑假期间，教师在了解所教班级学生的基础上，个人钻研教材，把握教材知识体系。

（2）主备教师提前一周确定教学目标，选择教学方法，设计教学程序，将“讲学稿”草稿交备课组长审核。

（3）备课组备课。组长初审“讲学稿”后至少提前两天将“讲学稿”草稿发给全体组员；由备课组长召集组员集体审稿，提出修改意见。

（4）主备教师按集体审稿的意见将“讲学稿”修改后交审核人审查，再由备课组长将审核后的“讲学稿”交分管领导审定，制成正式文本。为体现讲学稿编写的严肃性和集体性质，还要求主备教师和审核教师都要在讲学稿上署名。这样，在东庐中学，一份“讲学稿”的形成大致要经历四个阶段和两道审查程序。[①]

在东庐中学，凡两名任同年级、同学科的教师一定要研讨备课重难点以及授课方式，达标练习、单元测试要一致。教师的备课在东庐中学承载着完成教学任务的总体策划和设计的重任，是解决教师、学生与教材三者之间矛盾的主要途径。东庐中学的教师备课要求每个备课组做到“三定三

---

① 孔庆河：《东庐中学“讲学稿”科学性追问》，http://www.qf.jinedu.cn/show.aspx? id=1356，2008 年 4 月 18 日。

有”：定时间、定地点、定主备人；有计划、有主题、有记录。学校还将此项规定纳入备课组长与教师的考核，一月一考核，使集体备课落到实处。避免了很多学校经常出现的教师集体备课流于形式的现象，提高了教师的备课质量，为高质量的课堂教学实施创造了条件。

三、“讲学稿”教学的实施过程和特点

以“讲学稿”为载体的教学是一个融学生的学和教师的教为一体的教学过程，“讲学稿”的编制仅仅是“讲学稿”教学的基础和开端。讲学稿编制完毕后，东庐中学通常要求教师在上课的前一天将讲学稿发给学生，学生按讲学稿的设计程序和教师要求，在充分预习的基础上，尽可能完成讲学稿所列练习题。老师收阅后（有时学生分三个小组由组长进行批阅并把整理情况上报给任课教师），课堂上学生展示讲学稿完成情况，师生共用这一文稿实施课堂教学。对学生掌握的内容老师不再讲。课后，教师要在“讲学稿”上填写“课后记”，学生填写“学后记”，用作下次集中备课交流时的补充。

（一）“讲学稿”教学的实施过程

具体来说，以讲学稿为载体的教学主要包括“课前预习导学”、“课堂学习研讨”、“课内训练巩固”、“课后拓展延伸”四个基本环节。①

1. **课前预习导学。**“课前预习导学”就是根据学习目标，对学习要求和方法作具体安排，并配适量的练习思考题，层层深入地引导学生自主学习，使学生通过课前自学对教材首先有一个初步了解，发现问题。其主要意图是以发现学生学习中的问题为出发点，课前回忆与本节课有关的知识，预习本节课要学习的主要知识，自主解决教材和教学要求中的基础性问题，引导学生学会对疑难问题做好标记，能与同学合作解决问题或在课堂上向老师质疑。“课前预习导学”具有较强的操作性，具体来说，通过如下的步骤完成：（1）通过预习初步归纳出本课时学习内容的知识点。（2）提出一两个问题引导学生理解课文，感知内容、方法及其它相关信息。（3）写下自己预习过程中发现的问题，以便在课堂教学中讨论解决。

---

① 王敏勤：《他们为新课程改革贡献了什么？——点评洋思中学、东庐中学、杜郎口中学的课堂教学改革》，www. lsgz. net/uploadfile/2007418154041857. doc 45K，2007 年 4 月 18 日。

(4) 展示预习成果：交流你的思考和做实验的情况。

2. **课堂学习研讨。**“课堂学习研讨”就是学生在课堂上展示问题、讨论交流，它是以“课前预习导学”阶段学生的预习为基础，其主要意图一是检查学生的预习情况，二是为后一阶段的教学做准备。课堂学习研讨主要围绕着学生学习中的问题展开。教师在“课堂学习研讨”中，不仅要关注学生的学习差异和各种可能存在的潜在问题，而且还要注意发挥教师的教学机智，在让学生学会整体感知、开展合作探究等方面进行有效的引导和组织，使这一阶段的课堂教学既能解决学生在自学环节中尚未解决的问题，又能在研讨中形成新的问题，把“课堂学习研讨”环节变成学生学习的拓展和延伸的平台。在教学设计层面，“课堂学习研讨”需要对学生的学习经验进行深度挖掘。

“课堂学习研讨”阶段教学过程设计

1. 通过××的学习，你能画图说明吗？

事例：________________________

想一想：上述问题产生的原因各是什么？在你感受过的事例中，哪些事例能说明作用效果不同？

2. 观察课本上××页图及做书上××页的学习体会，你一定能初步感知到××的作用与哪些因素有关。

猜想：________________________。

3. 根据以上的感知及猜想，设计验证××问题，进行验证。

验证的方法（设计表格说明）：

验证出的结论：

4. 通过互相交流得出结论：

________________________。

5. 你在课前的自主学习中，还有哪些××支持上述结论？

（大家互相交流并展示××，教师点评）

（关注学生当中的问题，以及解决问题时的方法、对策）

3. **课内训练巩固。**“课内训练巩固”就是当堂进行达标测试，及时得到反馈，解决问题。课内训练巩固的教学设计主要意图：立足于学生学习中的问题和学习要求进行针对性训练。课内训练巩固一般分为“同步训练”和“达标测试”。“同步训练”不是简单做题，而是根据学生有效学习的要求进行有针对性的同步训练，以达到精选、精讲、精练的目的。“同步训练”设计主要由以下方面组成：(1) 基础知识练习，关注本节课的知识点。(2) 变式训练，形成基本的知识与技能。(3) 联系生活实际，综合运用解决问题。“达标测试”是指针对学习目标设计一系列测试题，供学生课堂上检测学习效果，这是“讲学稿”的当堂检测反馈功能。“达标测试”的设计主要由自主评价和平行性矫正构成，具体包括：(1) 根据学习内容和知识体系形成基础训练内容，体现本节课基本学习要求。(2) 用不同题型的组合考查学生在学习过程中的达标情况，以及学生在学习中的差异。(3) 体现学生学习有效性的重点内容，学生自主发展、自我评价的问题，激发学生的兴趣。

4. **课后拓展延伸。**课后拓展延伸使课内学习自然延伸到课外，满足学生自主学习的要求，培养学生探究学习的能力。课后拓展延伸的设计意图就在于将课内课外有机结合，实现全程性有效学习。“学后记”引导学生梳理知识结构，总结学习方法、学习经验；综合性和实践性的思考，引导学生实施课外拓展探究；辅助资料和信息资源的提供，为学生的进一步学习提供空间，有利于培养学生的学习兴趣。“课后拓展延伸”一般可以包括以下内容：(1) 在讲学稿的空白处要写上学后记，关注学生学习后的问题和指导学生有效进行方法、规律等的笔记。(2) 提供一些综合性和实践性的思考题，供学生课后拓展探究，加深对所学知识的理解。(3) 设计下节课的相关课前学习问题，以及和本节课学习内容有关的辅助资料及信息资源，使课内学习自然延伸到课外，满足学生自主学习的要求。

（二）“讲学稿”教学的特点

从上述教学过程可以看到，东庐中学的“讲学稿”的教学实施过程是围绕教学目标环环相扣的。首先，教学设计者要根据教学的目标和学生的实际情况，层层深入地引导在既有教学目标下独立学习，让学生通过课前自学对教材形成初步的了解，并从中发现自己学习中的困难和问题，完成“讲学稿”的第一次教学，即学生自学。

其次，在每个学生都完成自学的基础上，组织学生进行课堂讨论。学生个体在自学阶段没有解决的很多问题可以在同学互助的合作学习中得到解决，这可以被看成是“讲学稿”的第二次教学。

第三，在学生完成了自学和合作学习之后，对学生进行当堂的达标测试，把握学生学习的实际效果，对学习中存在的问题进行及时的反馈，并加以解决，此谓第三次教学。东庐中学的这种教学设计，为学生自主学习、合作学习和探究学习提供了可能，创造了便利条件，使学生的学习具有很强的针对性，能够满足不同层次学生的学习需求。学生在这一教学过程中可通过自主研究学习，发现问题，积累经验，思考深度也容易得到加强。同时，在小组和班级讨论中，学生不仅可以通过相互间的讨论，解决在自学环节中个人无法解决的问题，而且也可以在这一过程中学会接纳、质疑、批判和交流，形成多方面的能力。

从教学过程中涉及的“教”与“学”的关系看，东庐中学“讲学稿”的教学实施，避免了传统教育中“教”与“学”相互脱节的“两张皮”的现象。在有限的课堂教学时间里，“教”与“学”向来是一对难以被解决和协调的矛盾。如教师上课讲授的时间多了，学生自我练习的时间就少了。[①] 传统的教案往往只是教师宣讲的“讲案”，只考虑教师怎么讲，很少考虑学生怎么学，不少锐意改革上述弊端的教学改革，也常常也陷于“师曰——生答”的机械式“双边”活动的泥潭而不能自拔。东庐中学以“讲学稿”为载体的教学在很大程度上突破上述局限，它使得教师的“教案”同时也成为学生的“学案”，且以学生的自学为主线，按照学生学习的全程来设计。学生通过自学已经掌握的，教师就不再传授；学生未能掌握和难以理解的，通过同学互助和教师点拨加以解决。这就在班级授课制的条件下，确保教学针对性和有效性，使课堂所要教授的东西正是学生需要学习的东西，这样的教学不仅做到了“教学合一”，而且在教与学的关系上坚持了“以学定教”。“教学合一”、“先学后教”、“以学定教”正是东庐中学的“讲学稿”教学的最大特点。

四、讲学稿的教学实施对学习和教学主体的要求

东庐中学的教学是师生以“讲学稿”为中介而展开的互动过程。文本本身是预定和静态的，但教学文本的实施却是动态和生成性的。“讲学稿”的教学实施对这一过程中的学习主体和教学主体都提出了特定的要求。

“讲学稿”不同于传统教案的特点之一就是这种由教师编写的教学文本也是供学生自学之用的，学生会不会用“讲学稿”就成为教学实施的关

---

① 王敏勤：《教法就是学法，教案就是学案——评介南京市溧水县东庐中学教学合一课堂模式》，《天津教育》2006 年第 3 期。

键所在。东庐中学在“讲学稿”教学实施之前，都要对学生进行指导。并提出如下使用要求：第一，拿到讲学稿后根据其内容认真预习。所有学生必须要解决讲学稿中的基础题部分，然后可以做提高题；碰到生疏的、难解决的问题要做好标记，第二天与同学交流或在课堂上向教师提问。在完成讲学稿时做到三点：自觉、主动、独立。第二，课堂学习时要适当做些方法、规律等方面的笔记以便今后复习；学完一课后，要在讲学稿的空白处写上“学后记”。第三，每隔一定时间后，将平时积累下来的各科讲学稿进行归类整理，装订成册，使之成为带有个人记录的复习资料。

正是因为有了“讲学稿”，东庐中学的学生没有专门的作业本，也不买社会上泛滥的各种复习资料和练习册。在课堂上掌握得好的学生课后无需做作业。考前学生不必为应考而进行“题海训练”，教师也不必劳心专门出备考题。为帮助学生适应考试，有些“讲学稿”只是设有“中考题回顾”专栏，提醒学生在以往的中考中有过类似的题目。另外“讲学稿”中还补充一些相关的知识和资料，如初中语文《曹刿论战》一课的“讲学稿”中，补充了文言文《小港渡者》，学生可就这些资料进行随堂练习。①

对于教师，东庐中学要求“讲学稿”要做到精选、精讲、精练、精批；有发必收、有收必批、有批必评、有评必补。教学要注重拓展学生的思维，引导学生用思维来获得知识，暴露思维过程中的困难、障碍、疑问；寻找学生思维的闪光点（创造性思维的火花），及时给予鼓励和拓展。

第一，教师应认真指导学生使用好“讲学稿”，在上课前必须抽查并批改部分“讲学稿”，以了解学情，并据此进行课前备课。具体抽检多少份，可视具体情况而定。但一般所抽的“讲学稿”应具有各种不同层次的代表性，覆盖班级中学习掌握和能力情况明显不同的群体样本，如可在班上抽好、中、后进三类学生各一份。

第二，教学应努力做到：放手让学生主动探索新知识；放手让学生阅读课本以及对课本的重点、难点和疑点进行讨论；放手让学生提出问题，并进行思考解答；放手让学生概括结论或中心思想；放手让学生寻找规律；放手让学生构建知识结构体系，等等。

第三，使用“讲学稿”进行教学时，一方面要引导学生通过思维获得

---

① 王敏勤：《教法就是学法，教案就是学案——评介南京市溧水县东庐中学教学合一课堂模式》，《天津教育》2006 年第 3 期。

知识，暴露思维过程中的困难、障碍和疑问；另一方面要发现学生创造性思维的火花，及时给予鼓励和拓展。同时，教师还需要有激励学生主动学习的能力，要善于了解学生的知识需要与情感渴求，注重唤醒学生的主体意识，使学生摆脱“要我学”，走向“我要学”状态。

第四，用讲学稿教学要做到“四精四必”。精选，指精选教学方法、内容、习题、例题、提出的问题；落实在集体备课上。精讲，指学生可自学的不讲，让学生自己理解的问题可不讲，不要满堂灌；落实在启发解惑上。精练，指课上多练，集体训练，人人动脑，人人动手；落实在以练助讲的课堂教学上。精批，指通过精批发现学生共性的错误，及时弥补教学中的不足；落实在全批全改、统计分析、及时反馈、讲评辅导上。“四必”——有发必收、有收必批、有批必评、有评必补是对精批的高效落实。以“精”来提高质量，以“必”来调控负担，贵在“精”字，重在“必”字，功在课外，利在课内。

第五，教师必须优选教学方案，优化教学手段，精选材料。教师应善于精选认知策略，在抓“重点”、攻“难点”、解“疑点”上下工夫，在提高学生能力的“支撑点”及激发学生主体意识的“兴奋点”上下工夫；教师必须减少课堂语言密度，少讲、少问、少板书，增加知识与思维密度，精讲教学重点，根据教材内容，灵活使用教学手段，做到寓教于趣、寓教于乐、寓教于情，使学生始终处于学习的积极状态；教师必须激励、唤醒学生的主体意识，变“要我学”为“我要学”，通过平等、民主的师生交往，了解学生的知识需要与情感渴求。

东庐中学数学讲学稿案例

年级：初二　科目：数学　执笔：桑传生　审核：东庐中学数学组

内容：一次函数　课型：新授　时间：04 年 11 月 24 日

学习目标：

1. 知道一次函数和正比例函数的概念，能根据所给的信息确定一次函数的表达式。

2. 自主经历一次函数概念的抽象概括过程，努力拓展自己的抽象思维能力。

3. 感知生活与数学的联系，增强自己的数学应用能力。

学习重点：

1. 一次函数与正比例函数的概念

2. 确定一次函数的表达式

学习难点：

用一次函数解决实际问题

学习过程：

一、学前准备

1. 自学课本第 157 页到第 161 页，写下疑惑摘要。

2. 试写出下列各题中 y 与 x 之间的关系式，判断 y 是否为 x 的函数。

(1) 一棵树现高 50 cm，每个月长高 2 cm，x 个月后这棵树的高度为 y(cm)。

(2) 王大妈买了 30 元面粉，又买了某种大米，单价是 2.6 元，购买 x 千克大米时，一共花费 y 元。

(3) 某种出租车的起步价是 7 元（3 千米内），以后每走 1 千米（不足 1 千米按 1 千米计算）付 2.4 元。某人乘出租车 x 千米（$x>3$），付费 y 元。

二、自学、合作探究

（一）自学、相信自己

1. 某弹簧的自然长度为 3 cm，在弹性限度内，所挂物体的质量 x 每增加1 kg，弹簧长度 y 增加 0.5 cm。

(1) 计算所挂物体质量分别为 1 kg、2 kg、3 kg、4 kg、5 kg 时弹簧长度，填表：

x/kg	0	1	2	3	4	5
y/cm						

(2) 请写出 y 与 x 之间的关系式。

2. 某汽车油箱中原有汽油 100 L，汽车每行驶 50 km 耗油 9 L。

(1) 完成下表

行驶 x/km	0	50	100	150	200	300
剩油量 y/L						

(2) 请写出 y 与 x 之间的关系式。

（二）思索、交流

1. 观察上面各题结果，关系式有什么特点？能否用自己的话说说可以表示成什么样的形式？

2. 练习

写出下列各题中 x 与 y 之间的关系式。判断 y 是否为 x 的一次函数？是否为正比例函数？

(1) 汽车以 60 km/h 的速度匀速行驶，行驶路程 y（km）与行驶时间 x（h）间的关系。

(2) 圆的面积 y (cm^2) 与它的半径 x (cm) 之间的关系。

(3) 如图，甲、乙两地相距 100 千米，现有一列火车从乙地出发，以 80 千米/时的速度向丙地行驶。设 x (时) 表示行驶时间，y (千米) 表示火车与甲地的距离，写出 x，y 之间的关系式，并判断 y 是否为 x 的一次函数。

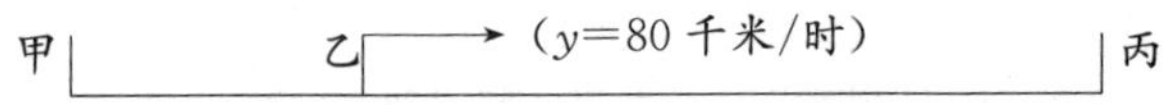

(三) 应用、探究

1. 我国现行个人工资、薪金所得税征收办法规定：月收入低于 1000 元的部分不收税；月收入超过 1000 元但低于 1300 元的部分征收 5%的所得税……

(1) 当月收入大于 1000 元而小于 1300 元时，写出应缴所得税 y (元) 与月收入 x (元) 之间的关系式。

(2) 某人月收入 1260 元，应缴纳所得税多少元?

(3) 如某人本月缴所得税 12 元，则此人本月工资多少元?

2. 某联通公司的手机收费标准如下：每部手机每月缴纳月租费 25 元，另每通话 1 分钟交费 0.18 元。

(1) 写出每月应缴费用 y (元) 与通话时间 x (分) 之间的关系式。

(2) 自己提出一个问题并解决。

3. 某电信公司的手机收费标准如下：没有月租费，但通话 1 分钟交费 0.6 元。请完成上题中的问题。

思考：你能结合 2、3 两题提一个问题吗? 试试看，并解决。

三. 学习体会

1. 体会一次函数与正比例函数的概念以及两者之间的关系。

2. 知道一次函数的表达式是什么。

四. 自我测试

1. 选择

(1) 下列各式中，表示 y 是 x 的正比例函数的是 (　　)

A. $y=x+1$　　B. $y=x^3$　　C. $y=x^2$　　D. $y=\frac{1}{x}$

(2) 等腰三角形的周长为 12，腰为 x，底边为 y，则底边 y 与腰 x 之间的关系式为________。

A. $y=12-2x$　　B. $y=6-x$　　C. $y=12+2x$　　D. $y=6+x$

2. 填空

从 A 地向 B 地打长途电话，按时收费，3 分钟内收费 2.4 元，每加 1 分钟，加收 1.2 元，如时间 $t \geqslant 3$ 时，电话费 y (元) 与 t (分) 之间的关系是________，是________函数。

3. 解决问题

有一种电脑的收费方式如下：第一次付费 2000 元就把电脑搬回家，但每月需向厂家付 250 元。

（1）若分期付款需 x 月，写出共付费 y（元）与 x（月）之间的关系式。

（2）如需交 6 个月的分期付款，共付费多少元？

（3）如这台电脑共付费 4900 元，那么需交多少个月的分期付款？

五、自我提高

某批发商欲将一批海产品委托汽车运输公司由 A 地运往 B 地，路程为 120 千米，汽车的速度为 60 千米/时，货运公司的收费项目及收费标准如下：

运输量单价（元/吨・千米）	冷藏费单价（元/吨・时）	过路费（元）
2	5	200

1. 设该批发商待运的海产品有 x 吨，货运公司要收取的费用为 y 元，试写出 y 与 x 之间的关系式。

2. 如该批发商想运送 5 吨的海产品，付出运费 1400 元，运输公司愿意吗？假如你是公司的经理，你接受吗？

——桑传生：“一次函数讲学稿”，2008-4-18，www.zsfz.org/web1/yuwaishidian/

五、讲学稿教学实施的保障性措施

为确保以“讲学稿”为载体的教学改革的顺利实施，东庐中学采取了多种措施。如确立了新的课外辅导模式，学校禁止征订其他教辅资料，停止加班加点补课。为防止教师留恋于旧思维、老办法，“情不自禁”地进行课外辅导，学校努力开全课程、开足课时，杜绝初一、初二学生双休日补课，初三学生只能按学校统一规定补课；取消了学科竞赛辅导，把竞赛辅导由课外转向课内，由集中转向分散；在“讲学稿”中设计能力题，体现竞赛要求，给学生一试身手的机会等。其中，最为核心的措施如下。

1. 教师研讨制度

除集体备课外，东庐中学还经常举行专题讲座、学习汇报、课改沙龙、月末研讨等有组织的交流活动，让教师在上述各种交流活动中探讨教学理念，学习教学专长，掌握交流沟通的技能、技巧，形成“敢说”、“会说”的专业心态。此外，东庐中学还十分重视教师日常交流的机会和价值，提倡教师课前、课后、课间十分钟，都能针对课堂上出现的教学现象或某个教学问题，围绕讲学稿的设计和使用进行交流探讨，鼓励教师把办公室变成教研沙龙。

2. **教师激励制度**

教师教学积极性的发挥，离不开对教师有效教学行为和效果的正面激励。东庐中学在这方面也有自己的鼓励措施，对在全县统考中获得好名次的教师予以奖励，以保证教师的积极性。但奖励的原则是先集体后个人，奖励的目标不仅在于教师个体的积极性的提高，而且更在于促使教学集体和学校整体水平的提高。

3. **引导家长支持和参与学校管理**

为有效实施“讲学稿”教学，东庐中学注重引导家长参与到学校的管理过程中来，形成了鼓励家长关心学校和参与管理的常规和制度。任课教师对在课堂练习过程中表现出色的学生，不仅予以赞扬，而且要及时向班主任汇总，由班主任每周或间周向家长通报，争取家长的激励和配合性教育，鼓励学生进一步努力学习。

六、讲学稿教学的优势

东庐中学“讲学稿”的教学是根据学生学习和教学目标的需要，设计和组织课堂教学过程，也充分考虑和利用了班级授课制度的特点。它以学生的发展为本位，注重对学生学习的全过程进行教学设计，关注学生学习的有效性、教师教学的针对性。创设了个人设计和集体研讨相结合、分层把关的设计程序，形成了课前预习导学、课堂学习研讨、课内训练巩固、课后拓展延伸的操作流程，充分体现课前、课中、课后的发展和联系。与传统的教学相比，这种以“讲学稿”为载体的教学具有如下优势。

1. **提高学生的自主学习能力**

“讲学稿”的实施，把学生的“不待老师教，自己能自学”的自主性学习变成了可操作的程序。学生的良好学习习惯得到了培养，学习品质得到了锻炼，学习过程和方法得到了优化，学生自我探究的问题意识得到了强化。体现“自我导向、自我激励、自我监控”等特点的自主学习方式，减轻了学生负担，提高了课堂效率。使学生能够在自主研究学习中找出问题，积累经验；在讨论质疑的学习中解决问题，形成能力；在总结交流的学习中共同成长，拓展创新。

2. **体现因材施教的教学原则**

东庐中学“讲学稿”的使用体现了“因材施教”的科学精神，克服了课堂教学的盲目性和教师的无效劳动，增强了教学针对性，能满足不同层次学生的学习需求，在很大程度上实现了按需施教。在以“讲学稿”为载体的教学中，每一个学生都是独特的，都有自己的学习方式，也有自己的学习问题。学校为每一个学生以自己的方式学习创造了条件，这不仅表现在学生的自主学习环节中，而且在合作和交流学习阶段，每个学生都可以以自己的特有的方式带着自己特有的问题加入讨论。这为每个学生的学习时间、学习次数提供了富有弹性的保证，同时也有利于学生在学习时思考深度的加深。

3. **减轻学生学习负担**

东庐中学“讲学稿”的使用正是做到了课前了解学生，使教学有的放矢，“不放空枪”。上课前一天将“讲学稿”发给学生，引导学生课前自学教材，并完成“讲学稿”上的相关题目。教师对“讲学稿”进行检查、抽查、调阅，了解学生学习情况。上课时老师按照学生完成“讲学稿”的情况实施教学，以“学”定“教”，学生会了的老师就不再讲，而主要讲学生不会的内容或出错的内容。该校的老师高兴地对记者说：“学生已经会的就基本可以不讲了。我重点讲的是这节课的难点和学生掌握不太好的地方。”这样教学焉有效率不高的道理？“讲学稿”既是教师的教案也是学生的学案，还是学生的练习册。除了“讲学稿”上的题目外，原则上不允许再布置课外作业，学生的学习负担怎能不减轻？

4. **发挥教师集体的备课力量**

东庐中学“讲学稿”是集体智慧的结晶，体现了同伴互助、资源共享的教育理念。东庐中学的“讲学稿”不是简单照搬课程标准中规定的学习要求和教材内容，而是以学生有效学习作为教学设计的具体要求。“讲学稿”来自认真的备课。注重发挥集体优势，一人主备，集体协作，资源共享，更多地实现了教师之间的信息交流和智慧分享。其“集体备课制”和“师徒结对制”加强了教师间横向联系，让互助合作融入教学之中，教学交流成为学校的常规性工作，这样的备课周期比较长，过程完备，环环相扣，虽然看似繁琐，骨干教师的示范作用放大了，青年教师的成长步伐加快了，教师的低效甚至无效劳动减少了。人际关系进一步融洽，教师的集体效能感大大增强，“集体备课”真正落到了实处，使个人备课与集体备课达到了有机的统一。

5. **提升教师的教学实践智慧**

在东庐中学以“讲学稿”为载体的教学中，除了讲学稿之外，学生没有作业本，教师也没有备课本，这不仅在很大程度上减轻了学生的学习负担，而且也由于减少了许多传统教学中的常规检查和作业批改环节，在一定程度上减轻了教师的工作负担。“讲学稿”的教学使得教师在课前必须通力准备、研究、完善、丰富讲稿，充分的课前准备又使得教师能够在教学的课堂实施中，与学生进行充分的交流互动，有针对性地解决学生的问题。这就使得教师能够在课堂中把重点放在提高自身课堂驾驭能力方面，增强自己把握好课堂教学“收”与“放”的“度”的能力，增强课堂教学的应变机智和处理突发事件的能力，在教学实践中提升自己的教学智慧。

6. **实现教师的专业发展**

讲学稿的研制过程使备课由“重写轻备”转为“重备轻写”。在这个过程中，集体备课落到了实处，探索过程使问题成为研究资源，经验得以形成和积累。一份好的讲学稿，教学思路既是统一的，又是多元的；既有共同的教学目标，又有个人充分施展的空间；既加速了新教师、青年教师的成熟和骨干教师的培养，又促进了中老年教师的进一步创造；既体现了合作研究、博采众长，又留有了公平竞争的余地；既把备课时的隐性思维转化成了显性思维，把教师静态的个人行动转化成了动态的合作研讨，又为个人提供了个性化探究、建构的可能。备课这一日常的教学业务工作上升到了教学研究的高度，培训、教研、备课、上课不再互相游离，而是逐步达到了和谐统一、互为补充、相互促进、相得益彰，教师的教学水平在这个过程中得到了较快提高。

7. **引发学校教学文化的深刻变化**

东庐中学教学改革的意义远不止于讲学稿，而在于探索出了一条新的教改之路，构建了以校本教研为中心，教学、教研、培训一体化的体系；形成了以讲学稿为载体的教育教学方式，减少了教师的无效劳动，减轻了学生由过重作业带来的身心负担，提高了教育教学质量，树立了教学新理念，从而引发了学校教学文化的深刻变化。

七、“讲学稿”教学改革的推广——“全国讲学稿研究会”

东庐中学以“讲学稿”为载体的教学改革已经在全国范围内产生了广

泛影响。除大量的教育工作者源源不断地前往参观、访问、取经外，研讨和推广“讲学稿”教学改革的联谊性组织——“全国讲学稿研究会”已经成立。2009 年 4 月，来自广东、上海、福建、新疆、西藏、湖北、浙江、江苏、河南、安徽等 16 个省、市、自治区的 900 多名中小学校长和教师齐聚南京，举办了为期三天的“全国讲学稿研究会”成立大会暨首届年会。① 参加会议的还有全国知名教育家、国家督学、省级教师培训管理者、全国著名语文特级教师、大学教授、当地政府官员等。

“全国讲学稿研究会”首届会员单位有 150 多所学校，东庐中学校长被推举为“全国讲学稿研究会”会长。该会成立的目的在于为我国基础教育的课堂教学改革提供蓝本、组成团队、打造阵地。具体来说，就是要实现以“讲学稿”为载体的课堂教学改革途径与方法的研究和探索；实现各会员单位成功经验的共享与实践困惑的研究和解决；研究推动“讲学稿”本身向更深层发展（由解决如何教与学，上升到学科素养、学科能力的培养）；实现各成员单位之间的友好互通与合作等。

在东庐中学以“讲学稿”为载体的教学改革声名鹊起之后，全国已经有不少学校开始模仿、学习，在这一背景下，成立“全国讲学稿研究会”具有重要的意义。因为，任何一项改革都是一个不断完善的过程，东庐中学的教学改革也不例外，“全国讲学稿研究会”为已经开展了“讲学稿”教学的学校提供了经验共享和成果交流的平台，可借助全国各实践学校之力，进一步发展和完善以“讲学稿”为载体的课堂教学改革，在更大范围内提高我国基础教育的教学质量。在这次首届年会上，来自包括东庐中学在内的多所学校的老师奉上了观摩课，并就“讲学稿”的设计、编写、运用方法与技巧等问题同与会校长和教师进行了研讨。这种更具“专业性”的教学研讨活动，无论是对学生、学校和教师的发展，还是对深化教育研究来说，都是具有重要意义的。

---

① 潘其勇：《全国讲学稿研究会暨首届年会”在宁隆重召开》，http://www.qgjxgyjh.com/bencandy.php? fid=92&id=510，2009 年 4 月 16 日。

第四章　基于案例的分析与思考

杜郎口中学、洋思中学和东庐中学的教学改革无疑是成功的。这三所中学都实现了学校翻天覆地的变化：教学质量显著提高、学生成绩大幅提升、学校规模快速发展、办学条件迅速改善、精神风貌焕然一新。同时，这三所学校的教改经验也得到了教育行政部门的肯定和支持，获得了来自家长和社会的高度赞誉，形成了品牌效应，成为了我国基础教育改革的“典范”和“样板”学校。随着其社会声誉的不断扩大，这三所学校的教改经验正不断被推广，学校的发展进入了良性循环的轨道。杜郎口教师培训基地的建立和讲学稿协会的成立标志着对这些学校的学习活动也逐步走出了自发与零散组织的取经阶段。这也要求，对杜郎口中学、洋思中学和东庐中学的研究也应当走出感性直观的阶段，更多的理性、客观的研究是我们所期待的。

一、杜郎口、洋思、东庐中学教改遵循的“教学理念”分析

尽管杜郎口、洋思和东庐中学采取教改方法的原因各不相同，如杜郎口中学的改革源于学生对课堂教学的怨言——校长在向学生征求有关课堂教学意见时偶然听到的“教师还不如我们自己教得好”的议论；洋思中学的改革思路来自于其首任校长成功教育自己子女的心得与经验；东庐中学则是在前期“导学卡”、“同步练习”等一类教改基础上逐渐摸索出“讲学稿”之路；而且，在具体的改革方法上也各具特色，如杜郎口中学重视课堂内的预习，而东庐中学则强调课外预习；洋思中学提出“堂堂清、日日清、周周清、月月清”四清口号，东庐中学则认为，反馈不需如此频繁，“周周清”更为重要。不过，就这三所学校取得成功的主要经验而言，差

异只是局部的、非实质性的，它们在改革所遵循的“教学理念”和改革获得成功的“外在因素”方面体现了不少的相似点，这些“教学理念”和“外在因素”共同构成了教改取得成功的主要原因。在“教学理念”和相应的教学制度及实践层面，我们认为这三所学校都具有如下共同点。

1. “学生为本”——让学生成为学习的主人

学生是学习的主体，有效的学习必须建立在学习者自身的主观能动上，这是学习或教学当中的一个最为根本的问题。理论上，人们对这一问题的研究和认识不可谓不深入，现代心理学、教育学对这一问题的论述可谓汗牛充栋。但在教学实践中，特别是在我国的教学实践中，这一问题却始终没有得到真正有效的解决。人们习惯于将学生看成是接受知识的容器而不是具有独立人格的学习者；学习目的仅仅被理解为应对考试，而不是为了学习者主动、全面和富有个性的发展，讲授法和接受性学习一统天下。这三所学校则将学生的学习放在了教学过程的首位：杜郎口中学坚信教学要“以人为本，关注生命”，要“相信学生，发动学生，利用学生，发展学生”；洋思中学坚信人人可教，“没有教不好的学生”；东庐中学也提出了“关爱学生，让每个同学都得到发展”的口号。杜郎口、洋思和东庐三所中学在上述信念下进行的教学改革，充分尊重并发挥了学生学习的自主性，极大地激发学生的学习和创造热情，在实践中实现了让学生成为学习的主人这一当代教育理论的核心理念。这对提高学生学习效率、实现全面和富有个性的发展具有十分重要的意义。以杜郎口中学著名的“预习——展示——反馈”教学模式为例，这一教学模式的全部过程都渗透着激发学生主动学习的理念与精神：“预习”环节以学生自学为基础，让学生自主进行与文本的对话，间或进行围绕教学内容和学习目标的与教师或同学的对话，所有这些对话都是建立在学生的自我需求和主动参与的基础上的；在“展示”环节，学生无论是在小组内充分展示自己的学习成果，还是小组代表在全班展示小组的学习成果，每位同学一边挑剔展示者的成果，一边主动地对照和检测自己的成果，进而在教师的追问和点拨中反思自己的思维及言行。“反馈”环节中，学生根据自己的反思和教师的总结，对自己的学习情况查“缺”补“漏”，让自己的学习不断走向扎实和深入。总之，杜郎口、洋思和东庐三所学校的改革都尊重学生的自主学习，把学生的自主学习作为教学改革的出发点和落脚点，使学生的学习成为教学组织工作的主线，学生也因而成为了真正的学习的主体和主人。

2. “先学后教”——教与学的新型统一

教与学是教学过程中的矛盾统一体，教学概念本身就蕴含着教与学两个方面。杜威曾对教与学的关系作过形象的说明，他说，教与学的关系就好比“买”与“卖”的关系，两者相依相存，缺一不可。尽管，我们可以在理论上对教与学的关系作出较为周全的解释，但在实践中如何对待这一对矛盾似乎并没有处理好。长期以来，人们的教学实践总是印证着根深蒂固的传统理念——教师掌握知识在先，学生跟随教师学习，教师理应将自己的知识传授给学生；正所谓“师者，传道、授业、解惑也”。由此，“先教后学”的观念深入人心。应当说，“先教后学”作为一种教学方式本身并非与“先学后教”截然对立。真正按照奥苏伯尔的有意义接受性学习的理论进行教学，也会取得很好的教学成效。但“先教后学”并不一定适合所有的知识内容，而且在教学实践中一旦被滥用，教师的教和学生的学极易产生分离，出现教与学两张皮现象。如实践中不少评优课、教学大赛等等都主要是针对教师的表现的，学生的学已经脱离了评价视野，或者受“教”的排挤而被边缘化了。“先教后学”的不当使用，易使学生学习的自主性和学习潜能遭受抑制，并导致学生学习被动、课堂气氛沉闷、厌学、辍学等一系列问题。这三所学校的“先学后教”的教学改革在很大程度上解决了这一问题。以杜郎口中学为例，“预习——展示——反馈”教学模式极大地激发了学生的学习热情，在教学过程中，不仅学生之间彼此相互启发和教育，而且教师在引导、点拨的同时也受到教育，得到提高。如，学生提出解决问题的方法常常会使老师称奇，学生讨论问题所表现出的境界和视野常常让老师感动，等等。教学相长成为这种教学方式的最好注脚；洋思中学的“先学后教，当堂训练”、东庐中学的“讲学稿”也都具有相似的特点。这三所学校的教改都体现了“先学后教”、“以学定教”、“以学促教”的教学原则。这种“先学后教”的教学模式对克服传统课堂中难以解决的“教”与“学”两张皮的现象意义重大，为教学过程真正成为“教”和“学”的“双向”“互动”过程提供了教学制度方面的保障。

3. “多维目标”——素质教育与双基教育的整合

尽管与新课改强调的多维教育目标还有一定的距离，每所学校在教学活动中整合多维目标的程度和水平也不尽一致，但应当肯定的是，与传统课堂仅仅注重知识的学习相比，杜郎口、洋思、东庐中学在实现学生多元发展的目标方面是具有一定的优势的。这种多维目标不单体现在“先学后教”的教学模式有利于培养学生的自学能力、展示能力、交流能力、合作能力等等方面，而且更重要的是它在目标维度方面消融了素质教育和掌握双基间的对立，并在实践中架起了素质教育和双基教育的桥梁。我国素质教育在实践中常被曲解为“蹦蹦跳跳”、“吹拉弹唱”、“竞赛得奖”一类活动，真正注重学生综合素养和创新精神的素质教育被束之高阁。而同时，应试教育作为根植于我国传统文化中的一种思想和规制是不会因为一次课程改革便退出历史舞台的，况且，应试文化也有一些合理的内核。比如，它注重对学生基本知识和技能的学习考核也是值得重视的，在美国当今的教育改革动用各种资源和策略仍无法有效实现其提高学生学业考试成绩的这一国际背景下，我们尤其应当要意识到这一点，珍惜应试教育中的合理内核——注重双基教育。显然，杜郎口、洋思、东庐中学的教学改革在倡导素质教育方面，没有将素质教育表面化、形式化，而是注重提高学生的综合素质和各种能力；在注重双基教育方面，没有让课堂变成各种肤浅和不着边际的活动场所，而是紧扣教学大纲和教材，让学生在教学大纲和教材的框架下主动发展自己的综合素质及各种能力，使素质教育和双基教育得以在教学中统一起来。比如在杜郎口中学，学生发言不必举手，想说就说；可任意选择坐、站、坐地、坐课桌乃至站凳子等。学生在课堂上异常活跃，具有观察问题的敏锐性，发言时善于表达自己的个性化见解，表现出农村学生很难见到的那种从容和大方。学生口头表达能力、思维能力、感悟能力、临场发挥能力、解决问题的能力以及自信的风貌都有不俗的表现。① 东庐中学也同样让学生在自主合作的学习中锻炼到了表达和交流的能力。在洋思中学，生活教育是学校教育的一项重要内容，学生可在点点滴滴的学校日常生活中养成良好品行。这三所学校在学生的中考成绩上都取得了不俗的成绩，在培养学生的综合素养和各种能力方面也有巨大的优势，在一定程度上实现了双基教育与素质教育的统一。

4. **“小组合作学习”——让课堂充满生命活力的法宝**

人口众多的特有国情决定着我国学校大班教学在相当长的时期内都是难以改变的。在传统的课堂中，一个教师通常难以顾及每位学生，一与多的矛盾是传统课堂教学的大难题；加之教师的讲授和灌输抑制了学生的学

---

① 许爱红、刘延梅、刘吉林：《农村中学课堂教学模式的重大变革——解读杜郎口中学“三三六”自主学习模式》，《当代教育科学》2005 年第 11 期。

习热情和主动性，课堂死气沉沉，学生不愿学习成为现代教育的通病之一。杜郎口、洋思、东庐中学的教改都是在大班教学的背景下开展的，但课堂教学却显示出蓬勃的生机，这与这三所学校充分利用小组合作学习的教学组织策略有关。正是小组合作学习巧妙地将课堂大班教学的劣势转化为了优势。小组合作学习的优势在于：学生在学习中遇到的许多具体问题和困难都能在组内得到其他同学的帮助而被解决，这些能够帮助其他同学的优秀学生，发挥了任课教师所不能发挥的作用，使学生不同的学习需求能够得到及时和富有针对性的满足；一定程度上解决了大班课堂上一个教师无法满足每一个学生的特殊需要的问题，缓和了教学中的“一和多”的矛盾。成绩较差的同学因成绩优秀的同学帮扶而得以提高成绩；成绩优秀的同学因为帮扶成绩较弱的同学而使自己理解知识的水平进一步深化；同时，小组合作学习以及小组间的竞争也容易创造出一种学生间你追我赶、不甘落后的课堂气氛，课堂学习的活力由此而生。课堂教学不仅没有因为班级规模较大而失去效力，反而因为参与合作和竞争的学生多而显得生气勃勃。这一状况在杜郎口中学表现得最为突出。在典型的杜郎口中学课堂上，无不充满着“我要学，我爱学，我能学会”的气氛，随处可见争先恐后的学生的激情“表演”。我国著名教育学者叶澜教授所呼唤的“让课堂焕发出生命活力”的景观在杜郎口中学典型课堂教学中真实再现，以至于在这样的课堂上，没有学生上课走神，没有学生上课时做与课堂教学内容无关的事情，甚至有学生由于喜欢课堂，而不愿意学校放假。所有这些良好教学氛围和效果的取得如果没有充分利用学生集体的力量是很难想象的。

二、杜郎口、洋思、东庐中学教改成功的“实施条件”比较

这里所谓的“实施条件”，指的是那些与教学改革所涉及的“教学原理”不直接相关但对教改成功起着十分重要的支撑作用的因素，如教学改革的背景、条件、决策、管理、实施等。根据前文对杜郎口、洋思和东庐三所中学教学改革过程和现状的描述，我们可以发现，这三所学校教学改革取得巨大成功在“实施条件”方面具有诸多相似之处。

第一，学校教学质量低下和危机四伏为教学改革提供了内部原动力。前文已述，杜郎口、洋思、东庐中学在教改之前都是名不见经传的普通农村学校，教学质量不高，有的还面临巨大的生存压力。正是这种“穷则思

变”和“置之死地而后生”的生存与发展本能，构成学校早期改革的原动力。在质量不佳和生死存亡面前，学校是否需要改革已经不存在争议，学校如何改革也没有了瞻前顾后的包袱，背水一战的魄力和决心最容易在这种情况下被激发出来，传统的眼光看来“不可思议”的那些策略和手段才有可能被采用。

第二，宽松的外部管理环境为学校改革减少了外在阻力。杜郎口、洋思、东庐中学的改革历程并非一帆风顺。改革之所以能够坚持下来与它们相对宽松的外部管理境况不无关系。在我国这样一个教育行政权力相对集中的国家，一所学校的改革如果得不到其主管部门的支持，大都会中途夭折。这三所学校的教改，尤其是杜郎口中学，即使在最为困难的时候都得到了当地教育行政部门和相关机构的大力支持，哪怕学校采取的改革举措具有一定“冒险性”也予以宽容。这与许多深受教育管理部门器重、容不得半点差错的学校所处境况大不相同。这种相对宽松的外部管理环境为学校改革的持续进行减轻了不少外在阻力。

第三，富有胆识和毅力的学校管理者直接推动了学校的改革。与西方国家许多学校改革是产生于学校课堂一线教师的自发行为不同，杜郎口、洋思、东庐中学的教革可以说完全是学校内部的一场自上而下的改革，即它是由学校管理者——具体来说，就是由校长直接推动的。教改在前期都是依靠校长个人决策，强制推行实施的，自上而下的特点十分明显。如，在杜郎口中学，改革思路和策略完全是校长及少数领导者的思维产物，在改革实施过程中面临的来自教师内部的阻力也是校长通过近乎“行政命令”式强硬手段予以排除的；亲友的劝告、利益丢失者的威胁都没有动摇改革的决心。没有校长和学校少数领导者的魄力、胆识和勇气，尤其是在改革之初的坚持不懈，改革的成功是不可想象的。但随着教改的不断深入和成效彰显，这三所学校的改革都逐渐得到了全体教职员工的认同与支持，自上而下的压迫式的改革也逐渐转变为常态、自觉的改革。

第四，地处偏僻的封闭性环境为学生安心学习创造了有利的校园环境。杜郎口、洋思、东庐中学在地理位置上都不处于闹市区，周边环境的宁静对学生的安心学习是极为有利的。如，杜郎口中学地处偏僻，学校周围都是庄稼地，前不靠村，后不着店。没有熙熙攘攘的人群，没有小商贩的吆喝，更没有充满诱惑的网吧，学生生活在这样的环境中，俨然生活于世外桃源，这为学生心无旁骛地学习创造了良好的条件。这三所学校的教学活动主要是依据教材和课本等文本进行的，对学生利用周边环境资源进行综合性学习的要求并不高，这种校园和周边环境显然有利于学生进行以课本和教材为中心的课堂学习。同时，这三所学校都建立了严格的学生管理制度，杜郎口和洋思中学实行的基本上是封闭管理，不允许学生随便外出，这也为学生专注于学习活动创造了先决条件。

第五，具有吃苦和奉献精神的教师群体为教改的成功做出了积极的贡献。杜郎口、洋思、东庐中学教学改革的成功离不开一支吃苦耐劳、任劳任怨的教师队伍。上至校长，下到普通教师，都具有极强的事业心和责任感。杜郎口中学许多教师的工作时间每天甚至超过十五六个小时；教师不仅要备课、上课，还要坚持自我反思，参加教师论坛等活动。洋思中学的教师教学反思和听课、评课活动，东庐中学的教师集体备课和校本培训活动，等等，都占据了教师相当多的课余时间；教学骨干更是成了为教育事业而忘却自我的“工作狂”。没有这样一支具有吃苦和奉献精神的教师队伍，教改获得成功也是难以想象的。

第六，教改经验更适合在农村地区推广。这三所学校都是农村中学，都属初中校，学生主要来自农村，或者在学校成名之前，学生主要来自农村。其所教育的对象具有农村孩子的一般特征。在办学条件和师资力量方面也都具有相似之处，都同样面临办学条件简陋和师资队伍薄弱的问题。这些固然是制约学校改革的不利因素，但三所学校都摆脱了简陋的办学条件和薄弱的师资队伍的限制，化不利为有利，因地制宜开展适合自己学校实际情况的教学改革，并最终获得了成功。正所谓“三流的设施，三流的师资”却办出了“一流的学校”。所取得的教改经验也最为贴合广大农村地区初中校的教改实际，满足农村地区学校的教改需要。

分析了杜郎口、洋思、东庐中学教改取得成功的基本条件后，我们认为，这三所学校教改成功的经验不仅在于坚持了以“先学后教”为代表的先进的教学理念，而且，还在于根据农村中学的实际情况和特点，采取了富有针对性的对策，坚持不懈，直至获得成功。杜郎口、洋思、东庐中学的改革环境和条件并不是每一所学校都具备的，有些人便把这三所学校所具有的特定环境和特点作为不能向他们学习的借口。其实，学习杜郎口、洋思、东庐的教改经验，并不是简单地模仿，而是应当在吃透这三所学校教改理念的基础上，创造性地将这些理念运用到有自己特点的学校环境中。只有将先进的教学理念与自己特定学校实情结合起来，制定出有针对性的策略，并持之以恒地坚持下去，才有可能像杜郎口、洋思、东庐中学那样取得教改的成效。从这个意义上说，任何学校都是可以从以上三所学校学到“真经”的。

三、杜郎口、洋思、东庐中学教改的质疑和批评之声

经过媒体的宣传和参观者的口耳相传，杜郎口、洋思和东庐中学教改在全国产生了“旋风”般的轰动效应。人们纷纷用“震撼”、“神奇”等一类语言来形容这三所学校的教学改革，参观访问者朝圣般地涌向这三所学校，有的学校甚至每天都要接待成百上千的参观者，以至于杜郎口和洋思中学开始收取“门票”，以减少涌入者的数量。就在这三所学校受到人们推崇的同时，我们也听到了各种质疑和批评的声音。

详细梳理各种来自反面的意见，我们大致可以将质疑和批评划分为三大类，第一类我们可以将之称为“不靠谱”的质疑和批评，即，这种批评或是由于对情况的不了解，或出于认识上的偏差，在内涵上没有什么含金量，甚至是“伪问题”，属于不必予以仔细讨论的一类观点。如，有人认为这些学校“学生的基础参差不齐”，对这些学校学生学习的投入性和学校效率提出质疑；有人认为这些学校的教室不过就是“讨论”、“展示”的地方，“没有任何的文化气氛可言”；有的认为“没有教不好的学生”、“让每一位家长都满意”这样的口号，不现实，“完全是一刀切，一边倒，不讲辩证”。有的把这些学校的改革解读为是“向欧美教育方式学习”的结果等等。

第二类主要是对这三所学校改革的真实性表示怀疑，认为这些学校的“神奇”、“奇迹”要么是炒作的结果，要么夸大其辞。还有人“揭示”了这些学校成名的四大“密招”：“行政攻关”、“媒体宣传”、“外塑形象”、“内抓质量”。[①] 上述对这三所学校改革真实性的怀疑大都来自批评者的主观判断，没有看到批评者提供有说服力的证据。分析这些质疑和批评可以发现，有的是从周边现实中存在“宣传和事实不符”的现象直接“推理”而来的；有的是从历史上曾出现过“工业学大庆”、“农业学大寨”的经验教训出发，对当前教育领域的“扎堆”效仿现象表示反感而类推出来的；

---

① 老拙：《杜郎口中学的假教改》，http://tieba.baidu.com/f?kz=210809630，2007年6月8日。

有的则借用哲人的思维提出质疑，如认为笛卡尔曾说过“任何没有经过自己体验与证实的事情，都值得我们质疑”，因此，凡事都应该多问几个为什么；还有的从内因和外因的角度提出质疑，认为“学校内外部环境的主要因素都没变，改革有如此成效令人怀疑”。

上述各种质疑或者从现实、或者从历史、或者从哲学的角度进行某种比附性，总的来说，都是点到即止，没有深入，没有形成论证，也没有提供具有说服力的证据。不过，上述质疑并非毫无价值。科学精神就是质疑与批判的精神，以质疑、批判的精神审视处于“热销”状态的新生事物，有助于我们更为全面地看待该事物，也有利于新生事物自身的健康发展。的确，杜郎口、洋思和东庐中学的教改经验在很大程度上是经媒体的宣传而产生巨大影响的，生动的报道和感性的评论很多，严格而客观的调研很少，几乎没有看到定量调查的数据和系统的研究。对这些学校的质疑与批评也同样停留在主观臆断和感性评判的水平上。这是我国基础教育领域研究水平的整体落后的表现，严格意义上的教育研究与基础教育领域还离得很远。与西方发达国家对一项新改革动辄进行跟踪，开展系统的研究，发布数百页的调研报告，以数据和事实说话的研究态度相比，我们的确还有很长的路要走。对这三所学校的质疑和批评之声，如果真的能够唤出高质量教育研究的介入，质疑与批判的价值也就体现出来了，这对我国基础教育的健康发展也是有利的。

第三类是对上述学校教改中的局部或微观问题的质疑和批评。这类质疑和批评较多，大致可做如下分类。

（1）有关学校和课堂教学方面主要包括：

对学校考试成绩和中考分数的真实性的怀疑；

对教学无个性的批评；

对教学模式过于机械单一的批评；

对课堂的形式大于实际内容的批评；

对教学改革推进过程过于武断的批评；

对教改到底是素质教育还是应试教育的质疑；

对教改与新课改关系的质疑。

（2）有关学生和教师方面主要包括：

对学生能力发展是否全面的质疑；

对后进生和好学生的评判标准问题的质疑；

对学生学习兴趣和学习热情能否持续维持的质疑；

对学生的自学能力和真正自学的可能性的质疑；

对学生的学习是否过于机械的质疑；

对小组学习的时间效率的质疑；

对小组学习与提高学生的自主学习能力关系的质疑；

对学生课堂参与的均衡问题的质疑；

对学生支持教改态度和行为的质疑；

对学生辍学率和转学率数据的质疑；

对学生搜集学习资源的能力培养不足的批评；

对学生管理过严的批评；

对学生学习负担过重、学习效率低的批评；

对学生接触外部世界太少的批评；

对弱化教师作用的批评。

上述质疑和批评为我们客观、全面地看待这三所学校改革经验提供了思考问题的方向。本文无力对所有的质疑和批评做出回应，现仅就隐含着上述质疑和批评当中的一些重要问题进行初步的探讨。

四、杜郎口、洋思、东庐中学教改中的若干主要问题的剖析

杜郎口、洋思和东庐中学的教改是在我国特有的文化和教育背景下发生的，是我国基础教育寻求教学改革的大胆创新。它们的共同特点是要求在我国现行的大班教学的背景下，以课堂改革为突破口，将教师的教学与学生自主学习和小组合作学习相结合起来，“先学后教”、“以学定教”、“以学促教”，实现教与学的新型统一；把思维过程还给学生，让学生成为学习的主人，大幅度提高学生的学业成绩和综合素养，一定程度上实现了我国教学改革所追求的理想和目标。杜郎口、洋思和东庐中学成功的教改经验无疑是值得广大中小学学习的。不过，正如前文已述的，这种学习应当不是一个简单的推广问题，不是停留于表面的细枝末节的模仿，而应当是在深入了解这三所学校教改取得成功背后所立足的教学理念的基础上，结合自己学校的实际情况，创造性地走出每所学校自己的改革之路。从这个意义上说，没有一所学校的改革是完全相同的。杜郎口、洋思和东庐中学成功的教改经验给我国基础教育留下宝贵的财富，也激发了人们进一步研究探讨中国基础教育变革与创新的决心。学习杜郎口、洋思和东庐中学

的教改，我们不可能回避对以下五个方面关系的思考。

1. 杜郎口、洋思和东庐中学的教改与新课改的关系

从时间上看，杜郎口、洋思和东庐中学教改的启动都早于2001年我国的基础教育课程改革，因此，两者并没有发展脉络上的直接联系。不过，基础教育课程改革所倡导的不少理念在这三所学校都充分地体现出来，“与今天国家基础教育课程改革的理念高度吻合”[①]。如新课改强调的“学生本位”教育理念，“自主、合作、探究”的学习方式，学生要具有适应终身学习的基础知识、基本技能和方法，教师角色要从讲授者向学习引导者和组织者的转变等等，都是与新课改理念相耦合的。正因如此，有论者曾给予过这样的评价，认为“杜郎口中学解决了当代教育的深层问题，具有原创性、时代性、实践性，扎根本土教育的典型，其完全符合而且诠释和拓展了新课程理念”。[②] 有教育官员把杜郎口中学的课堂视为新课改的“典型”和“样板”课堂。这几所学校被看成了新课改的“排头兵”和“佼佼者”。这是这几所学校与课程改革理念相一致的一面。

但在另一些方面，杜郎口、洋思和东庐中学的教改与新课改的理念还是有距离的。新课改要求改变传统的只注重知识与技能状况，提出要实现学生全面和富有个性发展的目标。学生的发展包括“知识与技能、过程与方法、情感态度与价值观”等各个方面，尤其注重培养学生的创新精神、实践能力、科学和人文素养以及环境意识。无论是杜郎口中学的“预习、展示、反馈”，还是洋思中学的“先学后教，当堂训练”以及东庐中学的“讲学稿”的教学，主要还是在以教材为中心的书本知识范围内展开的。新课程提倡要“用教材”，而不是“教教材”，而杜郎口、洋思和东庐中学的教改主要还是以完成课本上的知识点学习和最终落实到会做习题为重点。学习的场所仅限于课堂，学习资源主要是课本和教材，对学习的评价也主要是以对学生掌握的书本知识的衡量为主。“反馈”、“四清”活动中所蕴含的学习评价主要是针对知识与技能的，在反映“过程与方法，情感、态度与价值观”等评价维度方面还存有不足。出现这种情况并不偶

---

① 许爱红、刘延梅、刘吉林：《农村中学课堂教学模式的重大变革——解读杜郎口中学“三三六”自主学习模式》，《当代教育科学》2005年第11期。

② 冯永亮、李炳亭：《基础教育界刮起了杜郎口旋风》，http://wenku.baidu.com/view/857b6d8884868762caaed506.html

然，这既是农村地区教育资源相对贫乏的结果，也是学校缺乏新课改“课程重建”意识的结果。同时，评价目标的窄化也与我国当前依然盛行的应试教育制度与文化有关，是迎合这种制度和文化的产物。不同的是，它并不是被动地迎合，而是有所创新，把素质教育和应试教育的要求都尽可能地整合在自己的教学模式中。此外，由于杜郎口、洋思和东庐中学的教改主要还是在各单一学科和教材范围内进行的，跨领域的学科知识融合难以实现，类似于新课改中综合实践活动课程所应达到的那种知识整合和学生动手能力的培养很难在这三所学校的课堂内实现。

认识到杜郎口、洋思和东庐中学教改与新课改理念的差距，并不意味着否定这几所学校的改革经验。相反，我们可以把这几所学校的改革视为新课改在我国现行教育制度和文化下的一种实践形式，是对我国新课改“理想”形态的一种现实调整。新课改在理念上无疑是正确完美的，但在前些年的课程改革实践中，也出现了课改走“形式”的倾向，课堂热热闹闹，但学生收获甚微，学生基础知识的学习多少被削弱了，导致“双基”教学目标无法实现。而在杜郎口、洋思和东庐中学，其课堂教学改革从一开始就把“双基”目标放在重要位置，并在实践中大面积提高了学生的学习成绩，在高中升学率尤其是重点中学升学率方面取得了骄人成绩，这是一种容易被现实体制和文化所包纳的改革，在实践中更易于推行。这也在一定程度上解释了为什么行政推进的新课改反而不如民间自发性质的改革那么受欢迎的原因。因此，虽然杜郎口、洋思和东庐中学的教改并非十全十美，与新课改的理念在某些方面也有一定的距离，但在我国教育评价制度和文化现实没有发生根本性变化的情况下，他们的教学改革是可行的，也是值得提倡推广的。即便是在未来，随着我国教育改革的深入和这些学校自身条件的变化，他们的某些做法会进行相应的调整，但他们和教改所耦合的那些基本理念依然是“放之四海而皆准”的。

2. 严格管理、学生个性、教师自主发展之间的关系

杜郎口、洋思和东庐中学的学生和教师的管理方面都十分严格，我们不妨看看杜郎口中学学生作息安排。由于是寄宿学校，杜郎口中学实施了封闭式的学校管理制度，为学生规定了严格的作息时间：学生每天早晨5:50起床，早操、早饭后立即进入早读状态，早读到8:00结束；上午8:10～11:50上四节课；中午12:00开始吃午饭，饭后学生到教室，不再回宿舍休息；下午1:20开始上课，下午5:00学习结束；晚自习从晚上的

6:05～10:00 结束，中间学生看 30 分钟的晚间新闻。[①] 这就是杜郎口中学学生一天的在校学习时间。去掉各项活动，学生每天上课时间 12 小时以上，在校活动时间达 16 小时。

洋思中学也有类似的情况。洋思中学的教师通常每天早晨 6 点上班，晚上 9 点半下班；学生则起得更早离开得更迟。教师与学生都没有周末，住校学生三星期回一次家。学生从早晨起床开始到晚上熄灯睡觉，都由教师监控、督促。许多教室内都设有监控器，教师的课堂教学也受到监控；在每月一次的教学评比中，没出成绩的教师要在大会上检讨，多次没达到标准就被勒令回家。学校中，学生的每一个行为举止，甚至每一句言语都有可能变成量化考评的分数，与班主任教师、生活教师津贴直接挂钩。如“师生课间进小店买零食，见一次扣 1 分”；“师生乱摸其他电器设备，见一人次扣 3 分”；“教师顶撞领导，见一人次扣 5 分”；“课内随便走动、打瞌睡、转前转后等，见一人次扣 1 分”；备课组长、班主任的每周例会“因病缺席者，一次少发津贴 50 元”；参加多如牛毛的“政治学习、业务学习（含集体备课）不认真记笔记，一次少发 10 元”；“每周进阅览室阅读少于 3 次（看登记本及读书笔记）少发 20 元”；“在校园内佩戴首饰、化妆、吸烟，一次少发 20 元”；“不按教案上课一次少发 10 元”；“语文老师要写下水文，少写一篇少发 20 元，迟写一篇少发 10 元”；“未宣布开饭，提前吃饭，见一人次扣 1 分”；“进宿舍队伍不整齐扣 1 分”；“向校政教处检举学生（查实后）获得奖金 100 元”；“向校政教处检举教师（查实后）获得奖金 500 元”。

杜郎口和洋思中学的上述做法是存有争议的。我们知道，学生的个性发展并不是通过专门的课程“教”出来的，而是在长期的环境熏陶中逐步形成的。学校创设的管理制度和校园环境对学生个性的发展有着重要的影响。杜郎口、洋思和东庐中学都建立了严格的学生学习和生活管理制度，这对保障学校正常的教学秩序和形成学生良好的学习及生活习惯都起到了积极作用。但如果管理制度过于严格，学生就有可能在这种管理制度下丧失自我活动和发展自己兴趣爱好的空间，对学生个性的形成与发展产生不利的影响，这就需要在严格管理学生和让学生富有个性地发展两者间找到

---

① 沁雨心竹：《拿不来主义——杜郎口教学模式思考》，http://www.dlteacher.com/blog/user1/32089/archives/2010/139817.html

平衡点。同样，在教师管理问题上，除了制定严格的规章和奖惩制度外，我们也要给教师的专业自主发展和个人生活以应有的空间，不仅培养教师的奉献精神，而且为保护这种奉献精神提供必要的人文关怀和制度设计。这些都是杜郎口、洋思和东庐中学的教学改革给我们提出的新问题。

3. **个体学习思考的“静”与课堂集体活动的“动”的关系**

小组合作学习本应是建立在每个学生充分到位的个体自主学习的基础上的，否则，学生个体的学习就没有容纳自己思考的“静”的空间，小组合作学习也极容易停留在表面。这意味着我们必须给作为个体的每个学习者以适合他们学习节奏的空间，给学生更多的自主“思考”的弹性空间。

杜郎口、洋思和东庐中学将教师的“教”建立在学生的“学”的基础之上，都是以学生自学课本或教材为起点的。学生的自主学习和小组合作学习在课堂中占据了大部分时间。在处理个人自主学习和小组合作学习的关系方面，这三所学校总的来说已经做得相当不错，但仍然存在两个需要进一步研讨的问题。一是，由于学生原有知识基础和学习能力不同，自学相同内容所需的时间也不相同，课堂内的自学如何保证每一位学生都有足够的时间？一刀切的指定时间如果过短，总有一部分学生来不及完成自学任务，或者个人的思考还没有达到足够的深度，小组合作学习如果建立在这样的基础上，课堂表面也许可以热热闹闹地“动”起来，但并不能真正促进学生的学习，学生学习的效率将大打折扣；反过来，可能还需要更多的课外时间来补习。在这三所学校的课堂上，我们常常看到教师是要求学生在统一规定的时间完成自学的，这到底对自学速度较慢的学生产生怎样的影响？小组合作交流中会不会因为有这样一部分学生存在而不能充分实现其效果？怎样才能解决这一问题？是否需要与课前的预习结合？怎样结合？是否会增加学生学习负担？等等，都值得我们进一步研究。

另一个问题是，处理好学生个体学习思考的“静”与课堂集体活动的“动”的关系，不仅仅是处理好学生个体自学和小组合作学习的关系，而且还要体现在全部的教学过程之中。在小组合作学习阶段，学生间的合作应当是在个体学习遇到困难且需要帮助时的合作，在个体学习和思考的基础上展开，其最后落脚点还是每一个个体学生。在反馈或训练环节中，同伴和教师的帮助也应当针对学生个体的特殊需要。整个教学环节每个学生都要启动自己的思维，而不是浮在课堂活动的表面，让学生将个体的“静”与“思”与小组或班级活动的“动”与“活”结合起来。总之，无论是处理学生个体学习和小组合作学习的关系，还是在合作学习中学生间的相互帮助乃至教师对学生的帮助，都必须让每一个学生个体有真正的学习体验和思维介入。

4. 学生的自主、合作学习和教师的主导作用的关系

作为一种双边活动，教学始终是“教”和“学”的矛盾统一体。在实际教学中，只要教学过程一展开，教与学的关系就被实际确定下来了，而无论这种关系是否被教学过程组织者所意识到。教学组织者的主观意图与实际的教学过程两者间并不总是一致的。杜郎口、洋思和东庐中学的“先学后教”教学模式在实践中虽然演绎和诠释了一种新型的教与学关系的逻辑，但这并不意味着这三所学校的每一堂课都是成功的，也不表明他们在学生主体和教师主导作用的关系方面都处理得尽善尽美。这从许多前往这些学校考察的教师课堂记录和感言中可略见一斑。如，有参观者写道：“从笔者观察的课堂看，教师在‘特定’的时间内发挥‘必要’的作用做得还不够。比如，在语文课的展示环节中，学生在回答问题时，引用的很多都是从资料上直接搬来的答案，没有学生自己的独立见解。这样就使教师作用的发挥从一个极端走向了另一个极端。”① 另有参观者在观摩完教学后指出：“教师在课堂上没有评述，也没有必要的追问等。整节课，好像老师就没说几句话，甚至像不存在一样。”还有的教师写道：“听杜郎口中学的课总觉得教师是可有可无的，一堂课全是学生在‘自主’着——学生讨论，学生展示，学生批阅，学生总结，学生……教师则在一旁静静地多余着。”

可见，“先学后教”并不因为它成了学校的一种制度性规范就能自动调节好“教”与“学”的关系。教学是一门艺术，课堂也应当是教师施展自己教学艺术的舞台，只不过这种艺术不是像传统课堂教师教学表演那样的“独白式”艺术，而是以学生为中心、促进学生的学习的一种交互活动的艺术。教师的这种“舞台艺术”实际上对教师提出了极高的要求，不仅要求教师具有丰富的学科知识和深厚的文化素养，而且还要求教师必须真正完成角色转变。这种角色转变绝不是教师在课堂上“不讲”或“少讲”的问题，也不是将课堂简单地“还给学生”的问题，而是将“让学生成为学习的主人”和“有效导学”结合起来的问题。这意味着必须在具体的教

---

① 毕景刚：《关于“杜郎口风暴”现象的思考》，《教育探索》2008 年第 9 期。

学情境中找到学生自主、合作学习和教师主导作用的发挥的结合点，在教师的“导”和学生的“学”之间保持一种必要的张力，使学生学得既有效率，又生动活泼。

从教学过程看，教师的“导”不仅体现在对课堂教学目标和计划的“预定”上，而且还应当体现在教学过程的各个环节中。课堂教学中许多“预定”性的问题可以通过教师的集体备课来解决，但教学过程中生成性问题的解决，是需要教师的“临场发挥”的。它要求教师在特定的教学情境中，能够依据实际情况，对学生的学习进行适时的点拨、指导、纠偏、评价等活动，这就对作为课堂教学组织者的教师提出了“教学智慧”的要求。从这一角度看，“先学后教”的课堂教学对教师素质的要求反而更高了。教师如何在这种新型课堂中充分发挥主导作用是这三所学校的教改给我们提出的新课题，实践上的探索和理论上的探究都需要进一步加强。值得指出的是，“先学后教”的教学模式对教师的理念、知识、能力、素养等都提出了新的要求，也对教师的职前培养提出了新要求；如何培养这些新型课堂所需的新型教师也是我国师范教育必须认真考虑的问题。

5. **教学模式与学科及学习者特点的关系**

“先学后教”作为一种教学理念意味着将学生的主动学习置于教学的首要地位，这一原理不会过时，适合于任何年龄段和任何学校类型学生的学习。与“先教后学”相比，“先学后教”与将学生的主动学习置于教学的首要地位具有更“天然”的联系。“先学后教”并不必然体现这种联系，只有在教学实践中刻意为之，“先学后教”才有可能是尊重学生学习的自主性。但“先学后教”作为具体的方法和过程，它的运作方式应当根据学科的性质和学习者的身心发展特点而定。不同的学科和不同的学习者身心发展特点意味着要采用不同的模式。适当时机的适当讲解有时也会产生比完全由学生自学更好的效果。在教学时间有限的情况下，教师的适当的讲解也是高效教学的一种选择，对学生的学习起着示范引导、激励启迪的作用。根据这三所学校的教改经验，“先学后教”的教学模式在语文、历史、政治等人文社会学科中运用较为有效，而对于语言类学科的学习，如英语的学习，就因为存在语音、语调等问题而不适于直接使用。这些与语音、语调有关的内容由教师采用直接先行示范的教授的方式更便捷有效。硬性规定学生先行自学，不仅低效，而且学生一旦在语音、语调的学习上发生偏差，对学生的语言学习将产生难以挽回的不利影响。

即使在同一学科中，对不同的教学内容、不同的教学环节，也可以考虑其特点和需要作出灵活的安排，具体问题具体对待；切忌不顾任何具体内容和情境特点的一刀切，避免出现模式化、形式化和教条主义倾向。当然，这里并不是要否定以上三所学校要求所有的教师和所有的课堂都采取同一教改模式的经验。应当说，在改革之初，为保证改革的顺利推行，强制和一刀切的措施是具有其一定的合理性的。不过，在“先学后教”模式已成为学校制度性实践之后，考虑这一模式的弹性和灵活度也是必要的。

“先学后教”的教学模式对身心发展处于不同阶段的学习者群体来说，也同样存在调整和适应的问题。“先学后教”是杜郎口、洋思和东庐山中学在初中阶段摸索出来的教改模式，初中段的学生与小学段、高中段的学生在认知水平和身心发展特点方面各具不同的特征。小学生的认知发展水平是否适合采用“先学后教”的教学模式？高中学科在知识深度和难度上都大大超过小学和初中，高考压力也很大，“先学后教”的教学模式行得通吗？初中阶段“先学后教”的成功经验是否适合于小学和高中？如何根据学生的年龄特征进行调整？等等，所有这些问题都需要我们在实践中进一步研究探讨，需要我们在一种不错的教学模式和它的对象群体适合性间作出必要的判断乃至调整。

教学实践总是需要在不断反思和研究中向前发展的。杜郎口、洋思和东庐中学的教学改革也不例外。这三所学校取得了巨大成功并不意味着他们的教改就不存在值得改进的空间了。我们应当超越感性学习和模仿阶段，更为深入地研究杜郎口、洋思和东庐中学的教改经验。应当承认，我们对杜郎口、洋思和东庐中学教改的研究还是十分薄弱的，尤其是缺少严格意义的研究，包括定量、实证研究等。我们期待更多的研究者，尤其是熟悉定量或实证研究方法的研究人员参与，认认真真研究和总结我国自己的教学经验，让我国典型的教改经验不仅经得起理性的推敲和检验，而且还能走向国际教育舞台，向世界展示教育改革的“中国因素”。随着我国综合实力日益强大，崛起的大国也应当在教育方面对世界做出更大的贡献，这不仅是时代的需要，而且也是广大教育研究工作者的责任。杜郎口、洋思和东庐中学的教学改革已经在研究素材方面为我们提供了这样的可能。

图书在版编目（CIP）数据

有效教学的理论和模式/余文森主编．—福州：福建教育出版社，2011.4（2022.4 重印）
（有效教学丛书/余文森主编）
ISBN 978-7-5334-5527-9

Ⅰ.①有…　Ⅱ.①余…　Ⅲ.①中小学—教学研究　Ⅳ.①G632.0

中国版本图书馆 CIP 数据核字（2011）第 024609 号

有效教学丛书

有效教学的理论和模式

丛书主编　余文森

编　　著　余文森　洪　明　张　蓉

出版发行　福建教育出版社
（福州市梦山路 27 号　邮编：350025　网址：www.fep.com.cn
编辑部电话：0591-83726908
发行部电话：0591-83721876　87115073　010-62024258）
出 版 人　江金辉
印　　刷　福州万达印刷有限公司
（福州市闽侯县荆溪镇徐家村 166-1 号厂房第三层　邮编：350101）
开　　本　710 毫米×1000 毫米　1/16
印　　张　13.5
字　　数　221 千字
插　　页　2
版　　次　2011 年 4 月第 1 版　2022 年 4 月第 9 次印刷
书　　号　ISBN 978-7-5334-5527-9
定　　价　27.00 元
